KB273236

나는
그들의
하나님이
되리라

메누하성서연구시리즈 제1권

≫≫ 구속사적 성경 묵상여행_ 구약편

나는 그들의 하나님이 되리라

윤남옥 지음

도서출판
소망
S·O·M·A·N·G

"주께서 주의 백성 이스라엘을 세우사 영원히 주의 백성으로 삼으셨사오니 여호와여 주께서 그들의 하나님이 되셨나이다"(삼하 7:24).

"나는 너희 하나님이 되기를 원한다."

저는 34세에 주님을 만났고 그 때에 흔히 말하는 성령체험을 하게 되었습니다. 4대째 믿음을 가지고 신앙생활을 해 왔지만 '아브라함의 하나님, 이삭의 하나님, 야곱의 하나님'이 저의 하나님은 아니었습니다. 딸만 다섯을 둔 저의 아버님은 신학이 모든 학문의 기초라고 말씀하시면서 어떤 공부를 하든지 그 전에 신학을 공부하라고 항상 권면하였습니다. 모두가 처음에는 거부하였는데 저와 둘째 언니가 신학을 공부했고 막내 동생은 대학을 나온 후에 신학을 다시 공부했습니다.

신학을 공부하면서도 저는 언제나 졸업만 하면 이 공부를 떠날 생각을 했고 목회에 대한 소명은 전혀 없었습니다. 그러다가 신학생인 남편과 만나서 목회의 길을 걷게 되었습니다. 그러나 남편이나 저나 개인적인 신앙 고백 없이 부모에게 길려 신학을 공부하였기 때문에 마음은 항상 세상을 향하고 있었습니다. 그리고 누구의 딸과 사위라는 부담도 저희를 항상 따라다녔기 때문에 1977년 꿈을 가지고 미국으로 이민을 왔습니다. 그 꿈은 이제 더 이상 우리가 목회의 길을 걷지 않아도 되고 마음껏 돈을 벌고 세상생활을 자유롭게 한다는 꿈이었습니다.

　　미국 이민생활에서 밤낮으로 뛰며 돈을 벌어 생활을 간신히 유지하며 살아가면서 우리가 생각하던 꿈이 얼마나 허망한 것인가를 차츰 깨닫게 되었습니다. 그 때에 저의 아버님이 갑자기 돌아가셨다는 소식을 듣게 되었습니다. 아버님은 감리교신학대학 학장으로 6년을 봉사하시면서 세계 선교에 대한 비전을 갖고 마음과 정성을 다하여 하나님을 섬기시던 때에 뜻하지 않게 건강을 잃어버리셨고 본향으로 일찍 돌아가셨습니다.

　　그 때가 1980년, 저의 인생의 전환점이 오게 되었습니다. 저는 아버님을 잃어버렸다는 슬픔에 3년을 울던 중, 다시 1982년 미국에서 신학대학원을 들어가서 공부를 계속했고 공부를 하는 가운데 1984년 12월 성령체험을 하게 되었습니다. 그리고 1985년 1월에는 성령의 은사들을 체험하게 되었습니다. 성령체험을 하고 나서 나는 너무나 기뻐서 하나님께 이런 질문을 하였습니다.

　　"하나님, 감사합니다. 이제 제가 무엇을 하기 원하십니까?"
　　"나는 너에게 full time job을 주겠다."
　　"그것이 무엇입니까? 제가 구원받은 감격으로 그 일을 하겠습니다."
　　"그것은 하루 종일 성경만을 읽는 것이다. 성경은 가장 많이 팔리는 책이지만 가장 많이 읽혀지는 책은 아니다. 이 책은 너희들에게 주는 나의 사랑의 편지다. 나는 이 구원의 도가 있는 책이 날마다 너에게서 읽혀지기를 원한다."

　　저는 전심으로 성경을 열어 읽기를 시작했습니다. 하지만 성경이 그렇게 쉽지만은 않았습니다. 무슨 말인지 이해하지 못하면서도 시간이 있는 대로 성경을 열었습니다. 그리고 그 성경에서 얻는 진리를 붙잡고 기도회, 설교 등을 인도하러 다녔습니다. 그러던 중 저는 신학대학원을 졸업하고 목회학 박사 학위를 받았습니다. 그 해, 1989년부터 여기저기에서 부흥사로 초청해주었습니다. 기도회, 세미나, 부흥회, 무엇이든지 요청하면 기쁨으로 말씀을 전하러 갔습니다. 그럼에도 불구하고 성경은 여전히 저에게는 어려웠습니다. 1992년 4월, 저는 다시 성경을 읽어 내려갔는데 사무엘하 7장 다윗의 고백에서 저는 완전히 주님 앞에 다시 손을 들게 되었습니다.

"여호와여, 주께서 그들의 하나님이 되셨나이다."

수없이 읽어갔던 이 부분에서 저는 갑자기 마음이 뜨거워지면서 다시 회개의 눈물을 흘렸습니다. "주님, 주님은 저에게 하나님이 되셨습니까?" 이 질문을 하면서 저는 한 달을 울었습니다. 하나님은 저에게 과연 어떤 존재이셨습니까? 과연 당신은 저에게 절대적인 하나님이셨습니까? 아니면 나의 구원의 문제를 해결하기 위하여 제가 붙잡고 이용하던 힘 있는 어떤 실체였습니까? 이 문제를 놓고 기도하면서, 저는 정말 오랫동안 울면서 성경을 다시 읽어 내려갔습니다. 그 때부터 성경이 저에게 열리기 시작했습니다.

"내가 너에게 원하는 것은 내가 너의 하나님이 되는 것이다."

성경에서 저는 하나님께서 나는 너의 하나님이다라고 말씀하시기보다 "나는 너의 하나님이 되리라."I shall be your Lord라는 말씀이 더 많다는 것을 알았습니다. 왜 주님은 우리의 하나님이시면서 이렇게 미래형으로 하나님이 되시겠다고 말씀하셨을까요? 이러한 의문을 갖고 성경을 읽어 내려가면서 제가 발견한 것은 성경에 나오는 위대한 인물조차도 처음에는 하나님이 '그들의' 하나님이라는 사실을 깨닫지 못했다는 사실이었습니다. 우리가 그 분에게 절대적인 순종을 하지 않는 한, 그 분은 결코 우리의 하나님이 되실 수가 없다는 것을 발견했습니다. 그렇습니다. 우리가 순종을 할 때까지 그 분은 우리의 하나님이 되실 수가 없습니다. 그 분이 하나님이심에도 불구하고 우리의 하나님이 되실 수가 없는 것은 우리가 범사에 그 분을 하나님으로 인정하지 않고 우리 고집대로 마음대로 살기 때문인 것입니다.

저는 1992년부터 하나님이 하나님 되시는 길이 어떤 것인가를 고민하기 시작했는데, 시간이 지날수록 하나님은 하나씩 하나씩 그 비밀을 열어주셨습니다. 그리고 그러한 관점으로 성경을 읽기 시작하자 그렇게 어렵던 성경이 열리기 시작했으며, 창조론도 인간론도 모두 이해가 되기 시작했습니다. 그리고 풀리지 않았던 성경의 매듭들이 한줄기로 풀어지기 시작하면서 "아하! 이런 것이었구나." 깨달아졌습니다. 그러한 깨달음을 가지고 저는 브라이드 성서연구 시리즈 『나는 그들의 하나님이 되리라』를 집필하기 시작했습니다. 그리고 한국에 일 년에 네 번 나와서 목회자들을 훈련시키면서 이 교재를 보급하기 시작하였습니다.

이제 이러한 깨달음들을 하나로 모아 저는 여러분들과 함께 묵상 여행을 떠나보려고 합니다. 이 여행은 성경의 한줄기 맥을 열어주고 성경에 흐르고 있는 네 가지 강들의 비밀을 열어줍니다. 그리고 예수 그리스도에 대한 비밀을 분명하게 열어서 우리들에게 보여줍니다. 그 동안 이러한 주제로 책을 쓴 것들을 이 교재에 함께 담았습니다. 그리고 보다 더 쉽게 성경을 한 줄기로 읽어 내려 갈 수 있도록 편집해서 메누하 성서연구 시리즈로 여러분들 앞에 나오게 되었습니다.

여러분들! 이 여행에 함께하지 않으시겠습니까? 진정으로 하나님이 나의 하나님이 되기 위하여, 아브라함과 이삭과 야곱의 하나님이 여러분의 하나님이 되기 위하여 함께 구원의 드라마 여행을 떠나지 않으시겠습니까?

저는 여러분들 모두를 이 묵상여행으로 초청합니다. 부족한 저와 함께 이 여행을 떠나시기 원하시는 분들을 진심으로 환영하며 초대합니다. 함께 여행하면서 여러분들은 곳곳에 하나님께서 우리들에게 열어주시기를 원하는 보화들을 발견하게 될 것입니다. 그리고 제가 그랬던 것처럼 여러분들도 '나의 주여, 나의 하나님' 이라는 고백을 붙잡고 감격하며 뛰며 다시 예루살렘으로 올라가는 역사가 있게 될 것을 믿습니다.

주님!
주님은 우리의 하나님이십니다.
순종하게 하옵소서!!

이러한 깨달음을 주신 하나님께 영광을 올려드리고, 또한 육신적으로, 또한 영적으로 저의 영원한 멘토가 되어 주셨던 고故 해천海天 윤성범 박사님께 감사를 드리며, 옆에서 항상 사랑으로 기도해주는 가족과 교회성도님들, 그리고 메누하 사역에 동참하고 있는 모든 회원들에게 심심한 감사를 드립니다.

2009년 8월 여름에
미국 캘리포니아 업랜드에서

윤남옥

이 교재를 효과적으로 성경공부 그룹에 적용하려면

이 교재는 이미 출판이 되었었던 『나는 그들의 하나님이 되리라』는 성서연구교재와 『구속사적 성경-부흥회편』과 『구속사적 성경-구약편』을 함께 더하여 『구속사적 묵상 여행-나는 그들의 하나님이 되리라』이라는 제목으로 묶어진 것입니다.

이 교재는 여러분들 교회에서 메누하 사역을 정착시키려고 할 때 가장 필요한 것, 구속사적인 성경에 대한 이해를 할 수 있도록 만들어졌습니다. 메누하 성서연구 시리즈에서 가장 먼저 공부해야할 부분인 성경을 구속사적으로 읽을 수 있도록 한 것입니다. 그렇다면 어떻게 이 교재를 효과적으로 교회 성경공부에 접목시킬 수 있을까요?

1. 먼저 이 교재를 가르치기를 원하시는 분들은 메누하 지도자 학교에서 가르치는 구속사적 성경공부의 과정을 마치셔야 합니다. 일주일 동안 상세하게 구속사적으로 성경을 읽어 내려가는 훈련을 받아야 하며 그런 훈련을 받은 후에야 이 교재를 평신도들에게 효과적으로 가르칠 수 있습니다. 메누하 지도자 학교에 대한 상세한 정보를 원하시는 분은 아래 사이트로 들어오시면 됩니다.

http://cafe.daum.net/bride23 ^{주예수영성마을}
www.menuha.net ^{메누하 홈페이지}

2. 이 교재는 모두 21주 사용하실 수 있도록 되어 있습니다. 대개 반년이 26주이지만 이 교재는 특별한 경우에, 즉 교회 절기에 성경공부를 못 할 경우를 고려해서 21주로 만들었습니다. 일주일에 3개의 자료를 읽고 와서 함께 공부해 나가도록 준비되어 있습니다.

3. 이 교재는 반년은 구약을 읽어 내려가고 반년은 신약을 읽어 내려가면서 풍성하게 성경 전체에 대한 구속사적인 드라마를 일 년 안에 볼 수 있도록 만들어졌습니다. 메누하 성서연구 시리즈 구약편과 신약편을 구입하셔서 일 년 간 공부하시면 성도들에게 성경을 읽는 눈을 열어줄 수 있을 것이라고 믿습니다.

4. 이 교재는 5부로 되어 있습니다. 1부는 구속사적으로 성경을 읽어 내려가는 원리와 신학적 기초를 다루고 있습니다. 제1부는 처음에 배울 수도 있으며, 지도자의 결정에 따라 2부-5부를 공부하고 맨 마지막 부분에서 사용하셔도 됩니다.

5. 성경 읽기표를 따라서 신 · 구약 전체를 일 년에 한 번 다 읽을 수 있도록 숙제를 내주시면 좋습니다.

6. 이 교재는 철저하게 예습, 성경공부에 참여하는 것, 그리고 생활적용을 할 수 있도록 준비되었습니다. 지도자용과 학생용은 구별이 없으며 지도자들은 메누하 지도자 학교에서 배우는 것으로 대체합니다. 함께 읽어 내려가면서 깊은 곳에 그물을 내릴 수 있기를 바랍니다.

7. 이 교재를 잘 가르치기 위하여 세미나에도 참석해야 하지만 인터넷에서도 교육적인 도움을 매주일 받으실 수 있습니다. 이 과정을 수료하신 분들은 카페에 들어오셔서 성경공부를 할 때에 도입, 신학적 이해, 적용, 그리고 예화 등을 매주일 공급받으실 수 있습니다.

8. 어떤 공부이든지 기름부음이 없으면 이해도 되지 않고 삶의 변화도 일어나지 않습니다. 주님의 기름부음을 받으면서 이 공부를 해 나간다면 교회는 이사야 61장에서 약속하신 모든 기름부음 사역으로 인한 부흥이 일어나게 될 줄을 믿습니다.

9. 이 교재에서 사용하는 성경은 개역개정판입니다.

차례

제3부 광야 학교 묵상 / 153

제1부
구원의 드라마로 성경을 읽을 때

주께서 주의 백성 이스라엘을 세우사 영원히 주의 백성으로 삼으셨사오니 여호와여 주께서 그들의 하나님이 되셨나이다

1-1

○ ○ ○

성경을 어떻게 읽습니까?

○ ○ ○

"그들이 서로 말하되 길에서 우리에게 말씀하시고 우리에게 성경을 풀어 주실 때에
우리 속에서 마음이 뜨겁지 아니하더냐 하고"(눅 24:32)

"예수께서 이르시되 율법에 무엇이라 기록되었으며 네가 어떻게 읽느냐?"(눅 10:26)

 예수님이 십자가에서 비참하게 실패자의 모습으로
죽어갔을 때 제자들은 믿을 수가 없었습니다. 이렇
게 쉽게 예수님이 십자가에서 패배를 당할 줄 몰랐기 때문입니다.
그들이 꿈꾸어오던 메시아 대망의 기대는 사라져버리고 제자들은
뿔뿔이 흩어졌습니다. 그 제자들 가운데 이름이 밝혀지지는 않았지
만 고향인 엠마오로 내려가던 제자들이 그 도상에서 예수님을 만났
습니다. 그리고 예수님이 성경을 풀어주시는 말씀을 듣고 마음이
뜨거워졌습니다. 나중에서야 그 분이 예수님인 것을 제자들은 깨달
았습니다. 마음이 뜨거워진 제자들은 다시 예루살렘으로 올라갔습
니다. 이제는 박해도 무서워하지 않았고 두려워하지도 않았습니다.
그들은 부활한 주님을 만났고 또한 성경의 비밀을 깨달았기 때문입
니다.

왜 예수님이 풀어주시는 말씀은 가슴이 뜨거워지는데, 어떤 설교는 우리의 마음을 뜨겁게 하지 못합니까? 그것은 성경을 어떻게 읽느냐에 따라서 달라지기 때문입니다. 성경을 읽는 관점, 성경을 보는 정확한 안경이 성경을 열어주기도 하고 성경을 닫아버리기도 합니다. 그래서 성경은 어떤 이에게는 열려있고 어떤 이에게는 닫혀있습니다(마 13:11,12). 또한 어던 이들이 들려주는 성경이야기는 마음이 뜨거워지고 어떤 이들이 전하는 복음에는 힘이 없습니다. 이것도 성경을 어떻게 읽고 해석하며 그 뜻을 분별하였느냐에 달려 있습니다. 하나님의 나라도 어떤 이에게는 닫혀 있고 어떤 이에게는 열려 있습니다. 그것은 하나님의 나라가 지역에 있는 것이 아니고 통치의 개념이고 언약으로 이해하여야 하는 나라이기 때문입니다. 또한 인격적인 관계에서 이해되어야 하는 것이기 때문입니다.

이 열리지 않는 것, 그 비밀을 열기 위하여 해석학이 필요합니다. 성경의 비밀도 해석학에 따라서 열리기도 하고 닫히기도 합니다. 이러한 비밀을 열어줄 해석학이 바로 구속사적 성경해석학입니다. 그렇다면 구속사적으로 성경을 해석한다는 의미는 무엇일까요? 이는 하나님께서 모든 것을 계획했으며 또한 그가 계획하신 것을 온전히 성취하시며 특히 예수 그리스도 안에서 세상을 구원하시고 섭리하신다는 신학적인 입장입니다.

구속사적 성경해석학은 성경이 Historie^{역사}가 아니고 Geschichte^{구속사}임을 인정하고 들어가는 해석학입니다. 역사와 구속사를 이해하는 것은 구속사적 성경해석학의 중요한 열쇠가 됩니다. 성경은 단순히 어떤 역사적 사실을 기록한 역사Historie가 아니고 하나님의 백성들, 즉 언약공동체가 하나님을 하나님으로 고백하며 기록한 하나님의 구원사Heilsgeschichte, 구원의 드라마의 기록입니다. 독일어로 Heils는 구원을 의미하며 Geschichte는 이야기, 담화 등을 의미합니다. 그러므로 구속사란 뜻의 Heilsgeschichte는 구원의 이야기, 구원의 드라마라는 뜻입니다. 그러므로 성경은 역사의 정확성을 기록한 것이 아니라 역사의 의미와 하나님의 구속의 역사를 고백하며 기록한 책으로서 이러한 신앙공동체와 같은 고백을 갖지 않은 사람은 이해할 수 없고 그런 사람에게 열리지도 않는 책입니다.

쉽게 예를 들어서 어느 교회의 정확한 역사를 기록하여서 이웃에게 읽히게 할 때에 그 역사는 단지 시간적으로 교회가 무엇을 하였는가에 대한 기록에 지나지 않을 것입니다. 사실 진정한 교회 역사는 교인들의 입에서, 마음에서 전해지는 역사인 것입니다. 그리고 그 역사가 기록되었을 때에 그 역사를 읽으며 감동을 받는 사람은 실제로 그 교회 역사와 함께 하였던 성도일 것입니다. 그 교회에 다니지 않았던 사람들은 그 역사에 대해 흥미도 없고 관심도 없는 것입니다. 이와 마찬가지로 성경도 구원의 경험을 나누는 성도들이 읽을 때 열리는 책입니다. 같은 구원의 경험 안에서 고백된 사건을 기록한 것입니다.

구속사적으로 성경을 본다는 것도 이렇게 역사의 사실성을 따라서 성경을 보기보다는 역사에 함께 참여한 자들의 진실한 고백을 따라 성경을 본다는 것입니다. 쉽게 말한다면 구원의 드라마로 본다는 뜻입니다. 그렇다고 구속사적 성경해석이 역사의 사실성이 배제된 것이라는 뜻은 절대로 아닙니다. 간혹 사복음서에서 어떤 사건의 순서가 각각 다르게 나타나는 것은 한 역사적 사건을 저자의 관점에 따라 다르게 배치하고 다르게 해석하고 있기 때문입니다. 저자의 역사관과 신학적 관점에 따라 역사적 사건이 서로 순서가 다르게 기록될 수도 있습니다.

다시 예를 들어보겠습니다. 저의 아버지에 대하여 역사를 쓴다고 합시다. 제가 아닌 다른 사람이 아버지에 대하여 역사를 쓴다고 할 때에는 아버님의 인생을 사실적으로 정확하게 기록하려고 노력할 것입니다. 그러나 제가 아버지의 회고록을 기록한다고 할 때는 사실성도 중요하지만 아버지에 대한 고백, 경험, 느낌을 더욱 소상하게 기록할 것입니다. 그리고 아버지가 저에게 어떤 의미가 있는지 기록할 것입니다. 실제로 저의 아버지는 저의 교수님이셨고 조직신학교수님이셨지만 더욱 중요한 것은 저에게 구원의 도리를 가르쳐준 믿음의 스승이셨습니다. 그리고 하나님의 사랑을 가르쳐주신 분이셨습니다. 세상 사람들이 저의 아버지를 신학적으로 어떻게 평가를 하든지 간에, 저에게는 아버지요, 사랑을 가르쳐주신 위대한 스승이이시며, 저의 신학의 멘토였으며, 저의 인생을 바꾸어놓으신 분이셨습니다. 이런 면에서 제가 아버지의 일생을 기록할 때에는 다른 역사가가 기록한 것과는 차이가 날 것입니다. 그러나 제가 쓴 회고록을 읽게 될 때에는 함께 그 경험을 나눈 사람들이 즐겁게 읽으며 감동하며 그 역사 안으로 들어올 것입니다.

구속사적 성경해석학은 이런 의미에서 하나님의 사랑과 구원을 체험한 신앙 공동체의 고백의 관점에서 성경을 읽어나가는 것입니다. 그리고 구속사적 성경해석학은 성경의 주체가 되시는 하나님의 관점에서 성경을 읽어 내려가는 것입니다. 실제로 그 역사의 참여자가 된 사람들의 고백이 엮어내는 역동적인 구원의 드라마인 것입니다.

함께 읽어 내려가는 구속사적 성경묵상은 성경전체를 구속사적으로 읽어 내려가는 것입니다. 그렇게 될 때에 여러분들이 간과하고 지나갔던 부분들이 열리게 될 것입니다. 그런 의미에서 이번 묵상여행은 저에게나 여러분들에게나 기대 이상으로 성경이 열리고 마음이 뜨거워지는 기회가 될 것을 의심치 않습니다.

생활 적용 〉〉 **구속사적 성경** 묵상여행_ 구약편

01 여러분은 삼대에 걸친 가족의 역사를 소상하게 알고 있습니까? 여러분의 가족을 어떤 특성을 가진 가족이라고 소개하고 싶습니까? 여러분의 가족은 어떤 구속사를 쓰고 있습니까?

02 여러분은 성경을 어떤 관점에서 읽어 내려가고 있습니까? 실제로 성경을 읽으면서 가슴이 뜨거워졌던 경험이 있습니까?

1-2

○   ○   ○

성경을 구원의 드라마로 읽을 때(1)

○   ○   ○

"예수께서 이르시되 오늘 구원이 이 집에 이르렀으니 이 사람도 아브라함의 자손임이로다 인자의 온 것은 잃어버린 자를 찾아 구원하려 함이니라"(눅 19:9,10).

성경을 구속사적으로 읽을 때, 즉 구원의 대 서사시로 읽을 때 어떻게 다른지 몇 가지 예를 들어서 생각해 보도록 하겠습니다. 먼저 드라마에서 중요한 부분들이 무엇인지 살펴보겠습니다.

드라마에는 스토리^{이야기}의 전개가 있습니다. 드라마에는 등장인물이 나오고 장소가 필요하고 드라마를 연출시키는 사람이 필요하고 작가가 필요합니다. 작가가 어떤 의도를 갖고 드라마를 집필하면 연출자는 그 드라마를 실제화하기 위하여 사람들을 모아서 배역을 배정하고 연기를 지도하고 작가가 의도하는 것을 나타내기 위하여 상황을 설정합니다. 드라마가 준비가 되면 관객이 필요합니다. 관객은 작가가 말하려고 하는 것을 연기자들의 연기를 통하여 전달받습니다. 어떤 때는 전달되기도 하고 전달되지 않을 수도 있습니다. 그래서 연출이 중요합니다. 드라마에서 어떤 연기자가 멋있는가가 중요한 것이 아니라 연기자가 드라마의 주제를 파악하고 그 핵심 내용을 전달해주는 것이 더 중요한 것입니다. 즉 메시지의 전달입니다. 작가의 의도를 정확히 전달하는 것입니다. 연극이 다 끝났을 때에 관객들이 일어나서 환호하고 박수를 치는 것은 분명한 어떤 메시지를 전달받았기 때문입니다. 바로 성경을 구원의 드라마로 읽어 내려간다고 하는 것은 이 드라마를 통하여 하나님께서 하실 말씀을 아브라함이라는 연기자를 통하여, 모세라는 연기자를 통하여 전달받는다는 것을 의미합니다. 하나님께서 아브라함과 모세를 하나님의 사람으로 만들어 가면서 이 메시지를 전달하는 것입니다.

오늘은 삭개오를 예를 들어서 생각해 보도록 하겠습니다. 어려서부터 자주 듣고 읽어온 삭개오를 한 번 다시 생각해 보십시오. 삭개오의 행동에서 가장 기억에 남는 것은 무엇일까요? 아마도 여러분은 삭개오가 키가 아주 작았다는 것과 그가 뽕나무 위에 올라갔다는 것을 대부분 기억할 것입니다. 그러나 만일 여러분이 그것만을 기억했다고 한다면 아마 성경이라는 큰 드라마에서 소품만 보고 마는 경우가 되고 맙니다. 가장 중요한 것을 놓치고 별로 중요하지 않은 배경과 소품만 보고 온 결과가 됩니다.

이제 드라마로 들어가 보겠습니다. 오늘 막에 오른 삭개오라는 드라마를 통해서 하나님께서 우리에게 주시려고 하는 큰 메시지는 무엇입니까? 한 번 아래에 몇 가지를 기록해보시기 바랍니다.

①

②

③

④

⑤

결국 이 메시지는 삭개오가 구원받았다는 것을 의미합니다. 여기에서 우리가 다시 생각해야 하는 것은 구원의 진정한 의미입니다. 아브라함의 자손이 되어 구원받았다는 것은 무엇을 의미할까요? 이것도 다시 질문해야 할 것입니다.

① 삭개오는 자신의 과거로부터 구원을 받습니다.

② 삭개오는 물질주의로부터 구원을 받습니다.

③ 삭개오는 부정적인 자화상으로부터 구원을 받습니다.

④ 삭개오는 죄로부터 구원을 받습니다.

⑤ 삭개오는 이웃에 대한 질타와 미움으로부터 구원을 받습니다.

그렇습니다. 삭개오는 이 모든 것으로부터 구원을 받고 새로운 존재가 됩니다. 다시는 탈세하지 않을 뿐만 아니라 새로운 가치, 새로운 말씀에 근거한 삶을 살아가게 됩니다. 지금까지 우리가 삭개오를 보면서 여기까지 생각했다면 작가가 말하려고 하는 중요한 메시지 가운데 하나를 발견했다고 할 수 있습니다.

그런데 구원의 드라마로 읽어 내려갈 때에 우리가 중요하게 생각하는 것은 누가 이 구원을 베푸는 주체자인가에 대한 관심입니다. 그러므로 삭개오가 구원받은 메시지를 만나는 것 이상의 중요한 본질은 누가 삭개오를 구원하였는가에 대한 대답을 얻는 것입니다. 바로 예수 그리스도에 의하여 삭개오는 구원을 받습니다. 예수 그리스도께서 삭개오를 구원으로 초청하고 부르시고 구원받을 자로 만들어 가십니다. 그의 집에 거하면서 삭개오를 새로운 존재로 만들어 가십니다. 삭개오에게서 우리가 놓치면 안 되는 가장 중요한 구속사적 메시지는 바로 삭개오를 친절하게 부르시고 불쌍히 보시고 믿는 자의 반열로 초청해주시는 예수 그리스도의 사랑입니다. 더 나아가서는 하나님의 사랑입니다. 이 사랑이 없었다면 삭개오는 더 이상 새로운 존재로 변화될 수가 없었을 것입니다.

구원의 드라마로 읽어 내려간다는 의미는 이렇게 삭개오를 믿음의 사람, 삭개오로 만들어 가시는 손길, 하나님의 따뜻한 구원의 손길을 발견하는 것입니다. 드라마에 출연하는 배우도 있고 소품도 있고 연출자도 있지만 그 중에 작가가 가장 중요한데 그 작가가 바로 구원의 대 드라마를 이끌어 가시는 하나님이신 것입니다. 구원의 드라마로 성경을 읽을 때에는 이렇게 하나님의 구원의 역사를 찾아나가며 구원의 역사의 주인이 처음부터 마지막까지 하나님이시라는 고백을 갖고 성경을 읽어 내려가는 것입니다. 곧 성경 전체의 흐름을 그리스도를 통한 하나님의 계시의 역사로 봅니다. 성경의 주인은 하나님이시고 그 분이 계시하신 사건과 비밀이 성경의 주제입니다. 성경은 하나님의 뜻과 자신을 계시하시는 데 목적이 있으며 하나님의 뜻은 그리스도를 통하여 인간을 구원하시고자 하는 의지를 포기하지 않으시는 것이며 인간에게 영원한 생명을 주시기를 원하시는 것입니다.

하나님은 이 역사를 시작하시고, 진행하시고, 끝맺으십니다. 또한 이 역사는 점진성과 통일성을 갖고 있습니다. 과거의 역사는 과거의 역사대로, 앞으로의 역사는 앞으로의 역사대로 각각의 개별적인 중요성을 가지며 전체적으로는 한 줄기의 통일성을 향해 나아가고 있다고 보는 것입니다. 그러므로 구속사적인 관점에서는 역사를 점點으로 보지 않고 선線으로 봅니다. 즉 성경의 사건 하나 하나를 독립적인 사건으로 보지 않고 서로 연결된 하나의 사건, 곧 한줄기의 큰 구속사로 보며 그 선이 성경을 통해서 독자의 삶의 자리에까지 연결된다고 보는 것입니다. 하나님의 구속사는 온 인류의 역사를 이끌어 가고 있으며 그리스도 안에서 그 비밀을 열어줍니다. 성경의 주제가 구속사이고, 그리스도가 주인공이라고 한다면 성경에서 우리가 만나야 할 분도 그리스도인 것입니다.

생활 적용 〉〉〉 **구속사적 성경** 묵상여행_ 구약편

01 실제로 하나님께서 삭개오의 드라마를 통하여 가장 간절하게 주시려고 하는 메시지는 무엇이라고 생각하는지요?

02 삭개오를 변화시킨 힘은 무엇일까요?

1-3

○ ○ ○

성경을 구원의 드라마로 읽을 때(2)

○ ○ ○

"믿음으로 아브라함은 부르심을 받았을 때에 순종하여 장래 기업으로 받을 땅에 나갈 새 갈 바를 알지 못하고 나갔으며"(히 11:8)

묵상 여행 우리는 앞에서 성경을 구원의 드라마로 읽어 내려 간다는 의미를 생각해 보았습니다. 성경에서 관심을 가져야 할 부분은 위대한 성경인물이 아니라 그 인물들을 위대한 사람으로 만들어 가시는 하나님에게 ―그리스도에게― 초점을 두어야 합니다. 이것을 다시 한 번 더 강조하여 말씀을 드리도록 하겠습니다.

구원의 드라마로 성경을 읽어 내려 갈 때에 관심을 가져야 할 것은 성경에 나오는 인물들보다는 그 인물들을 사용하셔서 구속사를 주도해 가시는 하나님과의 인격적 만남입니다. 성경의 연출자는 하나님이시고 주연은 성육신하신 하나님, 곧 예수 그리스도이시며 성경의 인물들은 그 연출자의 의도를 따라 훈련받고 연기하는 배우와도 같습니다. 그렇다고 우리들이 아무 자유의지가 없는 꼭두각시라는 말은 아닙니다.

이러한 비유로 말씀을 드리는 것은 우리가 성경에서 포착해야 하는 것이 무대에 나오는 배우보다는 그 연극을 이끌어 가시는 하나님이어야 한다는 뜻입니다. 하나님이 주시려는 큰 물줄기, 생명의 물줄기, 구원의 물줄기를 만나야 한다는 것이며 그 만남은 연출자 되신 하나님의 섭리를 알 때만 가능합니다.

성경에 나오는 인물들에 대해서는 자세히 알고 있으면서도 하나님과의 인격적 만남이 없다면 우리는 연극무대에서 조연들, 소품들에만 관심을 가진 것과 다름이 없을 것입니다. 구원의 드라마로 성경을 읽을 때에는 본질적인 만남에 관심을 가져야 합니다. 구속사를 이끌어 가시는 분에 대한 관심, 우리가 만나야 하는 분도 바로 이 분이시며 우리가 알아야 할 분도 이 분이심을 강조하고 있는 것입니다.

그러므로 성경은 어떻게 살아야 하는가를 말씀하고 있는 도덕적 규범의 책이라기보다는 누구를 믿어야 하는가를 말씀하고 있는 신앙의 책인 것입니다. 그러므로 구속사적 성경해석학은 성경을 신학화theologizing하며 도덕화moralizing하지 않습니다. 즉 이 말은 성경에서 삶의 모범을 배우는 것이 아니라 믿음의 대상을 만나야 한다는 것입니다. 성경을 통하여 위대한 인물을 만나기보다는 우리의 믿음의 대상을 만나야 하는 것입니다. 그러므로 성경을 통해서 '이 사람을 본 받아라. 저 사람은 본받지 말아라' 라는 것을 가르쳐 주기 위한 것이 아니라 우리가 믿어야 할 분이 누구시며 그 분을 믿을 때 어떤 삶의 열매를 살게 되는가를 제시하여 주고 있는 것입니다. 성경은 도덕적으로 살 때 우리가 하나님을 만나는 것이 아니라, 하나님을 믿을 때 그 열매로 도덕적으로 살 수 있음을 선포하고 있습니다.

잠깐 생각해봅시다. 아래의 성경인물을 통하여 우리는 어떤 모범을 배웁니까?

1. 아브라함
2. 노아
3. 다윗과 요나단
4. 사무엘의 어머니 한나
5. 룻
6. 여호수아
7. 욥

만일 우리가 아브라함과 노아를 통해서 순종을, 다윗과 요나단을 통해서 우정을, 사무엘의 어머니 한나를 통해서 기도를, 룻을 통해서 시부모에 대한 순종을, 여호수아를 통해서 긍정적 믿음을, 욥을 통해서 고난을 통한 승리를 배운다고 한다면 우리는 성경의 핵심을 벗어나고 있는 것입니다. 우정을 배우기 위해 굳이 다윗과 요나단을 만날 필요가 없습니다. 그들보다 더 깊은 우정을 가진 사람들은 얼마든지 있기 때문입니다. 또한 한나에게서 기도를 배우려고 한다면 한나가 아니라도 한국 기도원에 그보다 더 깊이 기도하는 사람들을 만날 수가 있습니다. 그렇다면 성경인물들을 만나면서 우리는 무엇을 배워야 할까요?

우리가 지향하고 나아가는 목표, 우리가 장성한 분량까지 자라나야 하는 목표는 아브라함도 아니요, 모세도 아니요, 그리스도입니다. 성경은 구원의 드라마로 읽어나갈 때에 도덕적 규범^{how to live}을 가르치려고 하지 않고 우리가 마땅히 만나야 할 분, 그리스도를 만나도록 돕습니다. 그러므르 구원의 드라마로 성경을 읽는다는 것은 그리스도 주변의 인물에 관심을 주는 것이 아니라 중보자 안에 나타나는 하나님의 은혜의 계시를 보는 것입니다. 즉 인간의 모범적 삶보다는 그 인간을 승리하도록 이끌어주시는 하나님의 구속사에 관심이 있으며 그리스도의 계시적 메시지에 대한 신앙고백에 관심이 있습니다. 성경에서 나타난 인물들을 통해 우리에게 좋은 삶의 모형과 나쁜 삶의 모형을 보여주려는 게 아니라 그 인물을 통해 믿음의 역사를 일으키시는 하나님의 은혜를 보여주고 그 분을 믿고 영생을 얻게 하려는 것이 성경의 곡적입니다.

그러므로 구속사에서는 인간이 아무 것도 할 수 없다는 것을 발견하는 순간부터 그리스도께서 일하심을 보여주고 있습니다. 구속사에서는 '내가 할 수 있다' 라는 완전을 주장하기보다는 '나는 아무 것도 할 수 없습니다. 나에게 구원이 필요합니다. 구세주가 필요합니다' 라고 깨닫는 것이 중요합니다.

이렇게 성경을 보게 될 때에, 목사님도, 장로님도 완전한 분이 아니심을 알게 됩니다. 우리 모두가 하나님의 구원이 필요한 부족한 사람이라는 것을 깨닫게 합니다. 만일 모범적인 것을 강조하는 성경해석을 할 때에는 교인들도 '어떻게 목사와 장로가 저럴 수가?' 하면서 비판하고 정죄하게 됩니다. 구원의 드라마로 성경을 읽을 때에는 우리가 모두 은혜로 구원받은 자임을 강조하면서 그러한 구원을 주시는 그리스도에 대한 은혜의 계시를 바라보게 합니다.

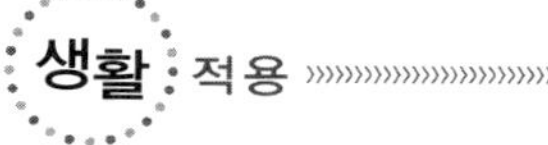

생활 적용 »» **구속사적 성경** 묵상여행_ 구약편

01 여러분들이 아브라함을 좋아하는 이유는 어디에 있습니까?
그 분이 거짓말도 몇 번씩 한, 도덕적으로 흠이 있는 사람임에도 불구하고 하나님의 벗이 될 수 있었던 이유는 무엇일까요?

02 여러분은 도덕적으로 흠이 있다고 교인들과 친구들로부터 지적을 받을 때, 어떻게 대처하시는지요?

03 여러분이 욥기를 통해서 받는 가장 귀한 메시지는 무엇인지요?

2-1

○ ○ ○

성경을 구원의 드라마르 읽을 때(3)

○ ○ ○

"내가 내 언약을 나와 너 및 네 대대 후손의 사이에 세워서 영원한 언약을 삼고 너와 네 후손의 하나님이 되리라 내가 너와 네 후손에게 네가 거류하는 이 땅 곧 가나안 온 땅을 주어 영원한 기업이 되게 하고 나는 그들의 하나님이 되리라"(창 17:7,8).

성경을 구원의 드라마로 읽어 내려갈 때 중요한 것을 앞에서 말씀드렸습니다. 첫 번째와 두 번째 모두 하나님을 중심으로 하나님의 구원의 드라마를 중심으로 읽어 내려가자고 하였습니다. 또한 성경은 모범을 배우기보다는 믿음의 대상인 하나님의 은혜의 계시를 만나기 위함이라고 말씀드렸습니다. 세 번째로 강조해야 할 것은 언약을 이해하는 것입니다.

성경 전체를 하나님이 계시하시는, 하나로 연결된 구원의 드라마로 볼 뿐만 아니라 그 구원의 드라마의 주제를 성경 전체에 나타난 변함없이 성실한 하나님의 언약으로 본다는 것입니다. 즉 구원의 사랑에 기초한 언약을 중심으로 본다는 뜻입니다. 곧 이는 하나님과 인간 사이에 맺어진 언약입니다. 그 언약은 하나님의 성실하심과 긍휼로 맺어지게 되며 그 언약의 내용은 그리스도이십니다.

하나님은 인간을 구원하시려는 구원사역을 통해 역사 속에서 자기 백성을 선택하시고 그들과 계약관계를 맺으시는 인격체이십니다. 계약의 조건은 성실faithfulness에 있습니다. 그러나 이 성실을 인간에게 서는 찾을 수 없습니다. 그러므로 인간 측의 성실함으로 언약이 유지되는 것이 아니고 하나님의 말씀의 성실함으로 언약은 계속되는 것입니다.

그러므로 하나님의 구속사는 인간의 죄악이 승리하는 것이 아니고 하나님의 성실과 긍휼이 승리함을 보여주고 있습니다. 인간의 죄악을 넘어서는 하나님의 은혜와 자비를 보여주고 있습니다. 그러한 인간의 불성실을 위하여 하나님은 그리스도를 매체로 언약을 맺으십니다. 인간이 불성실할 때 하나님은 그리스도라는 제물을 받으십니다. 그리스도가 담보가 되는 것입니다. 그리스도가 십자가에서 대속의 피를 흘림으로 인간의 불성실함이라는 빚을 갚는 것입니다. 그리스도의 보혈의 피는 언약을 언약되게 하는 매체입니다. 그리스도의 희생이 없다면 이 언약은 계속될 수 없습니다. 하나님은 인간의 패역함을 보는 대신 그리스도의 성실을 보시며, 그리스도를 통하여 의롭다 여겨주십니다.

그럼, 가인을 만나봅시다

오늘 이 주제를 이해하기 위하여 한 번 가인의 이야기를 읽어봅시다. 우리는 가인의 이야기를 읽을 때마다 형제를 죽인 살인자를 하나님께서 왜 살려두셨을까 의아해하기도 하며 우리 자신을 무고하게 죽은 아벨과 동일시합니다. 그리고 가인의 이마에 표를 찍어

주고 모든 위험으로부터 지켜주시고 생명까지 지켜주신 하나님을 이해하기 어렵다고 말합니다.

그러나 바로 여기에서 우리는 오늘 언약의 개념을 이해할 수 있습니다. 우리가 이렇게 살아서 움직이고 있는 것은 나의 공로나 의 때문이 아니라 하나님의 언약 때문이라고 하는 것입니다. 그 언약은 무엇입니까? 그 언약은 말씀으로 약속하신 것, 또한 구체적으로 말하면 말씀으로 오신 그리스도를 의미합니다. 우리가 지금 살아서 움직이고 있는 것은 바로 예수 그리스도 때문이라고 하는 것입니다. 우리의 공로, 의, 착함에 있는 것이 아니고 예수 그리스도가 우리를 대신하여 죽으셨기 때문에 우리는 의롭다 칭함을 받고 거리를 활보하고 있다는 사실입니다.

가인이 살아있음으로 우리도 살아있습니다. 우리도 살인자입니다. 성경에는 만일 우리가 형제를 미워하면 이미 살인한 것과 같다고 하였습니다. 그러기 때문에 가인이 죽을 수밖에 없었다면 우리도 죽어야 하는 것입니다. 우리가 가인과 같은 존재임에도 불구하고 거리를 활보하고 살아있는 이유는 예수 그리스도의 은혜 때문입니다. 죄악을 범한 가인과 우리가 생명을 누리는 것은 죄에 대하여 주님의 사랑이 승리하였다는 것을 의미합니다. 죄의 깊이를 넘어서는 주님의 사랑이 있기 때문이라는 뜻입니다. 이것이 바로 언약사상입니다.

에스겔 16장으로 가보겠습니다

에스겔 16장에는 길거리에 버려진 사생아에 대한 이야기가 나옵니다. 이러한 아기를 하나님이 데리고 와서 잘 키워 아내로 삼았습니다. 그런데 이 아내가 어느 날 바람이 나서 다른 남자들 품으로 가버렸습니다. 그래서 하나님은 그 아내를 보고 '너는 창녀구나' 하고 안타까워 하셨지만 곧 '너는 간음한 유부녀'라고 말씀하셨습니다. 창녀는 몸만 팔지만 간음한 아내는 몸과 마음까지도 팔아버리는 패역한 자이기 때문입니다. 결국 이 여인은 신랑이 준 패물까지도 들고 다른 남자의 품으로 가버렸습니다. 하지만 하나님은 기다립니다. 그리고 이렇게 말씀하십니다. "과거의 어떤 행위도 묻지 않겠다. 나는 너와 약속한 결혼약속만을 기억하겠다. 그러므로 돌아오라"(겔 16:60). 이것이 언약사상입니다. 우리가 어떤 과거의 죄악 속에 있다고 하여도 하나님께로 돌아오면 우리는 다시 회복된다는 것입니다. 주님께서는 행위를 보시지 않고 '언약'을 보시기 때문입니다. 당신이 하신 약속을 보시기 때문입니다. 우리는 그 약속에 담겨있는 하나님의 긍휼과 용서, 자비를 보게 됩니다.

이러한 언약사상은 아브라함 때부터 하나님과 약속이 체결되면서 시작됩니다. 노아의 때에 홍수로 죄인들을 멸망시켰지만 여전히 죄는 계속되었습니다. 하나님은 우리 인간으로부터 죄를 없애는 것은 불가능한 것을 아십니다. 그래서 주님은 죄가 없어지기까지 기다리지 않으시고 '죄가 없다고 여겨주시겠다'고 말씀하셨습니다. 그것이 언약입니다. 곧 칭의, 의롭다 여기시겠다는 약속입니다.

구약에는 하나님의 나라를 이루기 위한 네 가지 언약이 나옵니다. 아브라함과 맺은 언약에서 백성과 땅을 주시기로 약속하셨고, 모세와 맺은 언약에서 법을 주셨고, 다윗과 맺은 언약에서 왕권을 주셨습니다. 백성과 땅, 법, 왕권은 하나님의 나라를 이루는 기본 구조입니다. 그런데 이러한 네 가지 기본 구조는 인간의 세계에서는 완전하지 않습니다. 이 네 가지 언약의 내용이 그리스도에게서 완성되고 성취될 때만이 완전해지는 것입니다. 그래서 그리스도는 언약의 완성자가 되시며 새 언약이 되십니다. 구원의 드라마로 성경을 읽을 때에는 성경에 나타난 이 언약의 흐름에 관심을 갖습니다. 언약에 나타난 하나님의 성실과 은총을 찾아나갑니다. 그러한 언약을 찾아나가면서 우리는 그리스도의 심장을 만납니다. 그 분의 눈물을 만납니다. 그것은 우리에게 그토록 주시기를 원하는 구원을 주시고자 하는 눈물입니다.

이 눈물을 만나지 못하는 한, 우리는 성경에서 그리스도를 만났다고 할 수 없습니다. 패역한 백성, 간음한 유부녀와 같은 백성들을 끝까지 포기하지 않으시는 구원자 되신 그리스도의 심장을 만나도록 돕는 것, 그것이 구원의 드라마로 성경을 읽어내려 가는 것입니다.

생활 적용 　　　 **구속사적 성경** 묵상여행_ 구약편

01 가인이 살아있는 것 때문에 여러분들은 화가 나십니까? 가인과 여러분은 구체적으로 어떤 관계라고 보시는지요?

02 에스겔 16장에 나오는 여인의 삶이 여러분에게 미치는 교훈은 무엇입니까?

2-2

○ ○ ○

성경을 구원의 드라마로 읽을 때(4)

○ ○ ○

"요셉을 알지 못하는 새 왕이 일어나 애굽을 다스리더니 그가 그 백성에게 이르되 이 백성 이스라엘 자손이 우리보다 많고 강하도다"(출 1:8,9).

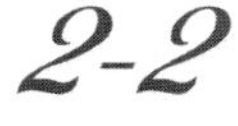 성경을 구원의 드라마로 읽어 내려갈 때 네 번째 중요한 요소는 성경은 점點이 아니라 선線으로 연결된 구원사라는 것입니다. 성경을 제대로 이해하려면 성경을 처음부터 마지막까지 하나로 연결된 구원의 드라마로 읽어 내려가야 합니다. 그렇기 때문에 점으로, 서로 떨어진 사건, 관계없는 사건으로 이해되어질 수 있는 성경의 역사는 없는 것입니다. 성경을 깊이 이해하기 위하여 우리는 성경 전체에 흐르는 구원의 드라마를 알아야 하고 그 전체적인 드라마의 주제 아래에서 개개의 사건들을 조명해야 합니다.

애굽으로 들어가 봅시다

이 주제를 잘 이해하기 위하여 애굽으로 들어가 보도록 하겠습니다. 이스라엘 민족은 400년^{혹은 430년}동안 애굽에서 종살이를 하고 창세기 50장이 끝나면서 이스라엘 민족이 애굽으로 이주하는 것이 나오게 됩니다. 그리고 출애굽기 2장에 들어가서 모세의 사건을 보게 되면 이미 출애굽기 1장과 2장 사이에는 많은 시간적 차이가 나오게 됩니다. 거의 400년의 시간의 격차가 있는 것입니다.

1. 애굽에서 이스라엘이 400년을 살았다는 의미는 무엇입니까?
2. 창세기 50장과 출애굽기 1장과의 간격^{gap}을 무엇으로 채울 수 있겠습니까?

하지만 구속사적인 관점에서 성경을 읽어 내려갈 때에는 기록이 되어있지 않은 부분이라고 하여 끊어진 역사가 아니라고 하는 것입니다. 여기서 중요한 것은 모든 역사는 한 번도 끊어져 본 적이 없다는 것이며 어떤 역사도 의미없는 역사는 없다는 사실입니다. 하지만 우리는 창세기 50장에서 출애굽기 1장까지 400년이라는 긴 세월이 지나갔음을 보게 됩니다.

다시 신·구약 중간기 시대로 돌아가 봅시다

말라기 4장과 마태복음 1장 사이에도 긴 긴 세월이 지나갑니다. 400년 정도의 긴 시간이 지나갔습니다. 그래서 말라기 4장과 마태복음 1장의 문화적 배경은 많은 변화를 가지고 있습니다. 구약 예언서에서 나오지 않는 용어들이 복음서에서는 자연스럽게 나오고 있기 때문입니다. 그렇다면 왜 하나님은 이스라엘에게 메시아의 오심을 약속하시고 또 말라기부터 400년이라는 세월을 기다리게 하셨을까요? 말라기 4장과 마태복음 1장 사이의 역사는 아무 의미가 없는 것일까요? 성경에 기록되지 않았다고 하여 그 역사는 존재가치가 없으며 무시해도 좋은 것일까요?

그렇지 않습니다. 성경을 구원의 드라마로 읽어내려 갈 때에 이 모든 문제들이 해결됩니다. 구원의 드라마는 역사를 끊어진 역사, 점의 역사로 보지 않고 서로 연결된 선의 역사로 보기 때문입니다. 그래서 비록 성경에서 기록하지 않은 역사라고 해도 그 역사는 가치가 있고 중요한 것이며 그 기록되지 않은 역사 속에서도 여전히 하나님은 객관적 구속사를 이루시기 위하여 준비하시고 기다리게 하셨다는 것입니다.

애굽에서의 400년 동안 이스라엘 민족은 숫자가 많이 불어나게 되었습니다. 하나님은 아브라함에게 '땅의 모래알처럼, 하늘의 별처럼' 많은 후손들을 주기로 약속하셨지만 아브라함은 그 당시 자식을 한 명도 낳아본 적이 없는 사람이었습니다. 아내가 자녀를 못 낳는 여인이었기 때문입니다. 그리고 경수가 끊어져 더 이상 자녀를 바랄 수는 없는 상태였습니다. 그런데 하나님은 땅 한 평 없는 아브라함에게 광대하고 아름다운 땅을 주겠다고 약속을 하셨고 자녀 한 명 없는 아브라함에게 무수한 후손의 아비가 될 것을 약속하셨던 것입니다. 그렇다면 하나님은 아브라함을 지금 놀리고 계시는 것입니까? 이것을 어떻게 믿을 수 있겠습니까?

하나님은 자녀가 없는 사람을 통해 생명을 주시겠다고 약속을 하시고 땅이 없는 사람에게 광대한 땅을 주시겠다고 약속을 하십니다. 그렇게 말씀하시는 하나님은 도대체 누구이십니까? 그분은 무로부터 유를 창조하는 창조주 하나님이십니다. 하나님은 아무 것도 없는 것에서 모든 만물을 지어내시는 창조주 하나님이신 것입니다. 아브라함을 불러서 이렇게 언약을 맺으시는 것도 하나님이 하나님이 되심을 보여주기 위함이었습니다. 철저하게 하나님께 순종할 때 하나님은 못하실 것이 없으신 분이라는 것을 보여주셨습니다.

그래서 애굽에서 400년 동안 하나님은 약속하신 후손, 씨를 불리시는 일을 하십니다. 곧 애굽에서 나오게 되었을 때에는 장성만 60만을 넘게 되었습니다. 애굽에서 고기와 부추, 마늘, 양파, 오이, 수박 등 풍성한 양식을 먹으면서 낳고 또 낳고 하였던 것입니다. 이것은 창세기 5장에서 죽고, 또 죽고 한 족보와는 뚜렷한 대조를 이룹니다. 하나님은 이 애굽을, 약속한 후손을 만드시는 생명의 태로 삼으십니다. 애굽에서의 400년이 없었다고 한다면 결코 아브라함은 이렇게 많은 후손을 볼 수가 없었을 것입니다. 척박한 가나안 땅에서 이렇게 많은 후손을 늘릴 수가 없었을 것입니다. 그러므로 애굽에서의 400년도 하나님께서 언약을 이루어 가시는 중요한 역사였던 셈입니다.

구원의 드라마로 성경을 읽어내려 갈 때에 어떤 역사도 중단된 적이 없었고 의미 없는 것도 없습니다. 성경은 한 줄기의 큰 언약의 물줄기로 흘러내려가고 있습니다. 이 물줄기를 붙잡게 될 때에 성경이 열리게 되는 것입니다. 창세기 1장에서 요한계시록까지, 그리고 우리가 현재 서있는 역사의 시점까지 역사는 계속되고 있습니다. 그리고 이 역사는 하나님께서 역사를 완성하시고 마치시는 그 지점까지 계속 흘러내려갈 것입니다. 이렇게 성경의 역사는 중단되지 않고 선으로 연결되어 있습니다. 그 선은 바로 언약으로 계속된 선이며, 그리스도의 구원의 역사로 계속되는 선입니다.

01 여러분은 아브라함과 여러분이 역사로 연결되어 있다고 보십니까? 성경의 역사가 여러분과도 관계가 있다고 보시는지요?

02 만일 성경의 역사가 연결된 역사라고 한다면 지금 현재 여러분이 서 있는 역사의 현장에서 여러분은 어떤 사명을 감당할 수 있을까요? 생각해 봅시다.

2-3

○ ○ ○

성경을 구원의 드라마로 읽을 때(5)

○ ○ ○

"저희가 서로 말하되 길에서 우리에게 말씀하시고 우리에게 성경을 풀어주실 때에

우리 속에서 마음이 뜨겁지 아니하더냐 하고"(눅 24:32)

마지막으로 성경을 구원의 드라마로 읽을 때에 중요한 원리는 무엇일까요? 그것은 성경에서 길과 진리, 생명이신 그리스도를 만나게 되는 것뿐만 아니라 그 분 안에서 훈련받은 수많은 신앙의 선배들을 만난다는 사실입니다. 그리고 그들 속에서 우리는 하나님께서 얼마나 놀라우신 창조자, 예술가, 훈련가이신가를 발견하고 그분을 찬양하게 됩니다. 그리고 우리도 역시 그들과 같은 하나님의 사람이 될 수 있으며 그 분의 도구로 사용될 수 있다는 소망을 얻게 됩니다.

무엇보다도 중요한 것은 훈련받은 수많은 신앙의 선배들이 완벽한 사람이 아니었다는 사실입니다. 성경에 나오기 때문에 완벽하다든지 의롭다든지 흠이 없는 사람이 아니라는 것입니다. 성경에 나오는 사람들도 아주 적나라한 인성과 우리와 같은 성정을 가지고

몇 번이고 쓰러지고 실패하고 불순종하기도 하였다는 것을 알게 됩니다. 그래서 그 선배들이 더 친근하고 가깝게 느껴집니다. 그들이 완벽하기 때문에 존경하기보다는 우리와 같은 연약함 속에서도 부단한 하나님의 다루심에 순종하고 믿음으로 일어나 걸었기에 존경하게 됩니다.

완벽하지 않은 성경의 신앙 선배들, 한 번 만나보겠습니다.

1. 아브라함, 믿음의 선배이지만 몇 번이나 거짓말을 하였는지요?

2. 노아도 의인의 한 사람이었지만 술에 취해서 어떤 모습을 자녀들에게 보여주었나요?

3. 베드로, 가장 신뢰받았던 제자들 가운데 하나였지만 예수님이 십자가에 매달리셨을 때 어디 있었나요?

4. 마가도 훌륭한 베드로의 동역자였지만 바울과 같이 선교여행을 떠났다가 왜 다시 돌아왔을까요?

5. 가장 멋있는 걸작품 아담은 왜 아내의 말을 듣고 타락했을까요?

6. 나실인으로 하나님께 구별되었던 삼손은 왜 최후를 그렇게 맞이했을까요?

성경에는 우리보다 더 나약하고 어느 때는 더 패역한 많은 사람들을 기록하고 있습니다. 이러한 신앙의 선배들, 성경인물들을 만나면서 우리들은 희망을 갖게 됩니다. 결국에 우리 자신에게 희망이 있는 것이 아니고, 신앙의 선배들에게 희망을 찾는 것이 아니고 하나님께만 소망이 있다는 것을 알게 되기 때문입니다. 스스로 아무도 자신을 구원할 수 없지만 하나님께서만이 우리를 구원받은 성도라는 작품으로 만들어 가신다는 것을 알기 때문에 그 분에게만 소망을 두게 됩니다.

그래서 성경에 나오는 인물들과 우리는 친근하게 만나게 되는데 서로가 부족하고 쓰러지기 쉬운 존재임에도 불구하고 한 하나님, 한 그리스도, 한 성령님을 섬기면서 하나님이 기뻐하시는 작품으로 만들어져 갑니다. 여기에 우리의 희망이 있는 것입니다. 여기에 우리가 우리 자신에게 기대를 걸어도 좋은 이유가 있는 것입니다.

우리보다 더 연약한 자를 들어서 사용하시는 하나님의 솜씨, 우리보다 더 가난하고 보잘 것 없는 사람들을 사용하셔서 구원의 대역사를 이루시는 하나님의 능력, 우리보다 더 급하고 참을성이 없는 사람들을 불러서 훈련시키시는 그 분의 인내, 사랑 때문에 우리는 소망을 갖게 됩니다. 그리고 가난할수록, 비참할수록, 절망할수록 하나님의 개입과 은혜, 구원의 깊이가 큰 것을 발견합니다. 중요한 것은 우리가 이러한 존재라는 것을 알기 때문에, 성경 인물이 어떠한 인물이었다는 것을 알기 때문에 우리 모두가 절실하게 구원자의 도움이 필요하며 그 분의 도움이 없이는 어떤 것도 결코 할 수가 없다는 것을 알게 되어 겸손한 마음으로 주님 앞으로 나아오게 된

다는 사실입니다. '우리 안에 어떤 것도 선한 것이 없다' 는 것을 깨
닫고 구원자를 바라보게 됩니다. 주님의 구속사에 들어가지 않으면
우리는 모두 불가능한 존재, 소망 없는 존재라는 것을 알게 됩니다.

그러므로 성경을 구원의 드라마로 읽는다는 것은 성경 안에 감
추어진 비밀, 곧 그리스도의 생명을 만나는 것이며 신앙의 선배들
을 통하여 우리에게 가장 필요한 것이 무엇인지 알게 된다는 것을
의미합니다. 곧 나 자신은 아무 것도 할 수 없지만 구원자이신 그리
스도를 만나게 되면 새로운 세계가 열리며 새로운 존재로 빚어져
간다는 것을 깨달을 수 있다는 것입니다.

엠마오로 내려가던 신앙의 선배들도 예수님께서 구속사적으로
성경을 풀어주는 것을 듣고 마음이 뜨거워지는 역사가 일어났습니
다. 그들은 생명을 만났습니다. 어린아이들이 옷을 벗고도 춥지 않
지만 노인들이 옷을 입고도 뼛속까지 추운 것은 그만큼 생명력이
떨어지기 때문입니다. 뜨거워졌다는 것은 생명을 만났다는 것을 의
미합니다. 구원의 드라마로 성경을 읽는 것은 이렇게 생명을 만나
서 마음이 뜨겁게 되도록 도와줍니다.

성경에 나오는 부족하고 힘없고 연약한 자들을 하나님의 군대
로 만들어주시는 주님을 만나면서 우리도 겸손하게 그 앞에 무릎을
꿇고 도움을 청하게 됩니다. 그의 생명을 만나게 되기를 바랍니다.
그리스도의 생명을 받지 못한다면 아무 것도 아님을 알기 때문입니
다. 나도, 너도, 우리도 모두 그리스도 예수의 도움이 절대적으로

필요하다는 것을 깨닫게 하는 것이 바로 구원의 드라마가 주는 메시지입니다. 그 드라마에서 홀로 서서 걸어갈 사람은 아무도 없습니다. 주님을 만나는 자만이 마음이 뜨거워지고 예루살렘으로 다시 올라가는 용기가 생기며 승리하는 자가 된다는 것을 구원의 드라마는 보여주고 있으며 우리도 신앙의 선배들과 같이 주님이 다루어주지 않으면 결코 승리할 수 없다는 것을 깨닫게 해줍니다. 구원의 드라마로 성경을 읽어내려 갈 때에는 모범적인 관점에서 성경을 읽을 때에는 보이지 않았던 신앙의 선배들의 모습이 새로운 관점으로 우리에게 다가오며 열리게 됩니다.

01 여러분은 성경을 읽으면서 마음이 뜨거워진 경험이 있습니까?

02 성경이 여러분에게 열려진 때는 언제입니까? 아니면 성경책이 여러분에게 아직도 닫혀있는지요? 그 이유는 무엇이라고 보십니까?

3-1

○ ○ ○

나를 만나주신 하나님

○ ○ ○

"나 주 여호와가 이같이 말하노라 네가 맹세를 멸시하여 언약을 배반하였은즉

내가 네 행한 대로 네게 행하리라 그러나 내가 너의 어렸을 때에 너와 세운 언약을

기억하고 너와 영원한 언약을 세우리라"(겔 16:59,60).

묵상 여행 저는 6.25 전쟁이 아직 끝나지 않은 1951년에 태어났습니다. 태어나서 보니 아버님도 목사님, 할아버님도 목사님이시고 어머님, 삼촌 모두 신학대학을 나온 가정이었습니다. 어머니 태중에 있을 때부터 저는 교회를 다녔고 지금까지도 교회 문밖을 떠난 적이 없었습니다. 그러나 저는 34세에 비로소 주님을 만났습니다. 그리고 그전까지는 두려운 하나님, 가까이 가기 어려운 하나님, 심판의 하나님으로 이해하고 있었습니다. 가끔 언니들이 "너 거짓말하면 지옥에 간다."라고 말하는 것을 들었기 때문에 지옥에 대한 끔찍하고도 무서운 모습을 상상하며 화가 나도 할 말을 못하고 지날 때도 많았습니다. 하나님은 저에게 무서운 분이었습니다.

욥기를 보게 되면 욥도 "내가 두려워하는 그것이 내게 임하고

내가 무서워하는 그것이 내 몸에 미쳤구나.”(욥3:25)라고 고백하고 있습니다. 실상 경건하며 완전한 의인으로 평가받았던 욥도 하나님에 대한 두려움을 가지고 있었습니다. 혹시나 죄를 범하여 심판을 받지 않을까 두려워하였습니다. 마치 조그만 죄라도 발견되면 즉시 벌하실 것 같은 하나님으로 생각하고 있었습니다. 욥이 친구들과 변론할 때에의 하소연도 마치 하나님이 어떤 벌을 줄 근거라도 찾기 위해 매시간 욥을 주시하고 있는 것이 아니냐는 것이었습니다. 항상 하나님의 벌을 무서워하고 있었던 욥은 자녀들이 하나님 앞에 바로 서도록 노력하였고 혹시나 하여 자녀들을 위한 속죄 제사를 드리곤 하였습니다.

그러나 온 몸에 상피병이 퍼져 고생하게 되었을 때에 “전능자의 화살^{저주}이 내게 박히매 나의 영이 그 독을 마셨나니 하나님의 두려움이 나를 엄습하여 치는구나.”(욥 6:4)라고 절규하면서 자신이 하나님의 저주 가운데 들어갔음을 두려워하였습니다.

저도 마찬가지였습니다. 제가 두 살 되었을 때에 저의 아버님은 스위스 바젤로 유학을 떠나셨습니다. 너무 어려서 떠난 아버님을 저는 기억할 수가 없습니다. 그리고 네 살 되어서 공항에서 돌아오는 아버님을 만났습니다. 어렸을 대에 아버지에게 안기며 사랑받던 기억이 없는 저는 아버님이 너무 무서웠습니다. 아버님은 원칙을 만들어서 지키지 않을 때에는 약속대로 종아리를 매로 치셨습니다. 저는 아버지와 사랑의 관계를 가져보지 못하고 매일 잘못하는 것에 대하여 야단치고 매를 치시는 아버님을 바라보며 무서워하기 시작하였습니다.

　　이러한 무서운 아버지에 대한 개념은 곧 무서운 하나님에 대한 개념으로 전이되었습니다. 저에게는 항상 하나님은 무섭고 두렵고 심판하시고 잘못하기를 기다렸다는 듯이 벌을 가하시는 가혹한 분이셨습니다. 그 안에 용서라는 것은 전혀 없는 하나님이셨습니다.

　　그러나 34세에 저에게 찾아오신 하나님은 그러한 하나님이 아니셨습니다. 아버님도 그러한 아버님이 아니셨습니다. 저는 아버님에게 불효하였고 어느 때는 아버님의 마음에 큰 상처를 남기는 편지를 쓰기도 하였습니다. 그래서 아버님이 갑자기 돌아가신 후 저는 3년을 울고 회개하였습니다. 그리고 하나님께 한 번만 살아계신 아버님의 손을 붙잡고 불효를 회개할 수 있게 해달라고 기도하였습니다. 그리고 아버님에게 용서받고 싶어서 아버님이 원하셨던 일은 다 하기 시작하였습니다. 아버님은 사람을 키우는 선교에 전심하셨기 때문에 저도 목회자들을 위한 연장교육을 하며 용서를 빌었습니다. 하지만 아버님이 기뻐하시리라고 생각하는 일을 해도 해도 저의 마음에는 기쁨이 없었습니다. 항상 불효자라는 생각이 저를 괴롭혔습니다.

　　그런데 주님을 만나고 난 후에 저는 해결을 보게 되었습니다. 주님은 그렇게 무서운 하나님이 아니라 용서의 하나님, 우리의 행위를 보시지 않고 그리스도를 보시고 의롭다 여겨주시는 하나님이신 것을 깨달았습니다. 하나님은 저에게 이렇게 말씀하셨습니다.

"너의 아버지는 너의 잘못을 기억하고 있지 않다. 너의 아버지는 너를 사랑하고 있다. 그리고 그 사랑에는 이미 용서가 들어가 있다."

저는 아버지의 용서를 받기 위하여 무엇을 해야 하는 것이 아님을 깨달았습니다. 그저 그 분이 저를 사랑했고, 그 사랑에는 이미 용서가 들어가 있고 과거의 행위는 기억하고 계시지 않는다는 것을 믿기만 하면 되었습니다. 저는 참으로 자유하게 되었고 아버지의 사랑과 은혜에 감격하게 되었습니다. 그리고 그 육친의 아버님에 대한 사랑을 깨닫는 순간 하나님이 은혜의 하나님으로 다가오기 시작했습니다.

에스겔 16장에도 똑같은 말씀이 나옵니다. 사생아를 키워서 아내로 삼고 사랑했지만 그 아내는 다른 남자들 품으로 가버리고 맙니다. 하나님은 그 아내를 기다립니다. 그리고 행위를 기억하지 않는다고 선포하십니다. 하나님이 기억하지 말아야 할 것을 기억하지 않는 것이 우리에게는 구원의 선포인 것입니다. 그러나 하나님은 결혼약속은 기억하시겠다고 선포하십니다. 그 아내가 밖에서 외도를 했지만 하나님은 아직 결혼이 유효하다고 말씀하고 계시는 것입니다. 그리고 조석으로 문을 열고 그 아내가 돌아오기를 기다리시는 하나님이신 것입니다. 그래서 아가서에서는 사랑이 죽음보다도 강하다고 고백했습니다.

저는 죽을 수밖에 없는 죄인이었지만 그 행위를 기억하지 않는 하나님으로 인하여 춤을 추게 되었습니다. 그리고 아직도 유효하다는 말씀이 저에게 구원의 복된 소식이 되었습니다. 아직도 아버님은 저를 사랑하고 계시고, 아직도 자녀로 여겨주시고, 잘못된 행위는 기억조차 하지 않으신다는 메시지가 저에게는 복된 소식이었습니다. 그 구원의 복된 소식은 하나님에 대한 새로운 이해로 발전되었습니다.

우리의 죄를 기억하지 않으시는 하나님, 그러나 우리 존재를 기억하시는 전지전능하신 하나님의 사랑으로 인하여 저는 새로운 성경적 하나님의 개념을 확립하게 되었습니다. 그 분은 직접 말씀하신 대로 사랑의 하나님, 용서의 하나님이십니다. 언약의 하나님이십니다. 우리가 구원받을 수 있는 근거도 우리 행위에 있는 것이 아니고 바로 하나님의 성실하신 언약에 있는 것입니다. 그 분께서 당신이 약속하신 언약만을 기억하시겠다는데 우리가 무엇을 두려워하겠습니까?

저는 그러한 하나님 앞으로 뛰어갔습니다. 그 분은 저를 품 안에 안아주셨고 한 번도 '과거의 행위'를 추궁하시지 않았습니다. 있는 모습 그대로 받아주시는 하나님으로 인하여 저는 자신이 부끄러웠고 다시는 죄악 가운데 들어가지 않도록 성령님의 도움을 구하였습니다.

주님은 매일 저에게 이렇게 말씀하십니다. "그가 너로 말미암아 기쁨을 이기지 못하시며 너를 잠잠히 사랑하시며 너로 말미암아 즐거이 부르며 기뻐하시리라."(습 3:17)

01 여러분이 만난 하나님은 어떤 분이십니까?

3-2

○ ○ ○

하늘에 계신 초월적인 하나님

○ ○ ○

"하나님이 모세에게 이르시되 나는 스스로 있는 자이니라

또 이르시되 너는 이스라엘 자손에게 이같이 이르기를 스스로 있는 자가

나를 너희에게 보내셨다 하라"(출 3:14).

지금까지 구원의 드라마로 성경을 읽는 원리에 대하여 몇 번에 나누어 말씀을 드렸습니다. 그렇게 성경을 읽어 내려갈 때에 우리가 알고 지나가야 할 네 가지 큰 개념이 있는데 그것은 하나님, 하나님의 백성, 하나님의 구속사, 하나님의 나라에 대한 개념입니다. 하나님의 초월적이며 내재적인 개념, 하나님의 백성의 개념, 하나님 나라의 개념, 그리고 구속사에 대하여는 주관적인 구속사와 객관적인 구속사에 대하여 설명을 해 드린 후에 창세기부터 읽어 내려가도록 하겠습니다. 이 부분은 창세기부터 성경을 구속사적으로 읽어 내려가기 위하여 우리가 이해하여야 할 신학적인 부분이라고 보면 좋을 것 같습니다.

하늘에 계신

주기도문은 하늘에 계신 우리 아버지라는 첫 문장으로 시작됩니다. "하늘에 계신" 이 부분은 초월적인 부분이고, "우리 아버지" 이 부분은 내재적인 면을 나타낸다고 보면 좋겠습니다. 우리가 고백하는 성경의 하나님은 초월적인 면과 내재적인 면 두 가지를 갖고 계십니다. 그 분은 하늘에 계신 초월자이십니다. 우리와 근본적으로 다른 곳에 계신 분이십니다. 하지만 이 하늘이라고 하는 것도 우리가 생각하는 공간 개념이 아닌 초월적인 공간을 의미하는 것입니다.

사도바울이 셋째 하늘에 올라갔다 왔다는 것도 하나님이 계신 하늘을 의미하는 것입니다. 천국이 삼층천으로 된 것이 아니라 유대인은 온 우주를 삼층천으로 이해하였습니다. 창세기 1장에서 천지를 창조하셨다고 선포하고 있는데 천지를 영어로 보게 되면 'the heavens and the earth'로 되어 있습니다. 하늘이 복수인 것은 이런 하늘에 대한 개념 때문입니다. '인간은 땅에, 하나님은 하늘에 계시다' 라고 표현함으로 이 분이 우리가 살고 있는 시공을 초월하신 분이라는 것을 주기도문에서는 처음으로 밝히고 있는 것입니다. 물론 하나님은 무소부재하셔서 어디에도 계시지만 여기에서는 그 분의 초월성을 나타내기 위한 표현을 썼다고 보면 좋습니다.

1. 창조의 하나님(창 1:1)

하늘에 계신 하나님은 창조의 하나님이십니다. 이 세상의 모든 것을 창조하셨고 시간과 공간도 창조하셨습니다. 창조의 하나님은 말씀으로 온 우주를 창조하셨고 알파와 오메가 되시는 분이십니다. 그 분은 창조주이시며 우리는 단지 피조물에 지나지 않는 것입니다. 이것은 엄밀히 말하면 질적으로 다른 존재를 의미합니다. 창조주 하나님과 피조물인 인간 사이에는 넘을 수 없는 존재의 차이가 있는 것입니다. 그래서 하나님이 하나님이 되게 하시고 인간이 인간이 되는 길이 믿음의 길임을 신학자들은 말하고 있습니다. 히브리 민족에게 있어서 창조주 하나님의 고백은 특별한 것이었습니다. 그 주위에서 믿는 신들은 무에서 유를 창조하는 그러한 하나님은 아니었기 때문입니다. 다신론이든지 범신론을 섬기고 있는 그 환경에서 히브리 민족만이 창조주 하나님과 유일신을 독특하게 고백하고 있습니다. 바로 이것이 성경이 계시에 의하여 기록된 책인 것을 증명하는 사실입니다. 하나님은 창조주 하나님으로 스스로 계시하셨고 그러한 하나님을 만난 히브리 민족은 대담하게 창세기 1:1에서 태초에 하나님이 천지를 창조하셨다고 선포합니다. 이 사실이 믿어지지 않으면 성경은 더 이상 읽리지 않습니다.

2. 스스로 존재하시는 하나님

창조주 하나님은 스스로 존재하시는 하나님이십니다. 그 분은 스스로 존재하시기 때문에 시작과 끝이 없습니다. 그분은 알파와 오메가로 영원부터 영원까지 계시는 분이십니다. 스스로 존재하기 때문에 어떤 부족함도 없고 어떤 도움도 필요하지 않으신 분이십니다. 이는 처음으로 인간에게 계시된 하나님의 이름이었습니다. 이것을 다른 말로 표현하면 여호와라는 뜻입니다. 여호와, 곧 나는 스스로 존재하는 자라 am that I am라는 표현은 하나님만이 사용하실 수 있는 표현입니다. "I am that I am"이라는 표현양식을 가장 많이 사용하고 있는 복음서가 제4복음서인 요한복음입니다. 사도요한은 하나님으로 오신 예수님을 기록하면서 가장 많이 이 표현을 사용하고 있습니다.

> "I am the light of the world"(나는 세상의 빛이다) "I am the bread of life"(나는 생명의 떡이다) "I am the temple"(나는 성전이다) "I am the life"(나는 생명이다) "I am the way, the truth, and the life"(나는 길이요, 진리요, 생명이다) "I am the resurrection"(나는 부활이다)

그 이외에도 나는 양의 문이다, 생수다, 포도나무다 등등이 있습니다. 이러한 표현이 스스로 존재하는 하나님을 선포하고 있는 것입니다.

3. 무소부재하시고 전지전능하신 하나님

하나님은 시간과 공간의 제한을 받지 아니하고 어디에도 계시며 어느 때에도 계십니다. 하나님에게는 시간이라는 개념이 아닌 영원이라는 개념이 존재할 뿐입니다. 그러므로 하나님은 우리에게 절대 타자이시며 우리가 감히 인간의 제한을 넘어 그 분에게 다가갈 수 없는 초월적인 분이십니다.

4. 삼위일체의 하나님

성경에 선포되고 있는 하나님은 삼위일체의 하나님이십니다. 삼위로 존재하지만 한 본질을 공유하고 있는 우리의 이성으로는 이해되지 않는 존재양식을 가지고 계신 분이십니다. 바로 여기에 하나님이 하나님 되심의 비밀이 숨겨져 있는 것입니다. 우리가 결코 이성과 생각으로 증명해나갈 수 없는 신의 존재양식이 바로 삼위일체인 것입니다. 삼위일체의 하나님은 세 분^{다신론이 아니다}도 아니고 한 분^{단일신론도 아니다/유일신과 단일신의 개념을 혼동하지 마십시오}도 아닌, 한 본질 안에 삼위로 존재하시는 특별한 존재이십니다. 이러한 삼위일체는 인간이 추론해 낸 것이 아닙니다. 하나님이 계시함으로 알게 된 존재양식으로 이해되어지고 증명되어지는 것이 아니라 믿어져야 하는 것입니다.

이상과 같은 초월적 특성을 가진 하나님을 우리는 하나님으로 고백하고 있습니다. 구원의 드라마로 성경을 읽어내려 갈 때에 바로 이러한 하나님을 만나게 되는 것입니다. 이분은 우리의 한계 속에 가두어 둘 수 없는 하나님입니다. 그래서 우리는 두려워하지 않습니다. 우리의 능력과 지혜, 힘을 넘어서서 우리를 지켜주시는 천부의 하나님이 계시기 때문입니다. 이러한 하나님으로 인하여 이스라엘은 여호와 닛시를 외치며 전진할 수가 있었습니다.

01 여러분은 언제 초월적인 하나님을 체험하게 됩니까?

02 이스라엘은 초월적인 하나님을 어떻게 만났다고 보시는지요?

3-3

○　○　○

아버지로서 내재하시는 하나님

○　○　○

"그 사방의 합계는 만 팔천 척이라 그 날 후로는

그 성읍의 이름을 여호와삼마라 하리라"(겔 48:35).

성경에 계시된 하나님은 초월적이며 내재적이라고 말씀드렸습니다. 앞에서는 초월적인 하나님을 상고하였고 이번에는 내재적인 하나님에 대하여 말씀을 나누고자 합니다. 주기도문은 하늘에 계신 우리 아버지라고 고백하며 시작합니다. '나와 너의 아버지가 우리가 믿는 하나님' 임을 고백하며 첫 기도를 시작하고 있습니다. 아버지는 항상 만날 수 있는 분이십니다. 신약에서도 하나님을 아바 아버지로 고백하고 있습니다. 그렇기 때문에 우리에게 희망이 있고 하나님과의 친근감이 있습니다. 높고 높은 곳에, 절대로 우리가 갈 수 없는 곳에 앉아 계시는 하나님이라면 우리는 두려워서 감히 가까이 가지 못할 것입니다. 그러나 내재하시는 하나님은 바로 옆에 계시는 아버지와 같이 가깝게 우리와 동행하시고 돌보아주시고 인도해주십니다.

역사의 하나님

구속사적 성경연구의 신학적 주제 가운데 내재하시는 하나님의 개념은 아주 특별하고 중요합니다. 내재하시는 하나님께서 역사 가운데 함께 하시고 구원의 섭리를 이루어가시기 때문입니다. 역사 가운데 함께 하시지 않는 하나님이라면 구원의 대 드라마가 이루어질 수 없습니다. 그런 의미에서 우리 하나님은 역사의 하나님이시며 우리와 함께 역사의 길을 걸어가시는 분이라고 볼 수 있습니다. 마치 광야처럼 무더운 곳에서, 추운 곳에서, 먼지 나는 곳에서 함께 하셨던 것과 같습니다.

이러한 역사의 하나님으로 인하여 우리가 믿는 기독교는 신비주의가 아닙니다. 구체적인 생활입니다. 신비주의는 생활이 없습니다. 우리는 직접 역사 안에서 함께 하시는 주님과 실제로 인생을 걸어가는 신앙인들입니다. 가끔 영적인 체험을 하거나 천상의 임파테이션을 받게 되는 과정에서 '저 사람은 너무 신비적이야' 라고 비판을 듣는 경우도 있습니다. 우리는 신비적mysterious인 것과 신령하고 영적spiritual인 것을 구분해야 합니다. 신비적인 것은 역사성이 없는 것이며 영적인 것은 역사 가운데, 생활 가운데 나타나는 신령한 세계의 체험입니다.

아브라함과 이삭과 야곱의 하나님

우리가 믿는 하나님은 초월적인 하나님인 동시에 또한 아브라함과 이삭과 야곱의 하나님, 곧 인격적인 하나님이십니다. 아브라함과 이삭과 야곱은 각각 다른 인격과 특성을 가지고 있는 사람들인 것입니다. 하나님은 모든 인류를 인격이 없는 로봇과 같이 다루시지 않고 한 사람 한 사람 그 사람의 특징을 살리면서 인격적으로 다루어가십니다. 아브라함을 다루는 솜씨로 다시 야곱을 다루시지 않는 것은 아브라함과 야곱이 전적으로 다른 인격체이기 때문입니다. 하나님은 이렇게 자상하시고 개인적이시며 인격적이신 분이십니다. 아브라함을 믿음의 사람으로, 이삭을 담대한 사람으로, 야곱을 인내의 사람으로 만들어 가시는 것은 그 사람에게 필요한 구속사가 다르기 때문입니다.

또한 이 말의 뜻 가운데에는 우리의 하나님께서 철학자나 바리새인들의 하나님이 아니라 산 믿음을 가진 자들의 하나님이라는 뜻도 가지고 있습니다. '아브라함과 이삭과 야곱의 하나님은 산 자의 하나님이시다' 라고 성경은 선포하고 있습니다. 즉 산 자들의 하나님, 믿음으로 말미암아 의롭게 된 자들의 하나님이라는 뜻입니다. 책상 위에서 만나는 하나님이 아니라 생활 속에서 만나는 하나님이라는 뜻입니다.

언약의 하나님

이러한 내주하시는 하나님은 언약의 하나님이십니다. 말씀으로 약속을 맺으시고 그 약속을 성취해 가시는 분이십니다. 우리들의 삶의 현장에서 구체적으로 만나시고 교제하시고 약속을 이루어가시고 계십니다. 그러한 하나님으로 인하여 우리는 초월적이고 절대적이며 무소부재하신 하나님만이 아니라 다정하고 가까이 계시면서 친근하게 말씀으로 약속을 하며 역동적인 관계를 만들어 가시는 하나님을 만나게 됩니다. 마치 가정에서 아버지와 대화를 통해 약속도 하고 약속을 못 지키면 야단도 맞고 또 약속을 잘 지켰을 때에는 칭찬도 하시는 역동적인 관계가 이루어지시는 분이신 것입니다.

치유의 하나님

내주하시는 하나님은 가까이 오셔서 아픈 심령들을 만져주시고 병든 사람들을 치유해주시는 분이십니다. 광야를 함께 통과하시면서 이스라엘 백성들이 아플 때 간호원과 의사와 약이 되어주셨습니다. 의사가 치유하지 못하는 잘못된 인생의 틀까지 고쳐주시는 분이십니다. 거룩한 삶으로 초대하면서 더럽고 패역한 삶을 고쳐주시는 분이십니다. 가까이 계시면서 싸매주시고 기름 부어주셔서 회복으로 인도해주시는 분이십니다. 그 분은 자녀들과 가까이 계시면서 생명과 건강을 주시기를 원하시며 안식일에 자녀들을 초청하여 쉼으로 인도해주시는 분이시기도 합니다. 그래서 시편 23편에서는 하나님을 부족함이 없는 목자로 표현하면서 목마를 때 물을 주고 쉬고 싶을 때 눕게 하시고 위험할 때 지켜주시는 목자로 고백하고 있습니다.

안식의 하나님

　세계창조와 세계역사를 이끌어 가시는 하나님께서는 이 역사의 마지막 목표를 안식으로 보셨습니다. 언약을 맺는 것도, 구원하시는 것도, 치유하시는 것도, 죄의 문제를 해결해주시는 것도 이 모든 것이 주님 품 안에서 영원히 안식하게 하기 위함입니다. 이러한 안식은 어느 누구도 줄 수 없고 이해하지도 못하고 빼앗아갈 수도 없는 안식입니다. 이 안식은 예배 가운데 이루어지고 완성됩니다. 우리 하나님은 예배받기를 즐거워하시고 이 예배 가운데 화목하시고 치유하시고 그러면서 우리에게 영원한 쉼, 메누하를 주시기를 원하십니다. 우리는 거룩하게 성별된 주의 날에 안식의 주인이신 주님 품 안에 거하게 됩니다. 그 분이 바로 안식 자체입니다. 이러한 하나님이 우리가 읽어 내려가는 묵상여행의 주인이신 하나님이십니다.

생활 적용 »»» **구속사적 성경** 묵상여행_ 구약편

01 여러분은 '아버지와 같은 하나님' 을 언제 어떻게 체험하셨습니까?

02 여러분의 믿음생활에서 치유의 경험을 하신 적이 있는지요?

03 여러분은 믿음생활에서 깊은 메누하^{안식}를 누리고 있습니까? 없다면 메누하를 방해하는 가장 큰 요소는 무엇이라고 보십니까?

4-1

○ ○ ○

하나님의 나라

○ ○ ○

"대답하여 이르시되 천국의 비밀을 아는 것이 너희에게는 허락되었으나

그들에게는 아니되었나니 무릇 있는 자는 받아 넉넉하게 되되

무릇 없는 자는 그 있는 것도 빼앗기리라"(마 13:11,12).

구속사적 성경 묵상여행에서 가장 중요한 것은 하나님 나라입니다. "너희는 먼저 그의 나라와 그의 의를 구하라."(마 6:33)는 말씀에서도 그의 나라 곧 하나님의 나라가 우리가 가장 먼저 구하여야 할 것임을 강조하고 있습니다. 그렇다면 하나님의 나라는 어떤 나라일까요?

하나님의 나라를 설명하기 위하여 마태복음에서는 많은 비유를 사용하고 있습니다. 이 비유를 통해서 우리가 알 수 있는 하나님의 나라는 각각 일부분일 뿐입니다. 각각의 비유는 하나님 나라의 한 국면을 설명하고 있을 뿐인 것입니다. 그렇다면 하나님의 나라는 어떠한 나라일까요?

하나님의 나라

하나님의 나라는 쉽게 말하면 하나님이 통치하시는 나라입니다. 그러므로 이 나라는 지역의 개념이 아니고 통치의 개념으로 이해하여야 합니다. 하나님의 통치를 받는 이들이 하나님 나라의 백성이 되고 하나님은 곧 다스리는 자, 그 나라의 왕이 되시는 것입니다. 이 개념은 통치의 개념이기 때문에 다스림을 받지 않는 한 이해되지 않습니다. 성경에는 어떤 이에게는 하나님 나라가 닫혀 있고 어떤 이에게는 열려있다고 말씀하고 있습니다. 그것은 하나님의 다스림을 받지 않는 자에게는 이해될 수 없는 나라이기 때문입니다.

하나님의 나라는 시간과 공간의 제한을 받지 않습니다. 하나님이 다스리는 곳, 하나님의 다스림에 순종하는 자들이 있는 곳에, 그 가운데 하나님의 나라는 건설되는 것입니다. 그러므로 어디에도 하나님의 나라는 존재할 수 있습니다. 그렇지만 하나님의 나라는 어떤 의미에서는 감추어져 있습니다. 감추려고 해서 감추어진 것이 아니라 사람들이 무지해서 들어도 듣지 못하고 보아도 보지 못하기 때문입니다.

하나님의 나라는 언약의 나라입니다. 하나님은 언약을 통해서 하나님 나라의 관계를 든든히 세워나가십니다. 성경에는 네 가지의 언약의 맥이 흐르고 있습니다. 이 언약의 내용을 잘 살펴보게 되면 나라가 이루어지기 위하여 꼭 필요한 네 가지 요소입니다. 어떤 나라든지 나라로 서기 위하여 백성, 영토, 헌법, 통치자가 있어야 합니다. 하나님의 나라도 이 네 가지가 있어야 이루어지는 것입니다.

하나님의 네 가지 언약의 내용

1. 아브라함을 통하여 후손을 약속[백성]
2. 아브라함을 통하여 가나안 땅을 약속[영토]
3. 모세를 통하여 시내산 언약[헌법]
4. 다윗을 통하여 왕권을 약속[통치자]

이 네 가지 요소가 이루어져야 하나님의 나라가 성립이 됩니다. 나라가 있기 위하여 필요한 이 네 가지 요소를 하나님이 언약으로 주시고 성취해 나가는 것이 구약의 내용입니다. 그런데 이 네 가지 언약의 진정한 성취는 예수 그리스도 안에서 이루어지고 있습니다. 후손[씨]을 완성하시고 땅이 되시고 법을 완성하시고 왕이 되시는 그리스도에게서 이 모든 언약은 성취되는 것입니다. 구약의 모든 것은 예수 그리스도에 의하여 완성됩니다. 그런데 만일 예수 그리스도께서 이 언약을 완성하시지 않는다면 구약에서의 언약은 일시적이며 사라져 버리고 마는 약속이 될 것입니다.

법을 한 예로 들어보겠습니다. 예수님은 율법을 폐하러 온 것이 아니라 완성하러 오셨다고 말씀하셨습니다. 구약에서 허락하신 율법을 어떻게 완성합니까? 그것은 그 율법에 없는 것을 채우면 완성하게 되는 것입니다. 구약의 율법에 없는 것이 무엇입니까? 그것은 사랑, 용서, 긍휼입니다. 이러한 것을 예수님은 당신의 사랑으로 채우시고 율법을 완성했습니다. 율법의 마지막은 죽음이고 심판인데 이 안에 사랑과 용서를 넣어서 구원의 법으로, 살리는 법으로 완성시키셨습니다. 그래서 그리스도께서 친히 법이 되어주셨습니다. 가정에서도 그리스도가 법이 된다면 아무 문제가 없습니다. 아내의 의견도 아니고, 남편의 의견도 아니고 그리스도의 사랑과 지혜의 법이 가정을 다스린다면 그 가정은 승리할 것이기 때문입니다.

결국에 하나님의 나라는 그리스도에 의하여 완성됩니다. 그리스도께서 다스리는 나라, 사랑과 공의로 다스리는 나라가 하나님의 나라입니다. "그런즉 너희는 먼저 그의 나라와 그의 의를 구하라 그리하면 이 모든 것을 너희에게 더하시리라."(마 6:33)고 성경은 명령하고 있습니다. 그의 나라는 그리스도의 나라를 의미하고, 그의 의는 그리스도의 의를 의미합니다. 하나님 앞에서 의롭다고 말할 수 있는 분은 오직 그리스도 한 분이시기 때문입니다. 그렇기 때문에 성경에서 핵심적인 말씀은 오로지 그리스도만 구하라는 것입니다. 그 분의 다스림과 그 분의 의만을 바라보고 구하라는 것입니다. 그의 의로 말미암아 온 인류가 구원받을 길이 열렸기 때문입니다.

하나님의 나라는 이미 이루어졌으나 아직 완성되지 않았습니다

하나님의 나라는 이미 이 땅에 이루어졌습니다. 그러나 아직 완성되지는 않았습니다. 예수 그리스도의 초림에 의하여 하나님의 나라는 이미 시작되었습니다. 하나님의 다스림을 받는 백성들에 의하여 하나님의 나라는 조용히 겨자씨처럼 자라고 있습니다. 누룩처럼 확장되고 있습니다. 그러나 완전히 완성된 것은 아닙니다. 예수 그리스도께서 재림하셔서 모든 원수 마귀들을 멸하고 승리하실 때까지 완전하게 이루어진 것은 아닙니다.

구원의 드라마로 성경을 읽어내려 갈 때에 하나님의 나라의 개념은 핵심적인 개념입니다. 그것은 우리가 하나님 나라의 백성이며, 언약의 백성으로서 구원받은 자들이기 때문입니다. 우리가 이미 그 나라를 맛보고 살고 있으며 그 분의 통치를 받고 사는 자들이기 때문입니다. 그러한 구원의 나라를 이미 맛보고 있는 자들이 고백한 구원의 드라마가 바로 구속사적으로 읽어 내려가는 성경의 주제인 것입니다.

생활 적용 〉〉〉 **구속사적 성경** 묵상여행_ 구약편

01 여러분들은 성경에 나오는 언약의 사건과 하나님 나라의 관계를 이해하셨는지요?

02 언약에서 약속된 아브라함의 후손이 예수 그리스도에 의하여 완성된다는 것은 어떤 의미입니까?

03 하나님 나라가 통치의 개념이라는 것은 어떤 의미일까요?

4-2
○ ○ ○
하나님의 백성들
○ ○ ○

"주 여호와의 말씀이니라 네가 잿물로 스스로 씻으며 네가 많은 비누를 쓸지라도

네 죄악이 내 앞에 그대로 있으리니"(렘 2:22)

구원의 드라마로 성경을 읽어내려 갈 때에 가장 중요한 것은 사람들에 관한 것입니다. 이 드라마는 하나님께서 사람들을 구원하시고자 하는 대 역사이기 때문입니다. 그렇다면 구속사적으로 성경을 읽어내려 갈 때에 만나는 하나님의 백성은 어떤 사람들입니까?

성경에 나타난 최초의 사람들은 아담과 이브입니다. 하나님께서 만드시고 기쁨으로 가정을 이루게 하신 아담과 이브가 하나님의 백성들의 시작입니다. 하나님은 사람들을 만드셔서 가정을 만들어 주시고 에덴 성전의 제사장들이 되게 하셨습니다. 하지만 이들은 하나님의 명령에 불순종하면서 에덴 성전을 쫓겨나가게 됩니다. 하나님으로부터 거절당하고 기쁨의 땅을 떠나야 하며 최초의 제사장으로서의 삶을 포기해야 하는 이들이 우리들이 만나야 할 하나님

나라의 백성들 중 첫 사람들인 것입니다.

하나님이 이 사람들을 창조하신 목적이 있습니다. 그것은 "이 백성은 내가 나를 위하여 지었나니 나를 찬송하게 하려 함이니라."(사 43:21)고 하셨습니다. 그래서 하나님은 사람들을 하나님의 형상으로 지으시고 하나님과 교제하는 영적인 존재가 되게 하셨습니다. 결국에는 하나님을 예배하고 찬송하는 존재로 만드신 것입니다. 이것이 사람들이 이 세상에 존재하는 이유인 것입니다.

하지만 타락한 자아로는 하나님 앞에 나아갈 수가 없습니다. 이런 모습으로는 하나님을 찬양하고 경배하며 영광을 돌릴 수가 없습니다. 그들은 죄의 자녀가 되어 죽음의 족보에 들어가게 되었습니다. 선고를 받은 예비사형수가 된 것입니다. 이러한 모습으로는 하나님 앞에 나아갈 수도 없고 찬양할 수도 없었습니다. 더 나아가서 죄로 인하여 하나님을 대적하고 불가능한 존재, 소망 없는 존재로 타락하게 된 것입니다.

이제 사람들은 하나님과 반목하기 시작합니다. 이들은 제단^{Altar}의 문화에서 탑^{Tower}의 문화로 전락합니다. 예배의 문화에서 바벨탑의 문화, 자신의 정욕과 명예와 욕심을 세우는 바벨탑의 문화로 전락합니다. 이제 수다한 비누로 씻을지라도 그 죄를 씻을 수 없는 존재로 타락합니다.

이렇게 구원의 드라마에 나오는 사람들은 소망 없는 죄인들입니다. 또한 자신의 죄가 얼마나 심각한지에 대하여 전혀 무감각한 존재가 되어버립니다. 그래서 영적 문둥병 환자가 된 사람들이 이 백성들입니다. 이들을 어떻게 하나님은 다시 예배의 백성으로 회복시키실까요?

죽음으로부터 생명을 주시는 구원^{유월절 passover}

구원의 드라마에서는 이러한 죄인들을 죽음으로부터 구원하시는 하나님의 손길이 나타나 있습니다. 애굽에서 400년을 보낸 이스라엘 민족을 어린 양의 피를 통하여 죽음과 저주, 재앙으로부터 구원해 주십니다. 단지 어린 양의 피를 문설주와 인방에 바름으로 죽음과 재앙이 그들을 지나가 버린 날이 바로 유월절입니다. 이것은 또한 성만찬에서 그리스도의 피를 상징합니다. 우리가 떡과 잔을 성만찬에서 나누게 되는데 그 때의 잔은 바로 유월절의 축복을 기념하는 것입니다. 죽을 수 밖에 없는 죄인이 생명으로 옮긴 것이 바로 유월절입니다.

노예로부터 자유를 주시는 구원^{출애굽 exodus}

구원의 드라마에서는 이러한 죄인들을 노예로부터 구원하시는 하나님의 손길이 나타나 있습니다. 유월절은 이스라엘에게 중요한 날입니다. 그러나 더 중요한 것은 출애굽을 하는 것입니다. 아무리 재앙이 지나가고 죽음이 지나갔다 하더라도 애굽에 남아있으면 생명을 보장받을 수가 없습니다. 노예의 인생은 미래도 없고 언제 죽을지 모르는 촛불 같은 삶이기 때문입니다. 이제 생명을 얻은 이스라엘은 급히 애굽을 나와서 노예로부터 자유해야 합니다. 그들은 급히 불에 구운 떡을 먹고 애굽으로부터 나옵니다. 그것이 바로 교회의 개념입니다. 애굽으로부터 구원받은 백성들의 공동체가 교회입니다. 출애굽이 없는 유월절은 아무 의미가 없습니다.

이것이 성만찬에서 그리스도의 살, 곧 떡입니다. 떡은 우리가 애굽으로부터 나올 수 있는 힘을 줍니다. 불에 구운 떡을 먹고 우리는 급히 애굽을 나와야 합니다. 성만찬에서 그리스도의 살, 곧 떡은 자유를 향하여 나아갈 수 있는 힘을 줍니다.

마음껏 희생제사를 드리라

애굽에서 노예생활을 하는 백성들이 애굽을 탈출했다는 것은 참으로 중요한 사건입니다. 출애굽은 그들을 노예로부터 자유를 주었기 때문입니다. 아무리 생명을 얻었다고 하더라도 자유가 없다면 그 생명은 아무 의미가 없습니다. 자유 없는 생명도 의미가 없고 생명 없는 자유도 의미가 없습니다. 그러나 출애굽하는 것이 마지막 목표는 아닙니다. 출애굽을 하여 진정한 예배의 백성으로 회복이 되어 마음껏 희생제사를 드리며 성전을 중심으로 사는 삶이 이루어져야 비로소 출애굽이 그 의미를 찾게 되는 것입니다. 하나님은 끝까지 그의 백성들을 포기하지 않으시고 다시 회복시켜 예배의 백성으로 만들어 가십니다. 거룩한 백성, 거룩한 제사장의 나라로 회복시키십니다.

한 번 우리 주위를 살펴봅시다. 믿는 자들을 한 번 둘러봅시다. 모두가 구원을 받았다고 말하며 십자가의 은혜 앞에 눈물을 흘립니다. 그러나 그들의 생활이 아직도 애굽의 불신앙을 따르며, 우상숭배를 따르며, 패역한 애굽의 법을 따르고 있다는 것이 보이지 않습니까? 그리스도인이라고 하면서 여전히 애굽의 법을 따르고 있습니다. 생활은 아직도 애굽에 있습니다. 그래서 자유를 누리지 못하고 아직도 무엇인가에 매여 있는 것을 보게 됩니다. 신앙생활에서 중요한 것은 생명과 자유를 얻는 일입니다. 생명은 얻었다고 하여도 여전히 묶여있는 생활을 하는 성도들이 너무나 많이 있습니다. 이것이 현대 신앙생활의 큰 문제입니다. 하나님은 우리를 애굽으로부터 구원해 내어 진정한 예배자가 되도록 돕고 계십니다. 예배자는 바로 생명을 얻었을 뿐만 아니라 자유를 얻어서 감격하며 예배의 삶을 사는 자들입니다. 몸으로 산 제사를 드리는 자들입니다.

생활 적용 »»» **구속사적 성경** 묵상여행_ 구약편

01 유월절과 출애굽의 중요성을 깨달으셨나요?

02 여러분들은 어디로부터 출애굽하는 것이 가장 어려운지요?

03 혹시 요나를 예를 들어본다면 요나는 어디로부터 출애굽을 해야 하는 사람입니까?

4-3

○ ○ ○

하나님 백성들의 훈련학교

○ ○ ○

"너를 낮추시며 너를 주리게 하시며 또 너도 알지 못하며 네 조상들도 알지 못하던

만나를 네게 먹이신 것은 사람이 떡으로만 사는 것이 아니요

여호와의 입에서 나오는 모든 말씀으로 사는 줄을 네가 알게 하려 하심이니라"(신 8:3).

하나님은 그의 백성들을 진정한 예배의 사람으로 만들어 가기 위하여 세 개의 학교를 통과하시게 합니다. 이 세 개의 학교를 통과하면서 백성들은 자신을 내려놓고 겉사람을 처리하게 됩니다. 하나님의 형상이 회복된 거룩한 백성이 되도록 세 학교를 졸업하게 하십니다.

1. 광야훈련학교

아무 것도 없는 광야에서도 하나님을 하나님으로 예배드리며 순종할 수 있는가? 이것을 배우며 체험하는 학교가 바로 광야학교입니다. 애굽에서 이들을 구원해주신 가장 중요한 목적도 더 이상 노예의 생활을 하지 말고 예배의 백성이 되도록 하기 위함이었습니다. 마음껏 희생제사를 드리며 성막 중심으로 살도록 하기 위함이었습니다. 애굽으로부터 구원만 하면 되는 것이 아니고 목적이 있

어야 하는 것입니다. 그것이 곧 예배의 백성으로의 회복입니다.

광야는 아무 것도 없는 곳입니다. 길도, 집도, 음식도 없는 곳입니다. 이렇게 아무 것도 없는 곳에서도 하나님을 하나님으로 찬양하고 예배드릴 수 있는지 단련 받는 곳이 바로 광야입니다. 아무 것도 없지만 오직 하나님 한 분만을 바라보면 모든 것을 공급받을 수 있는 곳입니다. 이곳에서 하나님은 물도 되어주시고, 집도 되어 주시고, 의사도 되어주시고, 모든 것이 되어주십니다. 광야학교는 주님이 우리의 모든 것이 되어주셔서 아무 것도 없는 광야에서도 생존할 수 있음을 배우는 곳입니다. 그리고 시내산 언약에서 하나님은 이 백성이 본래 가지고 있었던 신분, 거룩한 백성, 제사장 나라로의 회복을 약속하십니다. 광야학교에서 이들은 '내가 누구인가? 무엇을 해야 하는가?' 에 대한 정체성을 발견합니다.

또한 광야는 한계를 발견하며 자신을 낮추는 곳입니다. 그리고 하나님의 법도를 따라가며 하나님의 시간대를 따라 순종하는 것을 배우는 학교입니다. 불기둥, 구름기둥을 따라 가면서 하나님이 가라 하면 가고 멈추라 하면 멈추는 순종을 배우는 학교입니다.

2. 가나안 학교

광야에서 40년을 보낸 이스라엘 백성은 가나안 땅으로 진입하게 됩니다. 광야에 비하여 가나안 학교는 젖과 꿀이 흐르는 땅입니다. 젖과 꿀이 흐르고 물과 샘천이 있고 밀과 보리, 무화과, 석류, 포도, 감람나무가 있는 풍성한 땅입니다. 가나안 학교의 주제는 이렇게 모든 것이 있는 곳에서도 여전히 하나님을 부르짖으며 사랑하며 예배드릴 수 있는가에 대한 것입니다. 아무 것도 없는 곳에서도 하나님을 하나님으로 고백할 수 있다면 모든 것이 다 있는 곳에서도 하나님을 배반하지 않고 하나님을 하나님으로 고백하는 것을 배우는 곳이 가나안 학교입니다. 가나안 학교는 풍요를 어떻게 다루는가에 대한 주제를 만나게 합니다. 풍요 가운데에서도 풍요에 무릎을 꿇지 않고 어떻게 믿음을 지켜나가는가에 대한 도전을 받는 곳입니다. '풍요냐? 하나님이냐?' 에 대한 믿음의 결단을 요구받는 곳입니다.

3. 바벨론 학교

가나안에서 백성들은 우상숭배를 하기 시작합니다. 그들의 눈에는 우상을 섬김으로 풍성하게 살고 있는 가나안 족속들이 보이기 시작했습니다. 이제 보이지 않는 하나님보다 보이는 하나님을 섬기기 시작합니다. 자신들을 애굽으로부터, 광야에서 강한 팔로 구원하여 주신 하나님은 보이지 않습니다. 하나님을 배교합니다. 우상들이 그 하나님 자리를 하나씩 차지하기 시작합니다. 하나님은 우상, 우상하며 그 앞에서 절하는 이들에게 완전하게 우상full of idols만 있는 곳으로 보냅니다. 그곳이 바로 바벨론입니다. 바벨론 학교에서는 '아무도 하나님을 모르고 우상만 있는 곳에서도 하나님을 하나님으로 섬길 수 있는가? 그곳에서도 하나님의 백성으로 살아갈 수 있는가? 를 질문 받게 됩니다. 우상에 취해버리도록 우상숭배지인 바벨론으로 포로로 보내진 이스라엘은 이곳에서 하나님을 섬기는 것이 얼마나 귀한 것인지 배웁니다. 황무한 땅에서 예배의 귀중함을 깨닫고 예루살렘의 귀환을 소망하게 됩니다. 예배의 백성으로 다시 돌아가기를 원합니다. 그래서 이들이 다시 시온으로 돌아오도록 하나님은 도와주십니다.

그럼 어디로?

하나님의 백성의 마지막 목표는 어디입니까? 그곳은 바로 예루살렘, 시온성입니다. 이것은 곧 예배의 백성으로의 회복입니다. 하나님은 이들을 예배의 백성으로 회복하시고 믿지 않는 자들에 대하여 거룩한 백성, 제사장 나라의 사명을 감당하시기를 원하십니다. 애굽으로부터 나왔지만 이제 다시 애굽으로 보내져야 하는 신분이 하나님 나라의 백성입니다. 산에서만 사는 것이 아니라 삶의 현장으로 내려와서 하나님 나라를 알리고 하나님의 이름을 높이고 회복하는 일을 하여야 합니다. 이것이 바로 선교입니다. 하나님이 아끼신 거룩한 이름을 다시 회복시켜 드리는 것이 이 백성의 사명입니다. 곧 증인의 삶으로 회복되는 것입니다.

이렇게 하나님 나라의 백성은 예배자로 태어났습니다. 만일 죄로 인하여 예배자로서의 사명을 잃어버린다면 하나님은 이 세 학교를 통과하시게 할 것입니다. 그래서 진정한 예배자로 회복시켜 주실 것입니다. 회복시키시는 목적이 어디에 있습니까? 선택과 회복에 만족해서 선민민족으로서의 교만에 빠져 자신이 누구인지, 자신이 무엇을 해야 하는지 잃어버린다면 그것도 문제입니다. 하나님은 그들을 다시 애굽으로 보내시기를 원하십니다. 이제는 노예로서의 삶이 아니라 증인의 삶을 살도록 애굽으로 보내십니다. 이곳에서도 하나님을 하나님으로 섬기고 승리하기를 원하십니다. 이곳에서도 진정한 예배자의 삶이 어떠한 것인지 증거하며 살기를 원하십니다. 이것이 하나님 나라 백성의 인생이며 목적입니다.

우리가 누구인가를 아는 것이 중요합니다. 그리고 어디로부터 와서 어디로 가는가를 아는 것도 중요합니다. 우리가 무엇 때문에 창조되었는가를 아는 것도 중요합니다. 하나님 나라의 백성은 이 세 학교를 통과하면서 겸손한 예배로 다시 일어납니다. 그것이 가장 중요한 가치가 되며 인생의 목적이 됩니다.

생활 적용 〉〉 **구속사적 성경** 묵상여행_ 구약편

01 여러분에게 있어서 광야학교는 어느 때였으며, 무엇을 그곳에서 훈련받으셨습니까?

02 여러분들이 가장 실패하기 쉬운 학교가 어디라고 보십니까?

03 여러분의 삶의 목적을 발견하셨습니까? 여러분은 왜 존재합니까?

주님!
주님은 우리의 하나님이십니다.
순종하게 하옵소서!!

제2부
창세기 묵상

주께서 주의 백성 이스라엘을 세우사 영원히 주의 백성으로 삼으셨사오니
여호와여 주께서 그들의 하나님이 되셨나이다

5-1

○ ○ ○

누가^{who} 세상을 창조하였습니까?

○ ○ ○

"태초에 하나님이 천지를 창조하시니라"(창 1:1).

묵상 여행　성경은 "태초에 하나님이 천지를 창조하시니라." (창 1:1)로 시작됩니다. 하늘과 땅을 지으신 하나님을 고백하면서 성경은 시작됩니다. 「하나님이 창조주이시다」라는 신앙고백이 없는 한 성경은 절대로 열리지 않습니다. 창세기 1장 1절이 중요한 것은 이 고백이 없이 다른 어떤 것도 믿어지지 않기 때문입니다. 혼합주의와 범신론, 다신론 가운데 살고 있었던 근동 지방에서 이스라엘이 하나님을 유일한 창조주로 고백한 데에는 특별한 하나님의 계시와 동행하심이 있었습니다. 성령님께서 조명해 주시고 체험하게 해 주셨기 때문입니다. 인간의 힘과 지혜로 창조주 하나님을 만날 수도 없고 깨달을 수도 없고 조작해 낼 수도 없습니다.

성경은 어떻게^{how} 이 세상이 창조되었느냐? 라는 과학적 기술을 하고 있는 책이 아니라 누가^{who} 세상을 창조하였는가? 를 고백적으로 기술하고 있는 책입니다. 하나님이 '내가 이 세상의 주인이며 이 세상을 창조하였다' 라는 선포가 담겨있기도 합니다.

창조에 나타난 하나님은 전지전능하시고 영원하시고 광대하신 분이십니다. 그러나 그 분은 생생한 감정을 가지시고 애정과 관심을 가지고 세상을 창조하시는 인격적인 하나님으로 나타나고 있습니다. 인격적이라는 말은 능동적인 자기의식을 가지고 있는 존재라는 뜻입니다. 천사도 인격적인 존재이고, 사람도 물론 인격적인 존재입니다. 인격적인 존재들은 서로 관계를 성립할 수 있고 지^知·정^精·의^義를 가지고 있습니다.

하나님은 아무 것도 없는 곳에서 세상을 창조하셨습니다. 곧 무에서 유를 창조하신 것입니다. 그리고 이렇게 만든 것으로부터 다시 예술적으로 세상을 빚어나가셨습니다. 세상은 하나님이 말씀하심으로 존재하게 되었습니다. 그 이외에 어떤 것도 사용하시지 않았습니다. 하나님의 말씀이 있는 곳에 생명의 역사가 있고 다시 살아나는 역사가 있었습니다.

그렇다면 왜 세상을 창조하셨을까요? 사도 바울은 골로새서 (1:16)에서 세상이 창조된 중요한 목적을 말하고 있습니다. 이 말씀을 통해서 모든 만물은 예수 그리스도에 의하여 창조되었고, 예수 그리스도를 위하여 창조되었다고 선포하고 있습니다. 곧 하나님에 의하여 창조되었고, 하나님을 위하여 창조되었다는 말씀과 통하고 있는 것입니다. 다른 의미에서 말씀으로 창조되었고 말씀을 위하여 창조되었다라고도 해석할 수 있습니다. '그를 위하여 창조되었다' 라는 말은 곧 그리스도께서 이 땅에 왕이 되시고 예배 받으시는 분이시며, 그러한 목적을 위하여 창조되었다는 뜻입니다. 그러므로 이 세상은 하나님이 예배 받으시며 왕이 되시고, 하나님이 하나님 되시기 위하여 창조되었습니다.

그런데 창세기 1장이 고백된 배경을 한 번 살펴보도록 하겠습니다. 창세기 1장의 내용을 요약하면 6일 동안의 창조에 관한 것입니다. 대우주를 하나씩 창조해 나가시면서 마지막으로 창조의 극치인 인간들과 가정을 만드시고 제7일로 들어가십니다. 제7일에 관한 말씀은 창세기 2:1-3으로 연결되고 있습니다.

창세기 1장을 기록한 기자는 이 거대하고 웅장한 우주를 질서 있게 6일 동안 창조하셨음을 선포하고 있습니다. 이 기자의 삶의 자리는 어떠하였을까요? 이 고백은 비단 한 사람의 고백이 아니라 이스라엘 공동체의 고백이었을 것입니다. 그렇기 때문에 성경으로 채택되었고 공동의 고백으로 인정하고 있는 것입니다. 아마 이 기자의 삶의 자리는 매우 혼돈하고 무질서하며 외롭고 절망 가운데 있었을 것입니다. 이 신앙고백을 하게 된 배경에는 창조주 하나님을 만나고 고백함으로 말미암아 이러한 삶의 자리에 소망을 가지게 되었다는 것을 의미합니다.

사람들에게 하나님의 형상을 입혀주시고 모든 만물의 영장으로 창조하신 주님께서 그들을 축복하시고 "그들에게 이르시되 생육하고 번성하여 땅에 충만하라, 땅을 정복하라, 바다의 물고기와 공중의 새와 땅에 움직이는 모든 생물을 다스리라."(창 1:28)고 명령하셨습니다.

비록 죽음이 앞에 놓여 있었을지도 모르는 현실에서도 생육하고 번성하고 충만함이 앞에 기다리고 있는 현실, 정복당하고 다스림을 당하는 것이 아니라 당당하지 정복하고 다스릴 수 있는 권한을 부여받은 현실을 새로운 눈으로 다시 보게 되었을 때에 이러한 고백이 나올 수 있었던 것입니다.

그러므로 암담한 현실 속에서 이스라엘 백성은 위를 바라보았습니다. 하나님은 그들에게 하나님의 형상을 입혀주시고 위를 바라볼 수 있는 존재로 만들어주셨습니다. 그들이 위를 바라보았을 때, 그 곳에는 찬란한 별들이 있었습니다. 그리고 그 찬란한 별들은 5000억 개 이상의 별을 만드신 하나님의 손길을 보여주었습니다. 이 위대한 작품을 만드신 창조주를 만나게 하였고 보게 하였습니다. 그리고 별 위에 계신 하나님, 5000억 개 이상의 별을 만드신 놀라우신 하나님의 능력을 만나게 하고 고백하게 합니다.

"하나님께서 우리를 정복하고 다스리는 존재로 만드셨는데, 왜 우리가 이렇게 참담하게 땅만 바라보고 절망하고 있는가? 이스라엘아! 일어나라! 우리는 광대한 우주를 창조한 하나님께서 그의 형상을 입혀주시고 그 분과 교제하도록, 그 분을 예배하도록 지어주신 만유의 영장, 인간이 아니냐? 이런 우주를 창조한 하나님께서 우리의 절망을 치유하여 주지 못하겠는가? 우리의 포로 되고 노예 됨을 자유케 하여 주지 못하겠는가? 우리의 빈곤함을 채워주지 않 겠는가? 우리의 걱정을 해결하여 주지 않겠는가?"

이스라엘은 하나님을 창조주로 고백하면서 자신의 자화상을 다 시 보게 됩니다. 자신이 포로나 노예나 가난한 자나 나그네가 아니 라 자신들이 하나님을 예배드리기 위하여 만들어진 존재임을 깨달 습니다. 자신의 전 존재가 예배자의 존재로서의 의미가 있음을 알 게 된 것입니다.

그래서 창세기 2장 1-3절의 고백, 주님과의 거룩한 교제로 들 어가서 메누하를 누리는 장면이 다시 나옵니다. 창세기 2장은 1-3 절을 해석해주지 않으면 아무 의미가 없습니다. 그들의 고백이 완 성을 보고 있는 성경은 바로 이것입니다. 하나님과의 거룩한 교제 로 들어가서 누리는 메누하, 여기에서 우리는 하나님이 왜 성경을 우리에게 계시하여 주셨는지 알게 됩니다.

01 여러분은 현재 삶의 자리에서 어떤 하나님을 고백하고 있습니까?

02 창세기 2장 2-3절의 고백을 한 이스라엘의 삶의 정황을 더 구체적 으로 묵상하여 기록해 보십시오.

5-2

○ ○ ○

인간은 어디로부터 와서 어디로 가는가?

○ ○ ○

"하나님이 자기 형상 곧 하나님의 형상대로 사람을 창조하시되

남자와 여자를 창조하시고"(창 1:27)

하나님의 창조사역 가운데 가장 신비하고 놀라운 것은 인간이라는 작품을 만드셨다는 데 있습니다. 인간의 탁월한 지혜와 지식을 보면서 경이로울 때가 너무나 많습니다. 도대체 인간은 어디로부터 와서 어디로 가는 존재인가요? 이것이 해결될 때 '진리를 알지니 진리가 너희를 자유케 하리라' 는 말씀이 이해되어지는 것입니다. 내 자신이 어디로부터 왔으며 어디로 가는지 아는 것처럼 중요한 것은 없습니다. 이것을 깨달으면 세계를 다 얻은 것과도 같습니다. 그런데 성경은 이 질문에 대하여 명쾌한 대답을 주고 있습니다. 인간은 하나님으로부터 와서 하나님께로 다시 돌아가는 존재라는 것을 분명히 밝혀 선포하고 있습니다.

하나님은 세상을 만드시고 마지막 날에 남자와 여자를 만드셨습니다. 흙으로 빚어 만드시고 하나님의 생기를 부어넣어 생령이

되게 하셨습니다. 인간은 흙에서 와서 흙으로 돌아가는 존재입니다. 아담도 흙이라는 아다마에서 나온 말입니다. 인간을 분석하면 흙의 요소와 거의 70%가 같은 요소입니다.

여기에서도 인간이 진화되었다는 설과 하나님이 창조하셨다는 신앙고백은 하늘과 땅의 차이처럼 큽니다. 하나님이 창조하였다는 신앙고백 아래 인간은 창조적 자화상을 가질 수 있으며 위를 바라보며 살 수가 있는 것입니다. 이러한 신앙고백은 인간이 어디로부터 와서from 어디로 갈 것인지toward를 알게 하며 인생의 분명한 목적을 갖게 합니다.

인간이 흙으로 만들어졌음에도 불구하고 흙을 넘어서는 이유가 어디에 있을까요? 흙으로부터 왔음에도 불구하고 하나님으로부터 온 근거가 어디에 있을까요? 흙으로 만들어진 인간이 이렇게 귀하고 중요한 존재가 되는 것은 어디에 이유가 있을까요? 성경을 열기 위하여 창조 신앙이 중요한 것처럼 성경적 인간관을 이해하는 것은 우리 자신의 자화상을 세워나가는 데 가장 중요한 기초가 됩니다.

인간이 흙을 뛰어넘은 존재가 되는 이유 중의 첫째가 하나님의 형상대로 지음을 받았다는 사실입니다. 하나님을 닮게, 하나님을 바라보게 만들어졌다는 것입니다. 곧 하나님의 인격적, 도덕적, 영적, 예술적, 창조적, 사회적 성품을 닮았습니다. 그 분의 이미지와 닮게 태어났으며 하나님을 바라볼 수 있는 존재로 만들어졌습니다. 하나님께서 주신 형상으로 인간은 하나님과 교제할 수 있으며 그

분을 찬양할 수 있기 때문입니다. 여배자가 되어 하나님을 향해 영광을 돌리고 영적으로 성장해야만 행복하도록 만들어졌습니다. 하나님과 대화하며 교제하며 친밀한 관계를 향해 나아갈 수 있도록 하나님의 형상을 부어주신 것입니다.

다르게 표현한다면 하나님은 우리 가운데 당신의 형상을 찍어 넣어주셨습니다. 로마 즈화에 황제의 형상이 찍혀있는 것처럼, 우리나라 주화에 세종대왕의 형상이 찍혀있는 것처럼, 우리가 하나님에게 속하였음을 알려주는 형상을 사람, 사람마다 찍어 넣어 주셨습니다.

두 번째, 인간은 하나님께서 하나님의 숨을 넣어주셨다는 점에서 다른 생명체와 다르며 흙을 뛰어넘는 존재입니다. 이 숨을 넣어주시는 순간부터 인간은 생령이 되었습니다. 곧 숨을 쉬며 생명을 가진 인간이 되었습니다. 여기에서 하나님의 숨이라고 사용된 단어는 루아흐, 곧 하나님의 영, 성령님을 가르치고 있습니다. 인간에게 하나님의 영이 임하는 순간에 영, 혼, 몸을 가진 인간으로 태어나게 되었다는 뜻입니다. 하나님의 영이 임하지 않는 한, 인간은 흙에 지나지 않습니다. 여기에서 다른 짐승과 다르게 창조된 것입니다. 바로 하나님의 형상으로 지음을 받았다는 것과 하나님의 숨을 받았다는 사실이 인간을 특별한 존재로 만들었습니다. 흙에 지나지 않는 인간이 이제는 하나님을 바라볼 수 있는 존재가 되었다는 것입니다.

믿지 않는 사람들과 믿는 사람들과의 차이는 여기에 있습니다. 세상 사람들은 자신이 흙에서 와서 흙으로 돌아간다고 생각합니다. 그러기 때문에 땅만 바라보고 삽니다. 그 이상의 희망도 소망도 목적도 없습니다. 땅에서 나는 것에 연연하며 땅을 의존하면서 삽니다. 땅이 그 인생의 전체이며 소망입니다. 성경에서도 땅을 지배하는 신, 바알이 이스라엘의 마음을 현혹하였던 것과 같습니다. 하나님이 보이지 않게 되면 그 다음에는 보이는 신, 곧 땅의 신 바알이 눈에 보이기 시작합니다. 그들은 땅에서 비롯된 풍요를 소유하기 위하여 땅의 신 바알에게 마음을 돌렸던 것입니다.

이러한 땅의 신에게 마음을 두는 사람들은 자신들의 자화상을 가진 것에 근거하여 가치를 둡니다. 더 많이 땅을 소유하고, 보이는 것을 소유하면 자신이 위대한 인간인 줄 압니다. 가치 있는 인간인 줄 압니다. 그리고 다른 사람들과 비교하여 가진 것이 없다든지 배운 것이 없다든지 성취한 것이 없으면 낮은 자화상을 갖고 자신에게 가치를 두지 않습니다.

그러나 믿는 사람들은 인생이 흙에서 와서 흙으로 돌아가지만 그 흙을 사용하여 사람을 만드신 하나님을 바라봅니다. 믿음으로 바라봅니다. 보이는 것을 통하여 보이지 않는 것까지 바라봅니다. 그래서 땅만 바라보지 않습니다. 그 땅을 지배하고 만드신 하나님을 바라봅니다. 흙으로부터 왔지만 실상은 하나님으로부터 온 것이며, 흙으로 돌아가지만 사실 하나님에게로 다시 돌아가는 존재라는 것을 믿습니다. 그래서 인간은 특별하고 아름답고 귀한 존재인 것입니다. 그들은 하나님을 믿음으로 바라봅니다. 이렇게 흙을 뛰어 넘는 특별한 존재가 인간임을 알고 있는 사람들은 인간의 가치를 가진 것이나 성취한 것에 두지 않습니다. 자신들의 가치를 누구와 관계를 갖고 있느냐에 둡니다. 하나님과 믿음의 관계를 가장 가치 있는 것으로 봅니다.

작은 철사가 가치가 있기 위해서는 훌륭한 제품과 관계를 가져야 합니다. 만일 철사가 피아노에 들어갔다면 피아노만큼의 가치를 가집니다. 만일 철사가 우주선에 들어갔다면 우주선만큼의 가치를 가집니다. 만일 철사가 땅에 버려져 있다면 아무 가치가 없을 것입니다. 우리도 버려져 있다면 흙만큼의 가치밖에 없습니다. 그러나 온 우주를 창조하신 하나님과 관계를 갖고 있다면, 하나님과 자녀로서의 큰 가치를 갖게 될 것입니다. 인간은 이렇게 흙으로부터 왔지만 결코 흙에서 끝나는 존재가 아닙니다. 흙을 주관하시고 그 흙에게 하나님의 형상과 생명을 넣어주셔서 자녀로서 관계를 맺으신 하나님으로부터 와서 그 분에게로 돌아가는 존재인 것입니다. 이것을 알게 될 때 나 자신의 가치가 달라집니다.

01 여러분의 자화상은 흙의 자화상입니까? 창조주의 형상의 자화상입니까? 창조주의 형상을 가진 자화상을 가졌다면 어떻게 생활해야 할까요?

02 여러분에게 창조주 하나님은 어떤 의미가 있습니까?

5-3

○ ○ ○

기름부음 받은 아담

○ ○ ○

"여호와 하나님이 땅의 흙으로 사람을 지으시고 생기를 그 코에 불어넣으시니

사람이 생령이 되니라"(창 2:7).

묵상 여행 기름부음을 이해하기 전에 아담의 창조를 바라볼 때에는 하나님께서 생명으로 창조하셨다고 단순하게 생각을 하고 넘어갔었습니다. 그런데 기름부음이라는 관점에서 성경을 이해하게 되자 성경에서 제일 먼저 기름부음을 받은 사람이 아담이었다는 것을 깨닫게 되었습니다. 하나님께서 사람을 흙으로 만드시고 그 분의 호흡, 생기를 넣어주셨는데 그러자 사람이 생령이 되었습니다. 생기라는 것은 하나님의 숨, 하나님의 호흡으로서 루아흐, 프뉴마 곧 거룩한 바람이신 성령을 의미하는 것입니다.

하나님께서 하나님의 것을 인간에서 부어주셨을 때 흙이 인간으로, 생령으로 숨쉬기 시작하였고 살아 움직이기 시작하였습니다. 단순한 흙을 뛰어넘어 생령이 되었던 것입니다. 죽은 흙, 움직일 수 없는 흙에게 하나님의 호흡이 부어지자 생령이 되었습니다. 이것은

에스겔의 마른 뼈에 대언하여 살아나라고 외쳤을 때 그들이 살아 움직인 것과 같습니다. 성령이 역사할 때 마른 뼈가 살아 움직였던 것입니다. 자연인에게 하나님의 능력이, 하나님이 신이 임하였을 때 초자연적인 사람이 되는 것이 기름부음이라면 아담에게 하나님의 신을 부어주자 생령이 된 것도 최초의 기름부음이라고 볼 수가 있습니다.

기름부음을 받고 생령이 된 아담은 하나님이 주신 사명을 감당하게 됩니다. 그것이 에덴의 동산지기였습니다. 그리고 동물들에게 이름을 주는 일이었습니다. 이 때 아담은 지혜의 기름부음^{anointing of knowledge or wisdom}, 가르침의 기름부음을 받았던 것 같습니다. 요한일서 2:27에는 너희 안에 기름부음이 임하면 그의 기름부음이 모든 것을 너에게 가르칠 것이라고 선포하고 있습니다. 아담이 그렇게 많고 다양한 동물들에게 각자 이름을 준 것은 놀라운 지식, 지혜, 가르침의 기름이 임하였기 때문이라고 믿습니다.

하나님의 기름부음의 역사는 이렇게 사람을 생령으로 만드는 창조의 역사였습니다. 하나님만이 하실 수 있는 창조의 역사, 생명의 역사였습니다. 그 이후 아담은 주님과 동산을 거닐며 교제하면서 날마다 신선한 기름부음을 받았습니다.

그런데 또 한 번 더 아담에게 임한 큰 기름부음을 성경에서 발견하게 됩니다. 매일 매일 신선하게 받는 그런 기름부음이 아니라 다시 한 번 더 생명의 역사가 일어나는 큰 기름부음이었습니다. 그

것은 아담을 잠에 들게 한 후, 갈비뼈를 뽑아서 하와를 만드는 장면
입니다.

> "여호와 하나님이 아담을 깊이 잠들게 하시니 잠들매 그가 그 갈빗대 하
> 나를 취하고 살로 대신 채우시고 여호와 하나님이 아담에게서 취하신 그
> 갈빗대로 여자를 만드시고 그를 아담에게로 이끌어 오시니"(창 2:21, 22)

기름부음을 묵상하면서 저는 아담이 깊이 잠들게 되었다는 것
이 하나님이 주신 능력 아래^{under the power} 쓰러진 것임을 알게 되었습
니다. 모든 기름부음이 다 능력 아래 쓰러지게 하는 것은 아닙니다.
날마다 신선하게 일용할 양식처럼 주시는 기름부음은 이렇게 깊이
잠들게 하지 못합니다. 단순히 깊이 잠만 들었다면 옆에서 갈빗대
를 뽑을 때 얼마나 고통스럽겠습니까? 그러나 주님은 영적으로 깊
이 마취를 주시고 능력 아래 쓰러지게 한 후, 한 생명을 창조해 내
셨습니다.

기름부음이 임할 때마다 생명의 역사가 일어남을 아담으로부터
배우게 됩니다. 그러므로 인간은 기름부음으로 시작해서 기름부음
으로 인생을 마치지 않는 한, 위를 바라보며 살아갈 수가 없습니다.
기름부음이 소멸되는 한, 우리는 땅을 바라보며 불순종을 선택할
수밖에 없기 때문입니다.

기름부음이 없을 때, 기름부음이 소멸될 때 자연히 불순종하게
됩니다. 순종할 수 있다는 것은 바로 기름부음의 힘인 것입니다.

기름부음이 충만할 때 순종할 수 있으며 기름부음이 소멸될 때 불순종이 힘을 쓰게 되는 것입니다. 불행히도 아담은 가장 전형적인 기름부음의 소멸로 나타나는 불순종의 주연이 되고 맙니다. 하나님의 말씀에 순종할 수 있는 힘을 잃어버렸고 그 능력을 잃어버렸습니다.

하와가 태어난 후에 아담은 '하와의 아름다움' 에 빠지게 되었고 주님과 동행하며 대화하며 교제하던 것에서 하와와의 교제가 더 많아지게 되었습니다. 점점 기름부음이 소멸되게 되었습니다. 아담의 기름부음이 점점 소멸되면서 아담은 결국 사탄의 공격에 쓰러지게 됩니다. 아내의 말을 듣고 하나님이 명령하신 것에 불순종하게 됩니다.

능력 가운데 가장 큰 능력이 순종하는 능력일 것입니다. 그래서 아브라함도 순간적으로 아내의 말을 듣고 하갈과 동침하여 자식을 낳음으로 많은 문제들을 만들어내었습니다. 기름부음은 1%만 부족해도 문제가 됩니다. 그것이 사탄에게 틈을 주고 공격의 틈이 되기 때문입니다. 둑이 무너지는 것은 큰 틈새가 있기 때문이 아니라 1%의 균열 때문입니다.

날마다 신선한 기름부음을 받지 않는다면 우리는 그동안 정성껏 쌓아온 둑이 하루아침에 무너지는 것을 보게 될 것입니다. 그러므로 세우는 것보다 무너지는 것이 더 쉽게 무너지는 이유가 바로 여기에 있습니다. 아담과 하와를 만드시고 축복하시고 정복하고 다스릴 수 있는 권위를 주신 것도 이러한 기름부음이 있을 때만이 가능한 것입니다. 기름부음이 소멸된다면 정복당하고 다스림을 당하고 매이게 되고 억눌리게 될 것입니다.

우리의 조상 아담이 어떻게 창조되었으며 그 아내 하와가 어떻게 태어났는가를 아는 것이 우리에게 큰 교훈이 됩니다. 강력한 기름부음으로 창조의 역사가 일어났던 것입니다. 또한 우리의 조상 아담과 하와가 어떻게 불순종으로 들어가게 되었는지를 배우는 것도 중요합니다. 우리에게 기름부음이 소멸될 때 하나님 말씀에 순종할 힘이 없어지게 된다는 것도 마음에 새겨야 할 것입니다. 매일 매일 만나를 주셔서 광야 생활에서 승리하게 하신 것처럼 하나님은 우리에게 매일 매일 신선한 기름부음을 부어주셔서 승리하게 하십니다. 하늘로부터 내려오는 신선한 기름부음이 우리에게도 날마다 새롭게 공급이 되어야 합니다. 그렇지 않다면 우리는 하나님의 뜻대로 살 수도 없고 생명의 역사도 일어나지 않을 것입니다. 아담이 받은 그 기름부음이 우리에게도 날마다 신선하게 내려져야 할 것입니다.

생활 적용 〉〉 **구속사적 성경** 묵상여행_ 구약편

01 어떻게 날마다 신선한 기름부음을 받는 생활을 할 수 있을까요?

02 여러분이 순종하기 어려운 명령은 어떤 것이며, 왜 그렇게 순종하기 힘들까요?

6-1

○ ○ ○

가정은 창조의 극치

○ ○ ○

"이러므로 남자가 부모를 떠나 그 아내와 합하겨 둘이 한 몸을 이룰지로다

아담과 그 아내 두 사람이 벌거벗었으나 부끄러워하지 아니하니라"(창 2:24,25).

묵상 여행 창조의 극치는 무엇일까요? 그것은 분명히 남자와 여자, 곧 인간의 창조일 것입니다. 그러나 극치 가운데 극치는 남자와 여자가 한 몸을 이루는 가정의 창조입니다. 하나님은 제6일째에 가정을 창조하셨고 제7일째에 주님과의 교제의 날, 교회를 창조하셨습니다. 하나님이 직접 창조하신 기관은 이 두 기관밖에 없습니다. 이 두 기관을 통하여 하나님은 창조의 역사를 계속하시고 게시며 생명과 구원의 역사를 완성해 나가시고 계십니다.

남자와 여자를 창조

하나님은 남자와 여자를 창즈하셨습니다. 이것은 창조의 질서를 위하여 필요한 것이며, 하나님의 이미지를 나타내는 데 필수적

입니다. 하나님은 아버지와 어머니의 이미지를 갖고 계십니다. 남자나 여자나 어느 한편만으로는 하나님을 온전하게 표현할 수가 없습니다. 남자와 여자는 어떤 한계를 가지고 있으며, 남자와 여자가 한 몸이 될 때에 비로소 하나님이 갖고 계시는 부모의 이미지를 온전하게 표현할 수 있는 것입니다. 물론 사람은 모두가 하나님의 이미지를 가지고 있습니다. 그러나 남자와 여자로서의 이미지, 아버지와 어머니로서의 이미지는 한 사람이 동시에 모두 가질 수는 없습니다.

또한 각기 다른 성을 주신 것은 인간이 한계가 있는 존재라는 것도 가르쳐주지만 각자의 독특성과 아름다움을 갖고 있는 것을 뜻하기도 합니다. 성[性]은 창조사역을 위하여 가장 기본적으로 필요한 것입니다. 성이 없다면 우리는 생명을 가질 수도 없으며 창조사역이 계속될 수도 없는 것입니다. 남성과 여성의 동역을 통하여 하나님의 은혜의 역사, 생명의 역사를 계속해 나가게 되며 하나님 나라의 백성을 늘려나가게 되는 것입니다.

가끔 성에 대한 이해가 잘못되어서 하나님이 이렇게 귀하게 주신 성을 타락의 수단으로 사용하는 경우가 많이 있습니다. 자신의 쾌락을 위한 수단으로 사용하여 성을 돈으로 매매하는 경우도 많이 있습니다. 이것은 하나님의 창조질서에 어긋나는 것입니다. 성은 아름답습니다. 거룩합니다. 성은 구별을 하기 위함이지 차별을 두기 위한 것이 아닙니다. 성[性]은 다른 것이지 나쁜 것도 아니고 더러운 것도 아닙니다. 가끔 남성들이 여성을 열등하다고 차별하는 경우는 하나님의 창조섭리에서 벗어나는 것입니다. 하나님은 동등하게 인간들을 창조하셨지만 각자에게 독특한 사명을 주셨습니다. 하는 사역이 다른 것이지 본질이 다른 것은 아닙니다. 이것은 마치 삼위일체의 하나님이 같은 본질을 공유하면서도 사역의 질서가 있는 것과도 같습니다.

성^性과 가정

성^性이 거룩한 것이 되기 위하여 하나님은 가정을 창조하셨습니다. 결혼이라는 축복 아래, 결혼이라는 신성한 언약 아래 성이 다른 두 존재가 연합하여 살아가도록 가정을 주신 것입니다. 그러므로 가정의 중요한 목적은 창조사역의 장으로서 거룩한 연합에 있는 것입니다. 또한 하나님은 가정을 창조하시면서 가장 귀한 축복을 주십니다. 곧 생육하고 번성하고 충만하고 정복하고 다스리라는 축복을 줍니다.

하나님께서는 가정을 창조하시고 모든 창조의 문을 닫으셨습니다. 가정이 창조되면서 제6일은 끝나게 됩니다. 하나님은 친히 주례자가 되어 주셨고 모든 창조물은 하객이 되어 주었습니다. 그리고 하늘의 해와 달과 별도 축복의 시선을 보냈으며 모든 자연은 찬양대가 되어 주었습니다.

하나님이 가정을 주신 것은 우주의 생명의 태를 허락하시기 위함이며, 창조의 역사가 계속되도록 하기 위함이었습니다. 여성에게 태가 있어서 생명을 낳는 것처럼, 우주의 생명의 태는 가정입니다.

가정이 없다면 이 우주에 생명을 낳을 수 있는 곳은 어디에도 없습니다. 또한 하나님이 가정을 주신 것은 남자와 여자가 한 몸을 이루면서 거룩한 성도의 삶을 살도록 하기 위함이셨습니다. 하나님은 온 가족이 예배 공동체, 성전이 되도록 창조하여 주셨습니다. 가정의 가장 큰 목적은 생명사역과 거룩함에 이루는 것에 있으며 교회의 가장 큰 목적도 가정의 목적과 같습니다.

사탄은 가정에게 주신 축복이 무엇인지 알았습니다. 그것은 정복하고 다스리라는 만물에 대한 권위를 주신 것입니다. 그러므로 사탄은 호시탐탐 가정을 쓰러지게 하기 위하여 기회를 보고 있었습니다. 가정이 쓰러지게 되면 세상을 정복하고 다스릴 기회가 자신에게 오기 때문입니다. 그리고 가정이 성전으로서의 사명을 감당하지 못할 뿐만 아니라 생명을 통한 창조사역도 계속할 수 없기 때문입니다.

사탄은 하나님의 백성이 늘어서 하나님께 예배드리고 영광을 돌려드릴 뿐만 아니라 이 우주 만물을 다스리는 만물의 영장이 되는 것을 가장 싫어합니다. 사탄은 가정을 공격하여 이 놀라운 하나님의 계획을 방해하려고 합니다. 가정을 쓰러뜨리기 위하여 남편의 도움자로 세운 배필, 아내를 공격합니다. 아내가 쓰러지자 남편이 쓰러지고 부모가 쓰러지자 아이들이 쓰러지기 시작했습니다. 그래서 가정은 힘없이 맥없이 사탄의 전략에 넘어가서 쓰러져 가고 있습니다. 사람들은 가정의 몰락 뒤에 이렇게 큰 창조사역에 대한 대적이 숨어있는 것을 잘 모를 때가 너무 많습니다. "내 가정 하나쯤 쓰러진다고 뭐 특별한 일이 있겠어.” 하면서 쉽게 생각할지 모르지만 하나가 둘이 되고 둘이 열이 되어, 하나님 나라의 생명은 급속하게 축소되는 것입니다.

또한 가정이라는 복의 공동체를 주시면서 한편 일을 주셨습니다. 아담은 동산지기로 일을 하게 되었고 모든 짐승들의 이름을 지어주게 되었습니다. 일은 신성하였습니다. 아담과 이브는 동산을 거닐면서 행복한 결혼생활을 시작하였습니다. 타락하기 전까지 일은 즐거운 것이었고 생산적이며 창조적인 것이었습니다. 그러나 타락 후에 일이 노동이 되었고 일하면서도 그 일한 만큼 열매가 맺지 못하게 되었던 것입니다.

01 가정의 중요성 가운데 어떤 부분이 가장 마음에 와 닿았습니까?

02 여러분은 성(性)을 어떻게 이해하셨습니까? 남성과 여성은 어떤 의미에서 각각 아름다움이 있다고 보시는지요?

6-2

○　○　○

쉬기 위하여 일하는가? 일하기 위해 쉬는가?

○　○　○

"하나님이 그 일곱째 날을 복되게 하사 거룩하게 하셨으니 이는 하나님이

그 창조하시며 만드시던 모든 일을 마치시고 이 날에 안식하셨음이니라"(창 2:3).

 하나님은 온 우주 만물을 6일 동안 열심히 창조하셨습니다. 하나님은 열심히, 즐거움을 갖고 창조하셨습니다. 그리고 6일 동안의 창조를 닫으셨습니다. 제7일이 시작되면서 하나님은 모든 일로부터 쉬셨습니다. 하나님의 안식이 시작된 것입니다. 이러한 안식은 세상을 창조하는 6일 동안에는 없었던 것입니다. 하나님은 6일 동안 하나님의 열심으로 세상을 창조하셨지만 한 가지 부족한 것이 있었는데 그것이 안식이었습니다. 하나님은 제7일을 복 주시고 쉬시는 날로 선포하셨습니다.

안식이라는 단어, 메누하는 시편 23편에 나옵니다. "나를 쉴 만한 물가로 인도하신다."는 말씀 가운데 '쉴 만한 물가로' 에서 '쉴 만한' 이 메누하라는 뜻입니다. 곧 메누하는 쉼입니다. 그것도 하나님과 함께 쉬는 쉼입니다. 이러한 쉼을 제7일에 주님이 허락하셨고

우리를 그 쉼으로 초대해 주셨습니다. 메누하와 비슷한 뜻으로 사용되고 있는 것이 샬롬이라는 단어입니다. 그러나 샬롬은 어떤 관계에서의 평강, 평화, 화평이라는 의미가 더 강하고 메누하는 쉼, 안식이라는 의미가 더 강조됩니다.

그런데 제7일이 성경에 끝났다는 말이 없습니다. 다른 날은 하나님께서 창조하시고 날을 닫으셨습니다. 그러나 제7일은 끝나지 않고 영원히 계속됩니다. 그 계속적인 안식 가운데 주님은 과연 무엇을 하시는 것일까요? 제7일에 주님은 이제 아무 일도 하시지 않고 쉬기만 하시는 것일까요? 일에서 손을 놓고 계시는 것일까요? 아닙니다. 6일 동안은 온 우주 만물을 만드셨지만 이제 7일에는 사람을 거룩한 사람으로 만들어 가십니다. 그러므로 주님은 창조사역으로부터는 쉬셨지만 성화사역에서 새로운 일을 하고 계시는 것입니다. 이렇게 일을 하시면서도 주님은 철저한 쉼을 누리십니다. 이것을 능동적 안식이라고 부릅니다.

우리는 일을 하면서도 쉼을 누리는가요? 어떤 사람들은 쉬면서도 마음이 편하지 않습니다. 그것은 그들이 주님 밖에 있기 때문입니다. 주님 안에 있으면 일하면서도 쉬고, 쉬면서도 쉽니다. 하지만 주님 밖에 있다면 일하면서도 불안하고, 쉬면서도 불안합니다. 우리 주님이 안식의 주인이시고, 안식 자체이십니다.

우리는 흔히 "좀더 일을 능률적으로 하기 위하여 일주일 휴가를 갔다 오려고 한다."는 말을 합니다. 반복되는 일 가운데 우리는 잠시 휴가를 가야 하고, 일로부터의 쉼refresh이 필요합니다. 그래야 새로운 마음으로 다시 일을 할 수가 있기 때문입니다. 그러나 기독교는 그러한 쉼을 강조하고 있는 것이 아닙니다. 일을 하기 위한 쉼이 아니라 하나님과 교제하기 위한 쉼을 강조하고 있는 것입니다. 세상에서는 일하기 위하여 쉬지만 우리는 주님과 쉬면서 교제하기 위하여 일합니다. 이러한 쉼과 교제를 통하여 거룩한 존재로 빚어지게 되며 거룩한 현존 앞에서 그 분의 인격을 닮아가며, 그 분의 말씀을 공급받게 됩니다.

그렇다고 하나님이 일을 덜 중요하게 생각하시는 것이 아닙니다. 하나님께서 인간에게 주신 가장 큰 복 중의 하나는 일을 할 수 있다는 것입니다. 모든 일이 창조사역에 동참하는 것이며, 땀을 흘리며 일을 하는 자들만이 쉼의 고마움과 가치를 알 수 있습니다. 매일 매일 노는 사람은 쉬는 기쁨을 알지 못합니다. 6일 동안 일한 사람만이 제7일의 쉼의 기쁨을 누릴 수가 있습니다.

성경은 우리를 이러한 안식으로 초대하기 위하여 처음부터 하나님과의 친밀한 교제로 우리를 부르신다고 말씀하고 있습니다.

"너희를 불러 그의 아들 예수 그리스도 우리 주로 더불어 교제하게 하시는 하나님은 미쁘시도다"(고전 1:9).

참다운 안식은 구원받은 자에게 주시는 축복이며 선물입니다. 참다운 안식은 참 하나님과의 화평에서 나옵니다. 그러므로 죄의 문제를 해결하고 용서함 받은 기쁨 가운데 참 안식과 쉼은 얻을 수가 있는 것입니다. 그렇기 때문에 메누하는 우리가 몸을 쉰다고 해서 얻어지는 안식이 아니라 하나님의 선물입니다. 하나님께서 이러한 선물을 주시고 계속적으로 우리를 그 쉼을 누릴 수 있는 거룩한 존재로 빚어 나가십니다. 만일 우리가 하나님과 반목하고 거리를 멀리 두고 있다면 결코 몸이 쉬어도 참다운 쉼을 누릴 수가 없을 것입니다. 하나님께서 용서하시고 은혜를 베푸시고 함께 하시고 공급하시고 자비를 베푸신다는 믿음 아래 이 안식은 안식일 수가 있습니다.

사실 안식을 누리지 못하도록 방해하는 것은 죄입니다. 이러한 죄를 빌미로 붙잡고 사탄은 더 깊은 불안과 두려움에 빠지도록 유혹하고 있습니다. 죄를 더 확대하여 용서받을 수 없는 죄로 참소하고 있다고 믿게 하기 때문입니다. 메누하는 하나님과의 화목에서 얻어지는, 하늘로부터 오는 선물입니다. 이 선물은 곧 하나님께서 우리에게 주시는 그의 아들 그리스도이시며 그리스도 없는 쉼은 결코 오래 지속하지 못할 것입니다.

메누하의 진정한 주제는 이렇게 시간 속에서 주님과 누리는 쉼과 교제입니다. 우리가 안식일을 지키는 것은 날을 지키는 것이 아니라, 그 날의 주인이신 주님과 교제하기 위함입니다. 그러므로 메누하는 공간을 확장하는 것이 아니라 시간을 연장합니다. 주님과의 교제에서 얻는 시간의 연장은 영원한 지금과 연결해주며 공간이 아닌 시간이라는 지성소에서 주님을 만나게 합니다.

공간은 시간이 끝날 때, 아무 의미가 없습니다. 알렉산더 대제는 더 이상 정복할 땅이 없을 때 숨을 거두었고, 숨을 거두는 순간 그가 모은 모든 공간은 다른 사람의 손에 넘어가게 되었습니다. 예수님이나 사도바울이나 12제자는 공간을 확장하지 않았습니다. 시간 속에서 주님을 만났고 그 시간은 영원으로 연결되었습니다. 공간은 시간이 끝날 때 두고 가지만 공간이 없어진다고 하여 시간이 끝나는 것은 아닙니다. 바로 이 영원한 시간과 연결되는 것이 메누하입니다. 그래서 그 안에서 쉴 수 있고, 주님과 교제할 수 있는 것입니다. 메누하는 어떤 의미에서는 주님과 거룩한 교제를 갖게 하는 시간의 지성소입니다.

구속사적 성경 묵상여행_ 구약편

01 여러분에게 있어서 진정한 안식의 의미는 어떤 것인지요?

02 이러한 안식을 방해하는 요소는 무엇이라고 보십니까?

03 안식의 주인이신 주님과 깊은 교제를 나눈 적이 언제였습니까?

6-3

○   ○   ○

하나님의 형상대로

○   ○   ○

"하나님이 자기 형상 곧 하나님의 형상대로 사람을 창조하시되

남자와 여자를 창조하시고"(창 1:27)

묵상 여행 하나님은 남자와 여자를 하나님의 이미지대로 만들어주셨습니다. 그리고 인간에게 만물의 영장이라는 귀한 직분을 허락하시고 창조의 면류관으로 만들어주셨습니다. 사람이 귀한 존재인 것은 하나님과의 관계에서 드러납니다. 하나님과의 관계가 단절된다면 인간은 단지 한 줌의 흙일뿐입니다. 그러므로 인간의 소중성은 인간이 하나님의 자녀이며, 하나님의 백성이라는 관계에서만 이해되어집니다.

또한 하나님은 인간을 무조건적인 굴종을 하는 로봇과 같이 만드신 것이 아니라 도덕적, 인격적, 영적, 사회적, 예술적, 정치적 존재로 만드시면서 스스로 자신이 선택하고 결정할 수 있는 자율성, 자유의지를 선물로 주셨습니다. 곧 하나님의 형상대로 만들어주신 것입니다. 이것은 전적으로 하나님과의 신뢰의 관계, 인격적인 관

계를 가지도록 주시는 특별한 은총이요, 선물이었습니다. 간략하게 정리한다면 하나님의 이미지대로 인간이 창조되었다는 것인데, 이 것은 아래와 같이 생각할 수 있습니다.

1. 인격적 닮음을 의미합니다

인간은 지·정·의를 가진 능동적 자기의식을 가진 존재로 만 들어졌습니다. 자기의식을 가졌다는 것은 이웃과 관계를 맺을 수 있다는 것을 의미합니다. 내가 있을 때 너도 있는 것을 알기 때문입 니다. 그런데 하나님은 이 많은 인간들을 하나도 똑같이 만드시지 않았습니다. 독특한 자기의식, 다른 이와 구별되는 인간으로 만들 어주셨습니다. 또한 자유의지를 주셔서 개인적으로 결단할 수 있는 것도 허락하셨습니다.

그렇기 때문에 우리는 자기 자신을 다른 사람과 비교할 필요가 없습니다. 한 사람 한 사람이 하나님의 독특하고도 개별적이고 인 격적인 작품이기 때문입니다. 그러므로 서로 다르다는 것을 인정하 는 것이 중요합니다. 서로 다르게 만드신 것이 다양성을 창조하시 는 하나님의 광대한 능력인 것입니다. 그러므로 서로 같아지려고 하는 것, 같다고 인정받으려는 것은 하나님이 만드신 작품에 대한 도전이기도 합니다.

2. 영적 닮음을 의미합니다

하나님의 영성을 닮은 우리들은 하나님을 바라보고 그를 예배 하면서 기쁨을 누리도록 만들어졌습니다. 강아지나 고양이는 인생을 고민하면서 자살하는 경우가 없지만 인간은 삶의 의미를 찾지 못하면 자살을 하는 경우가 있습니다. 이것은 인간이 영적으로 창조되었기 때문입니다. 이것을 심리학자들이나 정신과 의사들은 다른 의학용어로 말하겠지만 성경에는 분명히 영적인 궁핍이 오면 인간은 죽을 수밖에 없도록 창조되었다고 선포하고 있습니다. 인간은 흙과 같은 존재이지만 땅을 보며 사는 것이 아니라 위를 바라보며 살도록 만들어졌습니다.

3. 도덕적 닮음을 의미합니다

하나님의 거룩함과 의를 닮았기 때문에 인간은 도덕적으로 불의한 일을 행하면 정죄하는 사람이 없어도 마음의 기쁨을 상실하고 양심의 가책을 느끼게 됩니다. 하나님을 바라보며 바르게 살게 될 때 인간은 기쁘고 행복하도록 만들어졌습니다. 그러므로 도덕성이란 도덕적 원리를 따라 살아가는 능력, 힘, 삶의 태도를 의미합니다. 다른 말로 표현한다면 인간은 거룩하게 살 때 기쁨을 누리며 살도록 만들어졌습니다.

4. 사회적 닮음을 의미합니다

인간은 하나님의 사회성을 닮았기 때문에 고독한 것을 싫어합니다. 하나님도 고독을 싫어하심으로 인간을 만드시고 교제를 나누어주셨습니다. 이러한 사회성을 통하여 후손을 늘리시고 그 후손을 통하여 그리스도를 보내셨습니다. 사회성이란 함께 살아가는 능력이나 함께 살아가는 삶의 태도를 의미합니다. 그러므로 아무리 더불어 살아가는 중요성을 알고 있어도 함께 교제하며 더불어 살아가지 않는다면 그 사람은 사회성이 없다고 보아야 합니다.

하나님은 아담을 만드시고 동산의 모든 풍요를 누리게 하셨습니다. 하지만 아담은 행복해 보이지 않았습니다. 독처한다는 것처럼 무서운 것은 없습니다. 풍요 속의 혼자됨은 얼마나 무서운 것입니까? 하나님은 아담에게 하와를 배필로 만들어주시고 함께 행복을 나누고 기쁨을 나누며 공동체 생활을 하도록 하셨습니다.

5. 예술성, 창의성의 닮음을 의미합니다

하나님의 형상으로 만들어졌다는 것은 예술성, 창의성에 있어서 하나님을 닮았다는 뜻입니다. 아름다움을 아름답다고 말할 수 있는 것도 예술성입니다. 그리고 아름다움을 만들어내는 것도 예술성이며 창의성입니다. 이러한 것도 인간에게 주신 특별한 선물입니다. 개나 고양이가 어떤 예술을 창조하는 것을 우리는 보지 못합니다. 인간은 하나님으로부터 온 창의성과 예술성을 가지고 문화, 예술, 영화 등을 만들어내며 자연의 아름다움을 자신의 작품으로 승화시키며 전혀 또 다른 이미지로 독창적인 작품을 만들어내기도 합니다. 이러한 예술성은 온 우주의 모든 만물을 각각 다르게, 독특하게 만드신 하나님의 다양성의 능력을 나타내주고 있습니다.

6. 정치성의 닮음을 의미합니다

하나님은 인간에게 '정복하고 다스리라' 하시면서 만물의 영장으로서의 권위와 책임을 부여하셨습니다. 정복하고 다스리는 정치성은 인간에게 주신 선물입니다. 물론 짐승들에게도 이러한 본능이 있습니다만, 여기에서 말하는 정치성은 사탄의 공격과 유혹에도 승리할 수 있는 영적인 정치성까지 포함하고 있습니다. 물질에 노예가 되지 않고 물질을 다스리고 시간을 다스리고 삶의 게으름을 다스리고 사탄의 유혹을 다스릴 수 있는 능력, 이것이 정치성인 것입니다. 인간이 사는 곳에는 모든 정치적인 모임이 있습니다. 정치라는 것을 통해서 질서를 잡으며 사회를 이끌어나갑니다. 이러한 특별한 능력이 곧 인간에게 주어진 하나님의 형상인 것입니다.

01 여러분은 하나님의 형상을 회복한다는 의미를 어떻게 자신의 말로 다시 표현할 수 있을까요?

02 여러분은 어떤 면에서 하나님의 형상이 회복되지 않았다고 보시는지요?

7-1

○ ○ ○

선악을 알게 하는 나무의 열매

○ ○ ○

"여호와 하나님이 그 사람에게 명하여 이르시되 동산 각종 나무의 열매는

네가 임의로 먹되 선악을 알게 하는 나무의 열매는 먹지 말라

네가 먹는 날에는 반드시 죽으리라 하시니라"(창 2:16,17).

선악을 알게 하는 나무의 열매는 먹지 말라!

이제 이러한 인간이 어떻게 하나님으로부터 멀리 떨어져 타락하게 되었는가를 생각해 보도록 하겠습니다. 먼저 선악을 알게 하는 나무의 열매에 우리의 관심을 모아보도록 하겠습니다.

하나님이 인간에게 원하시는 것은 전적인 순종입니다. 하나님은 아담과 이브에게 자율성을 주시면서 순종을 함께 요구하셨습니다. 즉 자율성에 근거한 순종이었습니다. 순종하는지 아니하는지 알 수 있는 증거로 선악을 알게 하는 나무를 세웠고 그 열매를 먹지 말도록 금하셨습니다. 하나님은 왜 먹지 말아야 하는지에 대해 설명하지 않으셨습니다. 하지만 금하신 것을 하지 않고, 하라고 하는 것을 하는 순종, 이것이 자율성을 주신 큰 목적이었던 것입니다. 하

나님께서 먹지 말라고 했을 때에는 그 길이 인간에게 좋은 길이요, 축복받는 길이기 때문이었습니다. 그러나 아담과 이브는 이 자율성이 주는 축복 가운데에서 순종을 택하지 않고 불순종이라는 것을 택하게 됩니다. 이 자율성은 방종을 의미하는 것이 아니라 책임을 수반하는 자율성이었습니다. 스스로 택한 선택으로 인하여 아담과 이브는 책임을 져야 하는 문제가 생겼습니다.

그러나 우리가 다시 구속사적으로 성경을 읽어보게 되면 이 금하신 명령으로 인하여 인간을 죽음에 이르게 하시는 것이 하나님의 목적이 아니라 생명나무를 바라보고 그 열매를 먹음으로 영생에 이르게 하고자 하는 것이 하나님의 참 목적이었음을 알게 됩니다. 순종함으로 영원한 기업을 받게 하시고 싶은 것이 하나님의 보다 깊은 동기였습니다.

선악을 알게 하는 나무의 실과를 먹은 결과

1. 수치심과 두려움

선악을 알게 하는 나무의 열매를 먹으면서 인간은 수치심과 두려움이 생기게 되었습니다. 그들은 곧 자신들이 벗은 것을 알았고 또 하나님이 두려워 숨어버렸습니다. 그들은 무화과를 엮어서 자신들의 수치를 가리게 되었습니다. 하나님은 아담을 찾았지만 아담은 그 앞에 나오지 못했습니다.

2. 책임의 전가

또한 하나님께서 자초지종을 묻자 그들은 곧 책임전가라는 인간 특유의 죄성罪性을 발휘하기 시작하였습니다. 하나님으로부터 숨어버리는 아담과 이브, 그리고 수치를 무화과나무로 가려보려고 노력하는 그들에게 하나님은 뱀과 함께 징벌을 내리십니다. 남의 탓으로 돌리는 것이야말로 아담의 후예들의 특성입니다. 아담이 이브에게, 이브가 뱀에게 죄의 탓을 돌립니다. 이렇게 책임을 돌리는 것도 결국에는 선악을 알았기 때문입니다. 그리고 그 열매를 따 먹음으로 오는 죄의 심판도 알았습니다. 그래서 심판을 피하고 싶은 마음에 거짓이라는 씨앗을 뿌리게 되는 것입니다.

3. 선악의 갈등

선악을 알게 하는 나무의 열매를 따먹으면 하나님은 반드시 죽는다고 말씀하셨습니다. 또한 선악을 알게 하는 나무의 열매를 먹기 시작하면서부터 인간은 선악을 알기 시작하였고 선악의 뿌리를 가진 삶을 살기 시작합니다. 곧 '선하냐? 악하냐?' 라는 도덕적인 기준을 가진 삶을 살게 됩니다. 선악의 갈등이 생기기 시작하는 것입니다. 그러나 선한 것도, 악한 것도 뿌리는 한가지입니다. 선악을 알게 하는 나무의 열매에는 선한 열매도, 악한 열매도 함께 맺기 때문입니다. 그 뿌리는 죽음입니다.

이 세상을 살아가는 목적이 선악에 있다면 그것의 뿌리는 선악을 알게 하는 나무로부터입니다. 하나님은 인간을 선하게, 악하게 살도록 창조하신 것이 아니라 거룩하게 살도록 만들어주셨습니다. 그러므로 아무리 선하게 살아도, 악하게 살아도, 거룩하게 사는 것과 만날 수가 없습니다. 그 둘의 뿌리는 엄연히 다른 것입니다. 거룩하게 살기 위하여 우리는 생명나무의 열매를 먹어야 하는 것입니다. 근본적으로 뿌리를 바꾸지 않는다면 선하게 산다고 해도, 악하게 산다고 해도 거룩한 삶과 대치할 수 없습니다.

4. 금한 것, 없는 것에 대한 갈망

선악을 알게 하는 나무를 바라보고 그 열매를 먹음으로 말미암아 그 후손들은 없는 것, 금한 것만 바라보게 되었습니다. 그래서 99가지 축복보다는 한 가지 없는 것에 대하여 더 불평하며 감사하지 못하게 되었습니다. 에덴동산처럼 풍요한 곳이 어디에 다시 있겠습니까? 그 풍요한 곳에서 생명을 주시기를 원하는 것들은 바라보지 않고 먹지 말라는 것만 바라보면서 영적 빈혈증에 빠지게 된 것입니다.

5. 하나님으로부터 관계단절/죽음

요한복음에는 이러한 말씀이 있습니다. "나는 그의 명령이 영생인줄 아노라 그러므로 나의 이르는 것은 내 아버지께서 내게 말씀하신 그대로니라 하시니라"(12:50). 명령을 따르면 생명을 얻고 명령에 불순종하면 죽게 되어 있습니다. 하라는 것을 하고 하지 말라는 것을 하지 않을 때 우리에게는 소망이 있는 것입니다. 그런데 아담은 하나님이 하지 말라는 것을 함으로 죽게 되었습니다. 육체적으로, 영적으로 죽게 되었습니다. 예비 사형수가 된 것입니다. 이러한 단절은 이웃과의 단절, 자연과의 단절도 가지고 왔습니다.

6. 하나님과 같이 되었습니다

또한 선악을 알게 하는 나무의 열매를 먹음으로 '하나님과 같이 되어'(창 3: 5) 교만하게 되었습니다. 스스로 하나님이 되어서 남을 정죄하고 스스로 하나님이 되어서 하나님의 도움이 없어도 살 수 있다고 믿게 되었습니다. 자신은 깨끗하고 의롭다고 생각하며 살게 되었습니다. 아마 이 열매를 따 먹게 된 가장 결정적인 요인도 '하나님과 같이 될 것이다' 라고 유혹한 사탄의 거짓말이었으리라고 봅니다.

01 여러분도 눈이 밝아 하나님과 같이 되어 남을 비판하고 정죄하며 교만합니까?

02 선하게 살아도 영원한 생명을 얻지 못하는 이유를 아셨습니까?

7-2

○ ○ ○

가죽옷을 입히시고

○ ○ ○

"여호와 하나님이 아담과 그의 아내를 위하여
가죽옷을 지어 입히시니라"(창 3:21).

묵상 여행　인간은 어떤 것을 바라보느냐에 따라서 인생이 결정됩니다. 생명나무를 바라보면 생명에 이르고 선악을 알게 하는 나무의 열매를 바라보면 죽음에 이릅니다. 극한 상황에서도 생명나무를 바라보면 소망이 있습니다. 광야에서도 놋뱀을 바라보는 자마다 생명을 얻지 않았습니까? 이렇게 인간은 자신이 바라보는 것에 따라 인생이 결정됩니다. 선악을 알게 하는 나무의 열매를 바라보면서 인간은 선악의 갈등 속에 들어가게 되고 불순종한 결과로 죽음에 이르게 됩니다. 하나님께 불순종한 아담과 이브는 죽음이라는 사형선고를 받게 됩니다. 또한 에덴으로부터의 추방을 당합니다. 아담과 이브는 더 이상 하나님과 동행하며 살 수 없었고 동산 밖으로 쫓겨나가게 됩니다. 에덴동산으로부터 추방은 교제, 샬롬, 기쁨, 안식^{메누하}, 즐거움, 풍성함, 웃음, 생명, 자유, 사랑—이 모든 것을 잃어버리는 것을 의미합니다.

아담과 이브는 선악을 알게 하는 나무의 열매를 먹고 나서 자신들이 벗고 있다는 것을 알게 됩니다. 너무 부끄럽고 수치스러워 무화과나무로 자신들의 벗은 몸을 가렸습니다. 자신들의 힘力으로 수치와 죄를 가리려고 노력한 것입니다. 아담과 하와는 자신의 무거운 죄책감과 죄의 울부짖음을 임시방편인 무화과나무로 은폐하려고 하였습니다.

그러나 무화과나무는 임시방편입니다. 시들어 버리면 다시 만들어서 엮어 입어야 하는 것입니다. 일시적으로 미화작업을 하고 은폐작업을 할 수는 있지만 그것이 영원히 지속되는 것은 아닙니다. 속에서는 무거운 죄의 신음소리가 탄식을 하고 있고 계속해서 너는 죄인이라고 정죄하는 음성에 시달려야 합니다. 이러한 죄의 문제는 종교적 열심이나 구제 등으로 가리어질 수 없습니다. 인간이 만든 옷으로는 일시적으로 수치와 죄의 자리를 가릴 수 있을지 모르지만 여전히 그 가린 것 밑에서는 죄의 고통이 부르짖습니다.

"그 짠 것으로는 옷을 이룰 수 없을 것이요 그 행위로는 자기를 가리울 수 없을 것이며 그 행위는 죄악의 행위라"(사 59:6).
"너희가 만일 그같이 아니하면 여호와께 범죄함이니 너희 죄가 정녕 너희를 찾아낼 줄 알라"(민 32:23).
"하나님이여 주는 나의 우매함을 아시오니 나의 죄가 주 앞에서 숨김이 없나이다"(시 69:5).

수리아의 나아만 장군은 문둥병자였습니다. 그는 화려한 군복과 훈장을 달고 있었지만 군복 안에서는 살이 썩어 들어가고 있었습니다. 좋은 갑옷 안에서는 몸이 썩어 들어가는 부패한 냄새로 인해 역겨울 정도였습니다. 아무리 좋은 옷을 입는다고 하여도 치료되지 않은 문둥병은 잠시 가려질 뿐이었습니다. 그래서 그는 엘리사를 찾아가서 고침을 받습니다. 죄의 문제는 어떤 방법으로도 해결되지 않습니다. 그것을 종교적 열심과 구제나 선한 일로 은폐해 보려고 하지만 하나님으로부터 그 죄를 용서받고 하나님과 바른 관계로 들어가지 않는 한 죄의 문제를 숨긴다고 해결되는 것이 아닙니다.

이렇게 아담과 이브는 하나님 앞에서 숨어버리고 결국에는 에덴에서 쫓겨나게 됩니다. 그런데 이러한 죄악보다 더 크신 주님의 은총이 두 사람을 쫓아내시는 하나님에게서 나타납니다. 아담과 이브에게 가죽옷을 입히시고 내어 쫓으신 것입니다. 무화과나무로 엮어 수치를 일시 감추었던 이들에게 하나님은 누군가 피를 흘려야 만들 수 있는 옷, 가죽옷을 친히 입혀주셨습니다. 무화과나무는 자신들이 스스로 입었지만 이 가죽옷은 하나님이 입혀주셨습니다. 하나님은 죄를 범하고 나가는 아담과 이브에게 놀라운 긍휼과 자비를 베풀어주십니다. 우리 하나님은 죄인에게 벌을 주어서 죽음에 이르게 하시는 것을 사실 원하지 않습니다. 끊임없이 기회를 주시고 회복하게 하시고 생명을 주시기를 원하시는 분이십니다. 그래서 에덴을 쫓겨나가는 아담과 이브에게 다음과 같은 사랑을 베푸셨습니다.

가죽옷을 입히시고

이 가죽옷은 하나님이 그들과 함께 동행하시겠다는 의미입니다. 그리고 누군가 피를 흘리면 다시 만나주시겠다는 약속이기도 합니다. 그리스도의 보혈의 피로 인하여 주님이 그들을 용서하시고 다시 만나주시겠다는 약속입니다. 곧 예배를 통해서만 주님은 인간에게 다시 오신다는 약속입니다.

가죽옷은 생명을 입히시는 작업입니다(창 37:3, 고후 5:4, 롬 13:14). 가죽옷은 그리스도의 옷, 구원의 옷을 예표하고 있습니다. 어린 양으로 오셔서 대속물이 되시고 피를 흘리심으로 우리에게 새 옷을 입혀주시는 예수 그리스도의 대속의 사역을 예표하고 있습니다. 이 가죽옷은 그들을 살리시겠다는 하나님의 의지가 들어가 있습니다. 그들에게 생명의 길로 다시 올 수 있는 길을 약속하신 것입니다.

에덴동산으로 오는 길을 막으시고

또한 하나님은 그들이 에덴동산으로 들어오는 길을 막으셨습니다. 이것도 그들이 죄 지은 상태에서 에덴동산에 들어와 생명나무의 열매를 먹고 영원히 사는 것을 방지하기 위함이었습니다. 하지만 동산 밖으로 흘러나가는 네 줄기의 강은 막지 않으셨습니다. 아담과 이브는 동산 안으로 들어올 수는 없지만 동산 밖으로 흘러나가는 물은 마실 수가 있었습니다. 에덴동산에서 그들을 향하여 흘러나오는 하나님의 사랑을 마시면서 살 수 있었습니다.

그러므로 막는 것도, 막지 않는 것도 모두가 하나님의 축복입니다. 우리는 죄악에 빠진 인간을 향하신 깊고 넓은 하나님의 사랑을 알지 못합니다. 하나님은 죄악은 미워하시지만 인간은 미워하시지 않습니다. 그리고 인간을 다시 찾으시려는 의지, 구원의 의지를 포기하지 않으셨습니다.

여자의 후손을 보내주실 것을 약속하십니다.

또한 하나님은 아담과 하와를 내보내시면서 '여자의 후손' 이 끝내는 승리할 것이라는 약속도 잊지 않으셨습니다. 언젠가는 여자의 후손이 사탄의 머리를 짓밟고 승리를 할 날이 올 것입니다. 이것은 가죽옷과 함께 회복을 약속하시는 하나님의 사랑과 배려였습니다.

생활 적용 〉〉 **구속사적 성경** 묵상여행_ 구약편

01 아담과 하와를 향하신 하나님의 구속의 계획은 어떤 것이라고 보십니까? 어떤 길을 통해 아담과 하와를 다시 구원하시려는 계획이 있는 것일까요?

02 여러분은 본인이 스스로 숨기려고 하는 죄가 있습니까? 그 죄로 인하여 잃어버린 평강을 어떻게 회복하고 있는지요?

7-3

○　○　○

가인이 거리를 활보하고 다니는 이유

○　○　○

"여호와께서 그에게 이르시되 그렇지 아니하다 가인을 죽이는 자는

벌을 칠 배나 받으리라 하시고 가인에게 표를 주사 그를 만나는 모든 사람에게서

죽임을 면하게 하시니라"(창 4:15).

묵상 여행　에덴동산을 잃어버리고 하나님의 동행하심을 잃어
버린 아담 가족의 동산 밖에서의 삶은 행복하지 않
았습니다. 그들은 불안하였고 외로웠고 에덴동산이 그리웠습니다.
에덴동산의 따뜻한 바람, 은혜로운 환경, 하나님과의 교제 등 어느
것 하나 그립지 않은 것이 없었습니다. 그들은 동산을 바라보며 많
이 울었습니다. 그러는 가운데 아담과 하와는 동산 밖에서 자녀들
을 낳습니다. 가족이 늘어난 것입니다. 두 아들의 기록만 있지만 사
실 딸들도 많이 낳았으리라고 봅니다.

　두 아들인 가인과 아벨을 양육하게 되었는데 가인은 농사짓는
자요, 아벨은 양무리를 치는 자였습니다. 그들은 하나님께 제사를
드리는 문제로 갈등을 낳게 됩니다. 하나님은 아벨과 아벨의 제사
를 열납하셨습니다. 열납하셨다는 말은 기쁨으로 받으셨다는 뜻입

니다. 그러므로 열납하지 않으셨다는 것은 기쁨으로 받지 않으셨다고 해석할 수도 있습니다. 전적으로 받지 않으신 것이라든지, 거절하셨다는 의미가 아니라 호의^{with favor}를 가지고 받지 않으셨다고 볼 수도 있습니다.

그렇다면 왜 가인의 제사와 가인은 열납하지 않으셨을까요? 여기에 대한 신학적인 이유가 많이 있지만 하나님께서 기쁨으로 받으시지 않은 데에는 분명히 이유가 있습니다.

"믿음으로 아벨은 가인보다 더 나은 제사를 하나님께 드림으로 의로운 자라 하시는 증거를 얻었으니 하나님이 그 예물에 대하여 증언하심이라"(히 11:4).

하나님이 기뻐하시는 것은 믿음과 순종이 있을 때입니다. 아마 가인은 어떤 면에서 하나님에게 믿음과 순종이 없이 예물을 들고 나왔는지도 모릅니다. '믿음이 없이는 하나님을 기쁘게 할 수 없다'고 로마서는 말하고 있습니다. 여기에서 유의하여 보아야 할 것은 예물과 그 사람을 동일시하고 있다는 사실입니다. 하나님께 드리고 온 예물을 보시고 주님은 그 사람도 동시에 보신 것입니다. 예물의 준비를 통하여 가인의 마음을 이미 보신 것입니다. 그런 면에서 아벨은 가인보다 더 나은 신앙의 고백과 예배, 선물을 주님께 드린 것입니다.

하나님이 자신의 제물을 열납하지 않으셨다는 것에 화가 난 가인은 동생을 들로 불러내어 죽여 버립니다. 최초의 형제 살인극이 일어난 것입니다. 가인은 동생만 죽이면 하나님의 호의가 자신에게 올 것이라고 믿었습니다. 하나님이 자신의 예물도 기쁘게 받으시리라고 생각하였습니다. 자신과 하나님과의 관계에 문제가 있음에도 불구하고 동생에게 책임을 전가하고 탓합니다. "하나님이 나와 나의 예물을 열납하지 않은 것은 바로 너 때문이야." 하나님과 자신의 반목의 이유가 동생에게 있다고 보았습니다. 동생의 존재가 자신에게 하나님과의 관계에 걸림돌이 된다고 생각한 것입니다. 아주 전형적인 죄인의 책임전가가 여기에도 나타나고 있습니다.

그래서 동생을 잔인하게 제거합니다. 이렇게 동생을 죽이고 나니까 온통 두려움이 밀려오기 시작하였습니다. 누군가에게 자신도 맞아 죽을 것 같았기 때문입니다. 땅까지 자신을 뱉어낼 것 같아서 가인은 완전히 안식을 잃어버렸습니다. 사실 하나님의 자비와 긍휼을 바라보며 하나님을 신뢰하였어야 할 가인은 하나님의 호의를 받고 있는 동생만 바라보다가 살인이라는 비극을 치르게 됩니다.

아벨의 피가 땅에 흘려짐으로 말미암아 땅이 사람을 저주하게 됩니다.

"땅이 네 입을 벌려 네 손에서부터 네 아우의 피를 받았은즉 네가 땅에서 저주를 받으리니 네가 밭을 갈아도 땅이 다시는 그 효력을 네게 주지 아니할 것이요 너는 땅에서 피하며 유리하는 자가 되리라"(창 4:11, 12).

이제 땅도 아름다운 소산을 주지 않게 되었으니 그는 땅을 피하여 돌아다니면서 유리하는 백성이 되었습니다. 무엇보다도 안식을 잃어버리게 되었습니다.

하나님과의 관계가 끊어진 사람들은 곧 이웃과의 관계도 끊어질 수밖에 없습니다. 그런데 문제는 이 최초의 살인자가 죽지 않고 살아남게 되었다는 사실입니다. 살아남았을 뿐만 아니라 자신을 누군가 죽일지도 모른다는 불안에 떨고 있는 가인에게 하나님께서 이마에 표까지 새겨줍니다. 곧 가인의 표입니다. 아무도 그를 해치지 못하도록 보호하는 표입니다.

그렇다면 어떻게 살인자가 살아서 거리를 활보할 수 있었습니까? 우리들은 가인과 같은 사람은 당연히 심판을 받아야 하고 마땅히 죽어야 한다고 생각합니다. 가인이 거리를 활보하고 다닌다는 것은 있을 수 없는 일이라고 할 것입니다. 여기에서 우리는 하나님의 공의를 의심하게 됩니다. 악한 자는 당연히 그 행한 일에 대한 응보를 받아야 하는 것입니다. 선한 사람은 선한 댓가가, 악한 사람에게는 악한 댓가가 있어야 하는 것입니다. 그렇지 않다면 하나님은 공평하지 않으신 것입니다.

그러나 우리들은 자신이 곧 가인이라는 것을 잊어버리고 있습니다. 가인은 마땅히 죽어야 할 사람이지만 우리들은 거리를 활보하여도 될 의인이라고 생각합니다. 그렇지 않습니다. 우리도 마찬가지로 가인과 같은 형제를 살인한 자들이며 마땅히 죽음을 맞이해야 하는 죄인인 것입니다. 우리 안에 누구나 가인을 가지고 있습니다. 우리 안에 가인이 활보하며 다니고 있습니다.

그렇다면 어떻게 살인자에게 생명의 은혜가 임하여 지금도 거리를 걸어 다니고 있습니까? 그것은 살인이라는 죄악을 넘어서는 하나님의 은총 때문이었습니다. 하나님은 가인의 죄악을 넘어서는 은총을 베푸시고 있는 것입니다. 앞에서와 마찬가지로 죄는 미워하지만 죄인은 미워하지 않으시기 때문입니다. 오히려 긍휼과 자비를 베푸시기를 원하시는 것입니다.

가인이 살아있음으로 우리도 살아있습니다. 그래서 가인이 살아있음으로 우리가 은혜를 체험합니다. 우리에게도 살 길이 있기 때문입니다. 가인과 아벨의 사건은 형제의 살인극에 초점이 맞추어져야 하는 것이 아니고 어떻게 가인이 아직도 생명을 부지하고 있는지에 초점이 맞추어져야 합니다. 즉 누가 더 선하냐? 악하냐? 에 초점을 맞추는 것이 되어서는 안 됩니다. 오히려 가인의 죄보다 더 깊고 넓고 크고 긴 하나님의 사랑에 우리의 관심을 모아야 합니다. 가인이 살아있는 것은 그 분의 은혜 때문이며, 그렇기 때문에 우리 같은 죄인들에게도 소망이 있는 것입니다.

01 가인이 받은 가장 큰 저주는 무엇이었을까요?

02 하나님의 사랑과 은총이 어떻게 가인에게 임하였습니까?

8-1

○ ○ ○

죽음의 족보

○ ○ ○

"라멕이 노아를 낳은 후 오백 구십 오년을 지내며 자녀를 낳았으며

그는 칠백칠십칠 세를 살고 죽었더라" (창 5:30,31).

묵상 여행 이제 창세기 5장으로 넘어가 봅시다. 그곳에서 우리는 처음으로 족보라는 것을 만나게 됩니다. 그런데 그 족보를 눈여겨보게 되면 거의 다 몇 세에 죽었다는 것으로 이루어져 있습니다. 성경을 읽어 내려가다가 족보가 나오면 그 부분은 그냥 넘어가는 경우가 많습니다. 복잡하고 지루하기 때문입니다. 그러나 창세기 5장에서 우리는 잠시 멈출 필요가 있습니다. 그것은 모두가 몇 세에 죽었는지를 기록한 족보이기 때문입니다.

하나님께서는 선악을 알게 하는 나무의 열매를 먹지 말도록 명령하셨습니다. 그 명령에 순종하면 사는 것이요, 명령에 순종하지 않으면 "반드시 죽게 된다."고 하셨습니다. 하나님의 명령은 곧 영생이요, 사는 길입니다.

"나는 그의 명령이 영생인 줄 아노라 그러므로 내가 이르는 것은 내 아버지께서 내게 말씀하신 그대로니라 하시니라"(요 12:50).

기뻐하라고 했으면 기뻐해야 사는 것이요, 기도하라고 명령하셨으면 기도하는 것이 사는 길이요, 먹지 말라고 했으면 먹지 않는 것이 사는 길입니다. 그런데 아담과 이브의 가족은 명령에 순종하지 않음으로 죽음의 족보로 들어가게 됩니다.

이 족보는 반드시 죽으리라고 하신 하나님의 말씀이 이루어지는 것을 증명하는 족보입니다. 이들은 이미 하나님과의 관계의 죽음, 이웃과의 관계의 죽음, 자연과의 죽음의 관계를 맛보았습니다. '몇 세에 죽었더라' 라는 족보에 들어간 인류들, 그들에게 죽음은 결코 피할 수 없는 것입니다. 969년을 살면서 하도 오래 살아서 자신의 나이도 기억하지 못하거나 아니면 "나는 안 죽는가 보다."라고 착각했을지 모르는 므두셀라도 이제 더 이상 이 땅에 존재하지 않습니다. 어느 누구도 죽음으로부터 자유한 사람은 없습니다. 죽음의 족보에 들어간 인류들, 하나님과 등을 진 인류들은 이제 죽음을 향하여 질주하게 되었습니다.

인간은 결국 하나님과의 관계 단절이라는 죽음을 맛보게 되었고, 육체의 죽음, 이웃과의 관계 단절이라는 죽음도 맛보게 되었습니다. 또한 자연과의 반목이 일어나 열심히 땀을 흘리고 일해도 일한 만큼의 수확을 얻을 수가 없게 되었습니다. 땅의 엉겅퀴가 이들의 수고를 헛되이 만들어 버렸습니다. 사람의 죄악으로 인하여 땅이 저주를 받았기 때문입니다.

하나님을 떠난 인간의 미래가 어떻게 될 것인지 창세기 5장을 보면 명백하게 드러나고 있습니다. 죽음으로 끝나 결국에는 흙으로 다시 돌아가게 되는 인생이 됩니다. 흙은 아무 것도 아닙니다. 우리는 하나님의 생기로 생령이 되었지만 이제 아무 것도 아닌 흙으로 다시 돌아가게 됩니다. 그렇다면 이렇게 인간은 죽음의 족보 안에 들어가서 영원히 죽고 마는 것일까요? 정말 죽음이 인생의 마지막일까요?

다시 한 번 가인의 이야기를 다루고 지나갑시다. 우리는 앞에서 가인의 스토리를 읽었습니다. 하나님은 가인을 어떻게 다루셨습니까? 모세의 법에 의하면 이는 이로, 눈은 눈으로 가인을 다루셔야 하였습니다. 그러나 하나님은 그렇게 하시지 않고 오히려 가인을 보호하여 주셨습니다. 가인이 해함을 받지 않도록 보호의 표를 주셨고 그를 해하는 자에게는 으히려 더 큰 벌이 가하도록 하셨습니다.

이런 하나님을 우리는 쉽게 이해하지 못합니다. 하나님은 가인을 죽이지 않고 사랑을 베푸시는 방법으로 그의 변화를 기대하십니다. 때리고 죽이고 형벌을 줌으로 사람을 개선시키는 것이 아니라, 그 죄악을 넘어서는 하나님의 광대한 사랑을 체험하게 함으로 사람이 변화되는 방법을 택하셨습니다. 하나님은 가인을 죽인다고 죄악이 이 땅에서 사라진다고 생각하지 않으셨습니다. 오히려 그를 살려주심으로 그가 변화될 가능성이 있다고 믿으셨습니다.

그리고 가인이 죽는 대신 '어린 양'을 대신 죽게 하였습니다. 그리고 용서하심으로 죄의 문제를 근본적으로 해결하시기를 원하셨습니다. 인간은 칼이나 죽음의 위협을 통해서 변화되지 않습니다. 어린 양의 피를 통해 사랑을 베풀어 주시며 죄 없다 여겨 주시는 하나님의 은총 때문에 우리 모두에게 소망이 있는 것입니다.

바로 그러한 주님의 은총이 이 죽음의 족보에도 나타나고 있습니다. 그것은 모두가 죽었는데 죽음을 보지 않은 사람이 있기 때문입니다. 그는 바로 에녹입니다. 에녹은 죽음을 보지 않고 하늘로 들림^{휴거} 받았습니다. 죽음의 족보 안에 죽음을 보지 않은 자가 있다는 사실에 우리는 관심을 두어야 합니다. '누가 몇 세에 죽었더라'고 시작해서 죽음으로 끝나고 있는 이 죽음의 족보 가운데에서 죽음을 맛보지 않는 사람이 있었다는 것입니다.

그러므로 이 죽음의 족보는 죽음의 족보가 아니라 생명의 족보입니다. 하나님은 죽음 가운데에서도 생명의 길, 죽음을 맛보지 않고 들림을 받는 길을 열어주신 것입니다. 이것은 바로 성막의 동쪽에 문이 하나 있어서 성막으로 들어갈 수 있도록 해 주신 것과 같이 예수 그리스도를 통하여 구원을 베푸시려고 하는 하나님의 예표입니다. 왜 동서남북으로 문을 만들어주시지 않았을까를 불평하기보다 동편 한쪽에라도 들어갈 수 있는 문을 만들어주심을 감사해야 합니다. 그 문이 바로 생명의 문이기 때문입니다.

하나님은 가인 한 사람만 살려주시는 것이 아니라 온 인류를 구원하시기를 원하시며 생명을 주시기를 원하십니다. 죽음을 이기시고 생명을 주시기를 원하십니다.

그러므로 성경을 구원의 드라마로 읽어내려 간다면 창세기 5장 죽음의 족보에서도 그러한 은총을 베푸시는 하나님의 사랑을 만납니다. 또한 사랑하는 독생자 예수를 대신 죽게 함으로 우리에게 생명을 주시고자 하는 포기하지 않는 구원의 의지, 구원을 향한 사랑을 만나게 됩니다. 단순히 창세기 5장에 나오는 족보가 지루한 계보에 지나지 않는다고 생각한다든지 또한 이 죽음의 족보에서 생명을 주시고자 하는 하나님의 사랑을 읽지 못한다면 우리는 가장 중요한 진리를 놓치게 될 것입니다. 주님은 죽음을 원하시는 것이 아니라 생명을 원하시고, 그 빛을 우리가 갚기보다는 예수 그리스도의 보혈의 피를 통해 해결하시기를 원하는 것입니다.

생활 적용 〉〉〉〉〉〉〉〉〉〉〉〉〉〉〉〉〉〉〉〉〉〉〉〉〉〉〉〉〉〉〉〉〉〉〉 **구속사적 성경** 묵상여행_ 구약편

01 왜 죽음의 족보에 죽음을 보지 않는 에녹이 들어가 있는지 이해가 되셨는지요? 에녹은 어떤 이유르 죽음을 맛보지 않고 휴거되었을까요?

02 창세기 5장의 죽음의 족보에서 예전에 읽었을 때에 어떤 것을 메시지로 받았었습니까?

8-2

○ ○ ○

물로 심판한다고 죄악이 사라질까요?

○ ○ ○

"내가 너희와 언약을 세우리니 다시는 모든 생물을 홍수로 멸하지 아니할 것이라

땅을 멸할 홍수가 다시 있지 아니하리라"(창 9:11).

묵상 여행 죽음의 족보에 들어간 인류는 제단^{altar}의 문화에서 탑^{tower}의 문화로 들어가게 됩니다. 하나님보다 더 높아지기 위하여 쌓는 바벨탑은 인류가 얼마나 타락하였는가를 보여줍니다. 하나님이 없는 문화, 개인의 욕심을 쌓는 문화가 온 인류를 휩쓸게 되었습니다. 그 안에서 인간은 죽음의 길을 향하여 달려가고 있었습니다.

아담의 자손들을 통하여 이 세상에는 여전히 죄악이 넘치고 있었습니다. 형제를 죽이는 가인, 그리고 하나님을 떠나 사는 백성들은 패역하고 음란한 생활을 했으며 하나님께 도전하고 하나님을 떠나서 살기 시작하였습니다. 이제 세상은 더 이상 하나님이 만드시고 "보시기에 좋았더라." 하였던 세상이 아니었습니다.

하나님은 이 패역한 세대를 보시고 마음이 아프셨으며 이 세상을 다시 새로운 세계로 회복시키시기 위하여 세상을 물로 심판하시게 됩니다. 하나님은 그가 창조한 모든 사람을 땅에서 쓸어버리실 뿐만 아니라 모든 가축과 동물까지도 모두 쓸어버리겠다고 말씀하셨습니다. 하지만 하나님은 방주를 만들어서 구원받을 수 있는 기회를 주십니다. 이것이 노아에게 방주를 준비하게 하시는 하나님의 마음이십니다. 심판보다는 회복의 기회를 주시려는 것입니다. 죽음의 심판이 있기 전에 구원을 받을 수 있는 길, 문을 열어주신 것입니다. 그러므로 여기에서도 우리가 관심을 가져야 할 것은 심판을 하시는 하나님이 아니라, 여전히 생명의 길, 살 길을 열어주시는 하나님의 사랑이십니다. 그러한 가운데 당대의 의인이고 항상 하나님과 동행하는 사람, 노아는 120년 동안 하나님께서 명령하신 방주를 지었으며 하나님의 심판이 임할 것을 계속 전파하였습니다.

"옛 세상을 용서하지 아니하시고 오직 의를 전파하는 노아와 그 일곱 식구를 보존하시고 경건치 아니한 자들의 세상에 홍수를 내리셨으며"(벧후 2:5)

노아의 가족 8명과 방주에 들어간 생물을 제외하고는 지면 위의 모든 사람과 생물들이 홍수에 떠내려갔습니다. 그러나 노아의 홍수 이후에도 하나님이 원하시는 죄 없고 아름다운 나라, 하나님이 기뻐하시는 나라는 이루어지지 않았습니다. 노아와 같이 하나님과 동행하는 사람들만 남겨놓았음에도 불구하고 여전히 이 세상에는 다시 패역한 사람들이 나타나기 시작했습니다. 노아도 술에 취해서 자식들 앞에서 추태를 보이곤 했습니다. 하나님께서 홍수와 함께 모든 악한 자들을 멸망하셨음에도 불구하고 이 세상은 왜 의인의 세상이 되지 못했을까요?

여기에는 중요한 사실이 담겨 있습니다. 그것은 이 세상에는 근본적으로 의인이 있을 수 없다는 진리입니다. 당대의 의인이었던 노아 역시 상대적인 의인이었습니다. 즉 그 당대의 사람들과 비교해 볼 때 의로운 사람이었다는 뜻입니다. 노아와 그의 가족들 가운데에도 죄악은 남아있었습니다. 홍수가 그들 마음에 남아있는 죄악의 뿌리까지 씻어줄 수는 없었습니다. 심판을 경험한 노와와 그의 가족들이 모두 의롭게 살았을 것 같지만 노아의 자손이 퍼지는 것과 함께 죄악도 더 커지고 번성하게 되었습니다.

그러나 노아의 홍수를 통하여 우리가 느끼는 것은 물로 심판한 후에도 여전히 인간 공동체 가운데는 죄악이 범람하였다는 사실입니다. 이것은 인간의 죄악이 칼로도, 물로도, 불로도 씻어지지 아니하고 소멸되지 않음을 보여주고 있습니다. 왜 그럴까요? 사실 죄가 무엇인지 알아야 합니다. 죄라는 것이 악한 행위나, 악한 마음이라면 아마 씻어질 수 있을지도 모릅니다. 그러나 사실 죄는 죽음입니다.

"죄의 삯은 사망이요 하나님의 은사는 그리스도 예수 우리 주 안에 있는 영생이니라"(롬 6:23).

죄를 씻어낼 수 있는 것은 비누가 아니라 생명입니다. 생명이 있어야 죄의 문제가 해결되는 것입니다., 죄라는 죽음에 생명이 들어갈 때에 죄가 해결되는 것입니다. 그것도 죄 없는 생명이 필요한 것입니다.

그래서 히브리서에서는 "율법을 좇아 거의 모든 물건이 피로써 정결케 되나니 피흘림이 없은즉 사함이 없느니라."(히 9:22)고 선포하고 있습니다. 그리스도의 보혈의 피가 있을 때 죄의 문제가 해결되는 것입니다. 죽음 가운데 생명이 들어갈 때 죄의 뿌리를 끊어 버릴 수가 있기 때문입니다. 피가 모든 물건을 정결케 하는 것입니다. 그것은 피 안에 생명이 있기 때문입니다.

노아의 방주에서 우리가 깨달아야 할 두 번째 주제는 하나님이 인간을 물이나 불이나 죽음으로 변화시킬 수 있는 것이 아니라 하나님의 인내, 사랑, 은혜를 통하여 변화시킬 수 있다는 새로운 진리입니다. 그래서 홍수 후 하나님은 인간에 대한 심판과 구원에 대한 새로운 약속을 하셨는데 이는 인간의 죄악을 넘어서는 하나님의 구속의 사랑에서 나온 것입니다.

주님의 방법은 악을 악으로 갚는 것이 아니라 악을 선으로 이기는 방법입니다. 그래서 하나님은 새로운 약속을 하셨는데 그것은 여자의 후손을 통해서 이루실 은총의 길이었습니다. 인간이 변화되는 것을 기다리는 것이 아니라 새로운 하나님의 구원의 방법을 선포하신 것입니다. 그것은 예수 그리스도의 보혈의 피로 말미암아 의롭다 여겨주시는 칭의의 방법입니다. 아브라함과 맺은 언약이 바로 그러한 구속의 방법을 제시하는 것입니다. 하나님께서 죄악이 없다 하시고 의롭게 여겨주지 않는 한 우리의 죄악의 문제는 해결되지 않습니다. 노아의 홍수는 악인에 대한 심판을 말씀하시기 전에 죄악의 문제가 결코 물로나 불로나 해결될 수 없으며 하나님의 전적인 은총이 개입하지 않으면 불가능한 것임을 깨닫게 하고 있습니다. 성경은 하나님이 우리를 살려주시지 않으면 결코 어떤 길로도 우리에게 소망이 없다는 진리를 노아의 홍수를 통해 우리에게 선포하고 있습니다.

01 노아의 방주를 통하여 여러분은 어떤 하나님을 만납니까?

02 죄가 물로도 불로도 해결되지 않는 이유를 이해하셨습니까?

03 노아의 방주를 구속사적으로 읽었을 때와 모범적으로 읽었을 때와 삶의 적용이 어떻게 달라집니까?

8-3

○ ○ ○

새로운 나라를 꿈꾸시는 하나님

○ ○ ○

"내가 내 언약을 나와 너와 네 대대 후손의 사이에 세워서 영원한 언약을 삼고

너와 네 후손의 하나님이 되리라 내가 너와 네 후손에게 너의 우거하는 이 땅 곧 가나안

일경으로 주어 영원한 기업이 되게 하고 나는 그들의 하나님이 되리라"(창 17:7,8).

묵상 여행

아담으로 인해 하나님의 나라가 온통 소망이 없는 죄악의 나라로 변한 것 같아 보였습니다. 인간들은 모두 죄의 노예가 되어 곧 죽음이라는 사형선고가 집행될 사람들처럼 보였습니다. 악한 인간들이 줄줄이 불로 물로 심판을 받는 것을 사탄이 보았습니다. 사탄은 아마도 하나님의 나라가 이미 끝장이 났다고 생각을 하며 은근히 승리를 즐기고 있었을지 모릅니다. 사탄이 원하였던 것이 그대로 이루어지는 것으로 좋아하고 있었을지 모릅니다. 그러나 그러한 사탄의 판단은 시기상조입니다.

하나님께서는 이제 한 사람, 아브라함을 선택하셔서 새로운 하나님 나라를 이루시려는 비전을 가지고 계셨습니다. 이러한 죄악의 백성들을 구원하셔서 하나님이 다스리는 나라로 만드시려는 섭리가 있었던 것입니다. 하나님이 사랑과 공의로 다스리고 인간이

믿음으로 화답하는 나라, 인간들이 성실하게 하나님의 다스림에 순종하는 나라를 꿈꾸셨습니다. 에덴동산과 같이 교제를 하시고 기쁨과 낙을 나눌 수 있는, 그런 백성들이 있는 새 나라를 꿈꾸셨던 것입니다. 그렇게 되기 위하여 인간이 변화되어야 합니다. 새로운 사람으로 변화하여야 합니다. 하지만 물로도 불로도 돌을 쳐도 사람들의 죄의 문제가 근절되지 않는다는 것을 아시는 하나님은 아브라함을 선택하여 새로운 구원의 길을 여십니다. 그것은 인간의 죄악을 제거하려는 방법이 아닌, 인간의 죄를 죄 없다 여겨주시는 방법, 곧 칭의justification의 방법으로 바뀐 구원의 길을 선포하신 것입니다.

하나님은 근동지방, 월신月神을 섬기는 우상숭배지에서 살고 있는 아브라함에게 관심을 가지십니다. 그리고 아브라함을 불러서 그 땅을 떠나도록 명령하셨습니다. 아브라함은 당황하고 두려웠습니다. 어떻게 해야 할지 막막하였습니다. 하지만 평소에 유일신은 아니더라도 여러 신神들에 대한 경외심을 가지고 있었던 사람이라 그는 순종하기로 결심하였습니다. 이렇게 하나님은 그의 말씀에 순종하는 아브라함과 언약을 맺으셨습니다.

하나님이 아브라함에게 약속하신 언약은 땅을 기업으로 주시고 자손을 하늘의 별처럼 많이 주시겠다는 것이었습니다. 아브라함은 그 당시 땅 한 평, 자식 하나 없던 사람이었습니다. 그러한 아브라함에게 하나님은 땅과 후손에 대한 약속을 하셨습니다. 사라가 죽었을 때에도 땅 한 평이 없어서 그는 막벨라 묘지를 돈 주고 사서 아내를 묻을 수 밖에 없었습니다. 그리고 자식이 없었던 그에게 하늘의 별처럼 많은 자식을 주시겠다는 것도 다 창조의 하나님의 역사하셨기에 가능했습니다. 이것은 무에서 유를 창조하시는 하나님을 체험하게 하기 위함이었습니다. 아브라함은 유에서 유를 만들어내는 월신이라는 우상을 섬기고 있었습니다. 처음에 아브라함은 이러한 것을 믿지 못하였지만 계속해서 하나님께서 약속을 하시자 그는 하나님의 약속을 믿었습니다. 그리고 의롭다 여김을 받게 되었습니다.

> "아브람이 여호와를 믿으니 여호와께서 이를 그의 의로 여기시고"(창 15:6)

이러한 약속을 하시면서 하나님은 아브라함에게 어떠한 조건도 제시하지 않으셨습니다. 당사자들의 필요 충분한 조건이 제시되어야 약속이 성사될 수 있었습니다. 그러나 아브라함과 하나님이 맺은 약속은 하나님에 의한, 일방적인 것이었습니다.

약속은 같은 처지에 있는 사람들끼리 하는 것입니다. 시민은 시민들끼리 약속을 하고 국가는 국가적 차원에서 약속과 계약을 맺고 대통령은 대통령 수준에서 서르 약속을 하는 것입니다. 그런데 거룩하신 하나님께서 무엇이 부족하여 낮고 천한 인간과 약속을 맺겠다고 하겠습니까? 그것은 그리스도를 믿음으로 구원받는 길을 제시하시어 구원받은 백성들이 세우는 하나님 나라를 준비하시기를 원하셨기 때문입니다. 이 언약은 어떤 문서상으로 약속한 것이 아니고 말씀으로 상호간의 약속을 맺은 것입니다. 흔히 약속을 맺으면서 어떤 보증을 요구하게 되는데 하나님은 인간에게 어떤 것도 요구하시지 않고 단지 그리스도를 보증으로 삼고 언약을 맺게 됩니다.

그렇다면 이 언약의 목적은 무엇이었을까요? 이 약속은 인간이 요구한 것도 아니고 하나님께서 일방적으로 약속하신 것인데 그 목적은 하나님께서 그들의 하나님이 되시고 이스라엘이 하나님의 성실한 백성이 되게 하셔서 공의와 사랑이 넘치는 새로운 하나님의 나라를 세우기 위한 것입니다. 곧 반목과 긴장의 관계에서 구원의 관계, 예배의 관계, 화해와 순종의 관계로 들어가시기 위함이었습니다. 언약은 곧 우리 모두에게 구원의 약속이며 소망의 근거가 됩니다.

이 언약이 유지되는 것은 결코 인간의 성실함에 있지 않습니다. 하나님께서 성실하게 이 약속을 지키심으로 이 약속은 생명이 있습니다. 인간은 부도덕하고 패역하고 진실하지 않지만 하나님은 언제나 이 약속을 성실하게 지키셨습니다. 그리고 우리가 배반하고 이 약속을 지켜지지 않았을 때에 하나님은 보증이 되시는 예수그리스도를 대속물로 희생하셨습니다.

언약의 보증이 된 것은 예수 그리스도의 언약의 피입니다. 언약을 한문으로 풀면 말씀 言, 약속 約자를 쓰고 있습니다. 말씀으로 약속을 했다는 뜻인데 이 말씀이 곧 그리스도이십니다. 그리스도를

보증으로 선 이 약속은 으리의 행위에 근거하지 않고 그 분의 성실
함과 진실함에 근거한 것입니다. 하나님은 우리들의 행위나 공로를
보지 않으시고 예수 그리스도의 공로와 행위를 보십니다. 주님 앞
에서 의롭다고 여김을 받으실 오직 한 분, 그리스도를 매체로 맺은
언약으로 인하여 죄 없다고 칭하여진 사람들, 의롭다고 여겨진 사
람들로 백성을 이룰 나라, 공의와 사랑으로 다스릴 그 언약의 나라
의 도래를 주님은 지켜보시는 것입니다.

"태초에 말씀이 계시니라 이 말씀이 하나님과 함께 계셨으니 이 말씀은
곧 하나님이시라 말씀이 육신이 되어 우리 가운데 거하시매 우리가 그의
영광을 보니 아버지의 독생자의 영광이요 은혜와 진리가 충만하더라"
(요 1:1, 14).

01 하나님이 꿈꾸시는 새 나라는 어떤 나라입니까?

02 하나님이 인간과 언약을 맺으셨다는데 서로가 약속을 지키지 않으
면 약속은 약속일 수가 없습니다. 그럼에도 불구하고 하나님은 왜
인간과 언약을 맺으셨을까요?

8-3

○ ○ ○

언약의 징표인 할례와 약속의 내용

○ ○ ○

"하나님이 또 아브라함에게 이르시되 그런즉 너는 내 언약을 지키고

네 후손도 대대로 지키라 너희 중 남자는 다 할례를 받으라 이것이

나와 너희와 너희 후손 사이에 지킬 내 언약이니라"(창 17:9,10).

하나님이 언약의 징표로 요구하신 것은 집을 저당 잡힌다든지 재산을 담보로 잡는 것이 아니라 할례를 받는 것이었습니다. 할례는 이스라엘 백성이 하나님께 속하였다는 것을 나타내기 위하여 난지 8일 만에 사내아이들이 받는 포경수술입니다. 하나님이 요구하신 징표는 바로 할례의식이었습니다.

하나님 나라의 백성이 되었음을 나타내는 세 가지 성별의식이 있습니다. 시간과 몸과 물질, 이 세 가지를 구별함으로 하나님의 백성이 되었음을 증명하였습니다.

1. 하나님의 백성은 날을 성별하는 것으로 제7일의 안식일을 성별하는 것입니다. 하나님은 그 날을 복 주셔서 백성들과 거룩한 교제를 나누십니다.

"하나님이 그가 하시던 일을 일곱째 날에 마치시니 그가 하시던 모든 일을 그치고 일곱째 날에 안식하시니라 하나님이 그 일곱째 날을 복되게 하사 거룩하게 하셨으니 이는 하나님이 그 창조하시며 만드시던 모든 일을 마치시고 그 날에 안식하셨음이니라"(창 2:2,3).

2. 제7일, 곧 날과 시간을 성별한 사람들은 그들이 하나님 나라의 백성임을 증명하기 위하여 몸을 성별하는 할례의식을 거행합니다. 이는 그들의 몸이 하나님에게 속하여 있음을 선포하는 의식입니다.

3. 또한 하나님 나라의 백성들은 저물의 십분의 일을 성별하여 하나님의 제단에 들고 나갑니다. 그들의 재산과 생명이 하나님에게 속하였음을 선포하는 일입니다.

이러한 성별의식들은 그들이 느구에게 속하였는가를 결정하는 의식인데 할례는 피를 통한 약속을 의미합니다. 이것은 곧 생명으로 약속을 맺은 것과 같습니다. 성경은 피 안에 생명이 있다고 말씀하고 있습니다.

"그러나 고기를 그 생명 되는 피째 먹지 말 것이니라"(창 9:4).

피 안에 생명이 있기 때문에 피의 약속인 할례는 하나님과 인간 사이에 생명을 걸고 약속하는 것을 의미합니다. 이것은 생명도 피도 다 하나님에게 속하였으며 내 생명의 주인은 하나님이심을 선포하는 예식입니다. 할례를 받은 사람들은 매일 매일의 생활에서 자신이 누구에게 속하였는가를 질문하게 됩니다. 이러한 약속 때문에 유대민족은 간음을 가장 무서운 죄악으로 다루고 있으며 영적인 간음의 문제도 심각하게 다루고 있습니다.

하나님이 원하시는 것은 언약에 성실한 백성입니다. 그것을 약속하신 징표가 바로 할례입니다. 할례는 이스라엘이 하나님의 언약의 백성임을 나타내는 피를 흘리는 의식입니다 이러한 피는 후에 어린 양의 피와 연결됩니다. 이 어린 양의 피가 하나님과 인간이 맺은 언약의 성실성을 완성해 주게 됩니다. 설혹 인간이 불성실하였다고 해도 이 언약을 완성하는 것은 십자가 위에서 흘리신 그리스도의 피입니다. 이 피로 인해 하나님은 인간의 불성실함에도 불구하고 언약을 완성하시고 지키십니다.

앞에서 언약의 목적은 하나님이 하나님이 되시기 위함이라고 설명하였습니다. 하나님이 다스리는 나라, 하나님의 나라가 세워지기 위하여 무엇이 필요할까요? 나라가 있기 위하여 가장 먼저 필요한 것은 땅과 백성입니다. 그리고 법과 다스리는 왕입니다. 하나님은 아브라함과 약속을 하시면서 두 가지를 약속하십니다. 그것이 땅과 백성, 곧 씨^{후손}를 주시겠다는 약속입니다. 이러한 언약을 맺으시면서 그 징표로 할례를 받게 하셨다고 말씀드렸습니다.

아브라함에게 땅과 후손을 주신다고 약속을 하십니다. 이러한 약속의 구체적인 내용인 땅과 후손은 누구를 의미하는 것일까요?

1. 땅에 대한 약속

아브라함은 고향 땅을 떠나왔고 한 평의 땅도 없었습니다.

2. 후손에 대한 약속

그 당시 아브라함은 한 명의 자식도 없었습니다.

이러한 약속에서 우리는 두 가지를 기억해야 합니다.

첫 번째로 자손과 땅이 없는 아브라함에게 이러한 약속을 하신 것은 하나님이 무에서 유를 창조하는 하나님이 되시고자 하였기 때문입니다. 하나님은 유에서 유를 만들어가는 월신月神을 섬기던 아브라함을 창조주 하나님을 섬기는 자로 만들어 가시기를 원하였기 때문입니다.

두 번째로 이 언약에서 지칭하고 있는 땅과 후손은 궁극적으로 그리스도를 의미합니다. 온유한 자는 땅을 기업으로 받는다고 하였지만 하나님의 백성은 그리스도를 기업으로 받을 것입니다. 바로 땅과 같은 기업이 그리스도이시며, 우리는 그리스도라는 땅에 들어가 부족함이 없는 풍요를 누리게 되는 것입니다. 그리고 그 땅에 뿌리를 내려서 든든하게 자라나야 할 땅, 그 분이 그리스도이십니다. 또한 후손도 결국에는 그 후손을 통하여 태어나실 왕 중의 왕, 예수 그리스도를 주시겠다는 약속인 것입니다.

"그러므로 너희가 그리스도 예수를 주로 받았으니 그 안에서 행하되 그 안에 뿌리를 박으며 세움을 받아 교훈을 받은 대로 믿음에 굳게 서서 감사함을 넘치게 하라"(골 2:6, 7).

그러므로 이 언약을 통하여 하나님은 아브라함과 후손에게 그리스도를 주시겠다는 약속을 하고 계시는 것입니다. 하나님은 아브라함을 통하여 그리스도가 다스리는 새로운 하나님의 나라를 꿈꾸십니다. 그 나라는 죄 없다 여김을 받은 거룩한 백성들이 하나님의 말씀에 순종하면서 그 법을 따르며 사는 새로운 나라입니다. 하나님의 나라는 지역에 있지 않고 통치에 있습니다. 하나님은 하나님이 다스리는 나라, 그리스도가 다스리는 나라를 이 언약을 통하여 맛보게 하십니다.

생활 적용 »» **구속사적 성경** 묵상여행_ 구약편

01 여러분은 할례의 중요성을 어떻게 이해하셨습니까?

02 그렇다면 생활에서 어떤 부분에서 할례가 필요하다고 생각하시는지요?

9-1

○　○　○

아브라함과 이삭과 야곱의 **하나님**

○　○　○

"하나님이 가라사대 이리로 가까이 오지 말라 네가 선 곳은 거룩한 땅이니

네 발에서 신을 벗으라 또 이르시되 나는 네 조상의 하나님이니

아브라함의 하나님, 이삭의 하나님, 야곱의 하나님이니라"(출 3:5,6).

모세가 호렙 산에서 하나님을 만났을 때에 그 분의 이름이 무엇인지 질문합니다. 하나님은 나는 스스로 있는 자라고 계시하십니다. 그러면서 계속해서 하나님은 자신을 아브라함과 이삭과 야곱의 하나님이라고 계시하십니다. 우리는 아무 의미 없이 아브라함과 이삭과 야곱의 하나님을 부르며 기도할 때가 많이 있습니다. 그렇다면 하나님은 왜 굳이 세 사람의 이름을 이어가며 그들의 하나님이라는 것을 강조하셨을까요? 이 말에도 구속사적인 의미가 들어있는 것일까요?

1. 역사 속에서 자기를 계시하시그 인간과의 약속을 성실히 지키는
   하나님이심을 뜻합니다

아브라함은 죽어도 하나님은 살아계십니다. 대를 내려가며 하나님은 한 분이시며 여전히 그 자손과 함께 하십니다. 그러므로 아

브라함과 이삭과 야곱의 하나님은 영원히 살아 계시는 하나님, 역사 속에서 인격적인 존재들을 통하여 계시하며 관계를 가지시는 분이시라는 의미입니다.

2. 산 자의 하나님이라는 뜻입니다 [믿는 자의 하나님]

하나님은 철학자의 하나님이 아니라 살아있는 신앙인들의 하나님이십니다. 역사의 현장 속에서 함께 하시며 역동적인 관계를 가지시는 분이십니다. 믿음이 없다면 보이지 않는 하나님, 교제를 나눌 수 없는 하나님이십니다. 믿음이 없는 자, 곧 죽은 자들에게는 보이지도 않으며 만날 수도 없는 하나님이시라는 뜻입니다. 가끔 우리는 책상머리에서 하나님을 찾으려고 합니다. 책갈피에서 하나님을 찾으려고 합니다. 그러나 하나님은 믿음의 관계를 가진 자들, 곧 살아있는 자들과 지속적으로 관계를 맺어 가시는 분이십니다. 예수님은 하나님이 산 자의 하나님이시며 죽은 자의 하나님이 아니심을 천명했습니다. 하나님께서 학자나 철학자의 이름을 말씀하시지 않는 것은 하나님은 믿음으로 살아있는 관계를 맺는 자들의 하나님이심을 선포하고 싶었기 때문입니다. 하나님은 영적 호흡이 살아있는 자들의 하나님이십니다.

3. 연약한 자, 죄인의 하나님이심을 뜻합니다

하나님은 연약한 자들의 하나님, 도움이 필요한 자들의 하나님이며 우리의 연약성을 아시고 어떻게 인격적이고 개인적으로 다루어야 할지 아시는 분입니다. 그러므로 죄를 범하는 연약한 자들인 우리들에게도 하나님이 되십니다.

아브라함, 이삭, 야곱은 모두가 인간적인 약점과 실수를 가진 자들입니다. 이들도 완벽한 자가 아니었고 순간적으로 거짓말도 하고 인간적 실수를 보여 준 사람들입니다. 하지만 하나님은 그들이 선하냐? 악하냐? 를 보신 것이 아니고 하나님을 믿는지를 보셨습니다. 아브라함에게도 하나님이 되신다면 우리에게도 하나님이 되십니다.

하나님께서 아브라함과 이삭과 야곱의 하나님이라고 말씀하시지 않고 요셉의 하나님이라고 말씀하셨다면 우리는 당연히 하나님은 완벽한 사람의 하나님이라고 생각할 것입니다. 그렇다면 우리는 요셉과 같이 완벽하게 살 수 없기 때문에 오히려 실망할 것입니다. 그러나 하나님은 아브라함과 이삭과 야곱과 같이 거짓말도 하고 연약하기도 한 사람들, 곧 우리와 같은 성정을 가지고 실수를 한 자들의 하나님이라고 말씀하셨기 때문어 소망을 갖게 됩니다.

4. 언약의 하나님이심을 뜻합니다

하나님은 언제나 언약을 맺으실 때에 너와 네 자손에게 이 약속이 임할 것을 약속해주셨습니다. 성경은 언약의 역사입니다. 처음에 하나님은 아담과 언약(창 3:15)을 맺으셨고 그 다음에는 노아와 언약(창 9:8-17)을 맺으셨습니다. 또한 아브라함과 모세와 다윗과도 언약을 맺었습니다. 아브라함과 맺은 언약의 하나님이 그 아들에게도 언약의 하나님이시며 또 그 손자에게도 언약의 하나님이 되십니다. 그 약속은 이렇게 대대로 이루어져 나갑니다. 비록 아브라함이 죽어도 그 언약은 변치 않고 그의 자손들에게 이어져 내려갈 것입니다.

5. 인격적인 하나님이심을 뜻합니다

아브라함을 다루시는 손길과 이삭을 다루시는 손길, 야곱을 다루시는 손길이 서로 다릅니다. 그들의 특성과 성격에 맞춰서 하나님은 인격적이고 개별적으로 다루어 나가십니다. 하나님은 우리의 개성과 특성을 너무나 잘 알고 계십니다. 그러므로 만유의 하나님이라고 불리시기보다는 '아브라함과 이삭과 야곱의 하나님' 이라고 불리시기를 즐거워하십니다. 그 말씀 가운데는 아브라함과 같이 연약한 사람도, 이삭과 같이 소극적인 사람도, 야곱과 같이 고집이 센 사람도 하나님께서 사랑하시고 돌보시고 인도하신다는 뜻이 포함되어 있습니다. 그러므로 우리들에게도 소망이 있습니다.

우리의 부족함에도 불구하고 하나님은 인격적으로 우리를 다루시며 개별적으로 인도하십니다. 인격적으로 다루시기 때문에 하나님은 신앙을 결단할 때에 강요하시지 않습니다. 우리들이 즐겁게 결단하고 돌아오기를 기다리십니다. 자유의지를 주신 것도 하나님께서 우리를 로봇과 같이 다루시지 않고 인격적으로 대하시기를 원하시기 때문입니다.

그러므로 이러한 이름을 계시하시는 하나님으로부터 우리는 구원의 복된 소식을 듣게 되며 소망을 갖게 됩니다. 완벽한 자들의 하나님이 아니시며 다 같은 성정을 가진 실수도 하는 그러한 사람들의 하나님이라는 소식이 우리 모두에게 용기를 줍니다. 또한 개개

인의 특성에 따라 만나주시고 다루어주시고 인도해주시는 분이라
는 것 때문에 더 친근하게 다가갈 수가 있습니다.

01 아브라함과 이삭과 야곱의 하나님이 뜻하는 것 가운데 어떤 것이
여러분에게 가장 힘이 되고 용기를 줍니까?

02 아브라함의 하나님, 이삭의 하나님, 야곱의 하나님이 여러분의 하
나님이 되셨는지요?

9-3

○   ○   ○

유다와 다말

○   ○   ○

"유다가 그것들을 알아보고 이르되 그는 나보다 옳도다

내가 그를 내 아들 셀라에게 주지 아니 하였음이로다 하고

다시는 그를 가까이 하지 아니하였더라"(창 38:26).

묵상 여행 구원의 드라마로 성경을 읽어 내려갈 때에는 성경 한 장 한 장에 머물러서 묵상할 수 없습니다. 성경 전체의 중요한 흐름을 먼저 보고 난 뒤에 자세한 부분으로 들어가야 하기 때문입니다. 이것은 마치 경부고속도로를 다 타보고 난 후에 작은 길로 나가서 도시마다 어떠한 특색이 있는지 알아보는 것과도 같습니다. 또한 큰 숲을 먼저 보고 작은 나무들은 천천히 나중에 상세하게 보는 것과도 같습니다. 구속사적 성경묵상여행도 그러한 여행길이 됩니다. 큰 고속도로를 함께 달리는 것과도 같습니다. 아마 너무 빨리 달려서 이상할지도 모릅니다. 그러나 중요한 휴게소에는 쉬어가면서 성경 전체를 보도록 하겠습니다.

창세기에는 11장까지는 창조시대가 나오고 12장 이후부터 50장까지는 언약의 시대를 다루면서 아브라함과 이삭과 야곱을 다루고

있습니다. 곧 족장들의 시대가 잘 그려져 있습니다. 모든 사건을 통하여 하나님이 되시고자 하는 열망이 들어가 있으며 사건 가운데 그러한 하나님을 계시하고 있습니다. 또한 사건들을 통하여 성경인 물들은 하나님을 창조주 하나님으로 고백하며 성장하며 진정한 믿음의 사람으로 변화되고 있는 것을 우리가 보게 됩니다.

그렇다면 이 50장 가운데 가장 중요한 부분이라고 한다면 어떤 것을 말할 수 있을까요? 창세기에 복음이 있다고 한다면 어떤 기사와 말씀을 복음이라고 받을 수 있을까요? 요셉의 이야기일까요? 아니면 아브라함의 이야기일까요? 모든 성경의 이야기들이 그 나름대로 중요한 의미가 있지만 저는 구속사적 입장에서 창세기의 복음이라고 말할 수 있는 것은 바르 유다와 다말사건에 있다고 봅니다.

창세기는 50장으로 끝나고 출애굽기로 들어가게 되는데 저는 창세기에서 바로 이해하고 넘어가야 할 부분이 유다와 다말 사건이며 이 부분이 성경 전체의 핵심을 요약하고 있는 것이라고 믿고 있습니다. 그런데 이 부분을 모범적으로 읽어 내려간다면 정말 이 내용을 가지고 설교할 것이 없는 부분입니다. 하지만 구속사적으로 읽어 내려간다면 이 부분은 창세기의 복음이며 성경전체에서 구원이 무엇인지 계시해주는 부분이 됩니다. 그런데 왜 이러한 이야기가 창세기의 복음이고 성경의 핵심메시지가 되는 것일까요? 특히 한국적인 상황에서 예배 시간에 감히 소개할 수 없는 이야기임에도 불구하고 우리가 중요하게 다루어야 할 이유는 어디에 있을까요?

야곱의 아들 유다는 이방인 여자와 결혼을 하였습니다. 그리고 세 아들을 낳았습니다. 그 가운데 첫 아들을 가나안 여자와 결혼시 켰는데 아이도 낳지 못하고 첫 아들이 이유 없이 죽었습니다. 그래 서 계대 결혼의 풍습대로 둘째 아들과 며느리가 결혼하여 살게 되 었습니다. 하지만 둘째 아들은 자신이 아기를 낳는다고 하여도 자 기 아들이 되지 못하고 형의 아들이 될 것을 알고 설정하여 하나님 에게 악을 행하게 되었습니다. 그래서 둘째 아들도 죽었습니다. 유 다는 가나안 여인 다말에게 친정에 가서 기다리고 있으라고 하면서 셋째 아들이 성장하면 그 때 결혼을 하여 살게 해 주겠다고 약속하 였습니다. 다말은 이 약속을 믿고 가나안 친정집에 가서 기다렸습 니다. 하지만 유다는 다말을 부르지 않았습니다. 다말은 유다가 양 의 털을 깎으러 딤나에 온다는 사실을 알고 길거리에서 신전 창녀 의 옷을 입고 기다려서 하루를 동침하게 됩니다. 결국 다말은 임신 을 하였습니다. 모세의 법대로 한다면 간음한 다말은 불에 태워 죽 을 지경에 이르렀지만 갖고 있던 유다의 약조물을 통하여 아이의 아버지가 유다인 것을 알게 됩니다. 결국 유다는 자신의 과오를 인 정하였고 다말에게 "그가 나보다 옳도다."라고 말하면서 다시는 다 말과 가까이 하지 않았습니다. 그러나 태어난 쌍둥이들은 유다의 아이들이 되었고 쌍둥이 가운데 베레스는 예수 그리스도의 조상이 됩니다.

이 성경본문은 도덕적으로 설명될 수 있는 것이 아니라 용서와 칭의로만 이해되어질 수 있는 말씀입니다. 다말은 유다의 말을 믿 었고[believe] 성실하게 지켰으나 유다는 그 약속을 지키지 않았습니다. 나중에 자신이 약속을 지키지 않은 것을 발견하였고 다말이 옳도다^{she is right, she is justified} 라고 선포합니다. 이것은 행위로 보면 결코 옳다고 할 수 없는 것이지만 약속을 믿은 것의 결과로서 임신한 사실까지도 의롭다 여김을 받게 되었습니다.

유다와 다말은 예수 그리스도의 조상이 되었으며, 거룩한 족보에 들어가는 축복을 누립니다. 이것은 유다와 다말의 행위로 인한 것이 아니라 믿음으로 들어간 것을 의미하며 온전히 하나님의 은총과 선택이었음을 알려주는 사건입니다. 그래서 이 사건이 창세기에서 복음이 됩니다. 만일 요셉이 예수 그리스도의 조상이 되고 요셉이 선택을 받았다면 우리는 그가 훌륭한 사람이니 당연한 것이라고 결론을 지을 수 있습니다. 하지만 유다를 보면 어느 면에서 보아도 그렇게 훌륭한 사람은 아닙니다. 굳이 예수님이 오시는 조상의 족보로 선택될 이유가 하나도 없는 것입니다. 오히려 도덕적으로 보면 며느리와 동침한 부도덕한 행동을 한 사람입니다.

그럼에도 불구하고 유다가 선택된 것은 하나님의 선택이 우리의 공로나 의에 근거하는 것이 아니라는 진리에 근거한 것임을 보여주고 있습니다. 하나님의 선택은 은총이며 하나님의 주권적인 자주적 선택입니다. 그래서 우리에게 복음이고 소망입니다. 우리가 완벽해야 하나님이 선택해주시는 것이라고 한다면 우리는 절망할 것입니다. 도대체 우리 안에 선한 것이 하나도 없기 때문입니다.

그런데 하나님은 그런 근거로 선택하시는 것이 아닙니다. 하나님은 그리스도의 의^義를 근거해서 선택하십니다. 다말이 용서를 받고 죽지 않고 살아난 것도 의롭다 여김을 받았기 때문이지 그의 행동에 근거된 것은 아니었습니다. 이와 마찬가지로 우리도 그리스도의 의로 인하여 옳았다고 여김을 받은 것입니다. 이것이 우리가 구원받는 근거입니다. 유다와 다말의 사건을 통하여 깊은 칭의의 사건을 만나게 됩니다. 그리고 유다가 야곱으로부터 예수님이 오시는 길로, 족보로 선택됨을 선포하면서 창세기의 이야기들은 끝이 납니다. 그래서 유다의 선택은 창세기의 복음입니다. 유다가 선택된 것 자체가 우리와 같은 죄인에게는 소망이요 복된 소식입니다. 그것은 행위에 근거해서 선택된 것이 아니고 은혜로 선택된 것이기 때문입니다.

01 유다와 다말에 대한 설교를 들어본 적이 있는지요? 만일 구원의 드라마로 이 부분을 읽지 않고 모범적으로 읽게 된다면 어떻게 이 부분이 해석될 수가 있을까요?

02 유다와 다말에게서 여러분이 듣는 복된 소식은 어떤 것입니까?

제3부
광야 학교 묵상

주께서 주의 백성 이스라엘을 세우사 영원히 주의 백성으로 삼으셨사오니

여호와여 주께서 그들의 하나님이 되셨나이다

10-1

○　○　○

애굽으로의 이주

○　○　○

"하나님이 이르시되 나는 하나님이라 네 아버지의 하나님이니

애굽으로 내려가기를 두려워하지 말라 내가 거기서 너로 큰 민족을 이루게 하리라

내가 너와 함께 애굽으로 내려가겠고 반드시 너를 인도하여 다시 올라올 것이며

요셉이 그 손으로 네 눈을 감기리라 하셨더라"(창 46:3,4).

묵상 여행 아브라함과 이삭과 야곱은 하나님과의 언약을 믿으며 살았습니다. 하지만 아브라함은 두려움이 많이 있었고 이삭은 소심하였고 야곱은 인내심이 없이 급한 마음을 가진 자였습니다. 하나님은 이러한 자들의 하나님, 아브라함과 이삭과 야곱의 하나님이 되시면서 아브라함과 약속한 그 언약을 자손들의 세대에서 이루어가셨습니다. 하나님은 아브라함에게 무엇을 약속하셨을까요? 그것은 광대한 땅과 백성들에 대한 약속입니다. 그렇다면 하나님은 아브라함 자손들에게 어떻게 약속한 것을 이루어 가셨을까요?

먼저 후손에 대한 것부터 생각해봅시다. 하늘의 별처럼, 땅의 모래알처럼 많은 백성으로 늘어날 것을 약속해주셨는데 과연 이것은 이루어질 수 있는 약속이었을까요? 아브라함은 자식을 낳을 수

있는 사람이었지만 사라는 원래 아기를 못 낳는 여인이었습니다. 이러한 여인을 통하여 하나님은 놀라운 백성들을 이루시겠다고 약속하십니다. 어떻게 하나님은 그러한 놀라운 계획을 세울 수 있었겠습니까? 그것도 자식을 못 낳는 늙은 노인들의 가정을 통해서 말입니다.

하지만 하나님은 멋있는 계획을 갖고 계셨고 그 계획은 아브라함을 선택함으로 이루어집니다. 하나님은 아브라함과 사라에게 노년에 이삭을 주심으로 당신이 생명의 창조주이심을 증명하셨고 하나님에게는 불가능한 일이 없음을 보여주셨습니다.

"나 주가 할 수 없는 일이 있느냐? 다음 해 이 맘 때에, 내가 다시 너를 찾아오겠다. 그 때에 사라에게 아들이 있을 것이다"(창 18:14).

이 사건을 통하여 하나님은 아브라함에게 생명의 하나님, 창조의 하나님이 되셨습니다. 하지만 이삭 한 명을 통하여 앞으로 큰 민족이 나온다는 것이 실현가능한 일이겠습니까? 어느 세월에 하나님은 하늘의 별처럼, 땅의 모래처럼 백성을 늘리실 수 있겠는지요? 아브라함은 25년 만에 아들 하나를 낳았고 이삭은 20년 만에 쌍둥이를, 야곱은 여인 네 명을 통해 자녀 12명을 낳았습니다. 세월이 지나가도 후손이 광대하게 늘어날 징조는 보이지 않습니다. 한 명에서 두 명으로 두 명에서 12명으로 늘어났을 뿐 하늘의 별처럼, 땅의 모래알처럼 많아진다는 것을 불가능해 보입니다. 그러나 하나님은 하나님의 방법을 사용하십니다. 하나님은 이 계획을 이루기 위하여 애굽을 자궁으로 삼으시는 것입니다. 아브라함의 자손 중에서 요셉이 형제에게 팔려 애굽으로 가게 되면서부터 하나님의 계획은 실제로 이루어지기 시작합니다.

야곱의 아들들 중, 야곱은 특별히 요셉을 사랑하였습니다. 하지만 질투를 느끼고 있는 형제들의 음모로 꿈장이 요셉은 애굽으로 팔려가게 됩니다. 이로 인해 졸지에 요셉은 부모를 잃은 사람이 되어버립니다. 애굽으로 팔려간 요셉은 하나님을 두려워하는 성실한 생활로 국무총리까지 올라가게 되며 나중에는 온 땅의 기근을 미리 알고 대처하여 해결하는 자가 됩니다. 그래서 야곱의 식구들이 기근을 해결하기 위하여 애굽으로 내려왔다가 요셉을 만난다는 스토리는 너무나 잘 알려져 있는 이야기입니다.

하지만 요셉이 살아있다는 것을 알고 난 뒤 그 기쁨도 잠깐이었습니다. 야곱은 애굽으로 내려가야 하는 결정을 해야 했기 때문입니다. 애굽으로 가야 하는 야곱에게는 일말의 주저함과 두려움이 있었습니다. 하나님께서 이 가나안 땅을 주시기로 약속을 하셨는데 이 땅을 떠나 애굽으로 가게 되면 그 약속은 어떻게 되는 것인지 하는 걱정이 있었던 것입니다. .

그러나 성경본문의 말씀처럼 하나님은 야곱에게 두려워하지 말고 애굽으로 내려가도록 명령하십니다. 그리고 반드시 이 땅으로 다시 돌아오게 될 것을 약속하십니다. 그래서 야곱의 식솔들 70명은 애굽 땅 고센에 정착하게 됩니다. 이렇게 애굽에 내려가게 되는 것은 이미 아브라함에게도 예언을 해 주셨던 사실이었습니다. 그들은 거의 400여 년을 애굽에 머물게 됩니다.

여기에 하나님의 크신 뜻이 있었습니다. 하나님은 이스라엘을 이주시키면서 애굽을 이스라엘 백성의 양적 팽창을 위한 생명의 태^{자궁}로 삼으십니다. 그들은 400년^{혹은 430년}을 살면서 기름진 음식, 고기와 부추, 수박, 양파와 마늘 등 강정음식을 먹고 창대한 백성으로 번성하기 시작하였습니다. 낳고 또 낳는 역사가 일어납니다. 애굽에서 힘든 일을 하고 살았지만 그들은 자녀를 낳는 데 아무 문제가 없었습니다. 애굽 왕이 두려워할 정도로 이스라엘의 팽창은 놀라운 것이었습니다.

> "그러나 학대를 받을수록 더욱 번성하여 퍼져나가니 애굽사람이 이스라엘 자손으로 말미암아 근심하여 이스라엘 자손에게 일을 엄하게 시켜"(출 1:12,13)

놀라운 것은 400년 뒤에는 장정만 60만이 넘는 백성이 된 것입니다. 그 뿐 아니라 이들이 가나안 땅으로 돌아오게 될 때에는 많은 재물도 가지고 돌아오게 됩니다.

> "여호와께서 아브람에게 이르시되 너는 반드시 알라 네 자손이 이방에서 객이 되어 그들을 섬기겠고 그들은 사백 년 동안 네 자손을 괴롭히리니 그들이 섬기는 나라를 내가 징벌할지며 그 후에 네 자손이 큰 재물을 이끌고 나오리라"(창 15:13,14).

창세기가 끝나면서 출애굽기가 시작되는 것은 거의 400여 년의 세월이 지난 후의 일입니다. 그렇지만 그 기간은 끊어진 기간이 아닙니다. 하나님께서는 이러한 준비기간을 통하여 백성을 늘리시는 역사를 이루시고 있었던 것입니다. 이와 같이 구원의 드라마는 점으로 각각 끊어진 사건이 아니라 서로 계속 연결된 선의 역사입니다. 하나님의 역사는 멈추는 것이 없고, 중단된 것이 없습니다. 하나님의 역사는 언제나, 어디에서나 계속되고 있습니다. 애굽에서의 400년은 하나님 나라의 백성을 확장시키는 데 중요한 시기가 됩니다. 이것이 하나님이 백성을 창대케 하시는 하나님의 방법이었습니다. 이스라엘 민족은 이제 거대한 민족으로 커지게 되었습니다.

생활 적용

01 애굽으로 보내신 하나님의 특별한 구속사를 이해하셨는지요? 하나님의 구속사를 이루기 위하여 하나님은 어떤 사건들을 특별하게 사용하셨는지요?

02 만약 애굽에서의 400년이 없었다면 이스라엘 민족은 어떻게 되었을까요?

10-2

○   ○   ○

십브라와 부아를 **구원의 도구**로 사용하시는 하나님

○   ○   ○

"애굽 왕이 히브리 산파 십브라라 하는 자와 부아라 하는 사람에게 말하여

이르되 너희는 히브리 여인을 위하여 해산을 도울 때에 그 자리를 살펴서 아들이거든

그를 죽이고 딸이거든 살게 두라 그러나 산파들이 하나님을 두려워하여

애굽 왕의 명을 어기고 남자 아기 들을 살린지라"(출 1:15-17).

애굽으로 내려간 이스라엘 민족은 고센 땅에서 기름진 음식을 먹으면서 백성들을 늘려나갔습니다. 그들은 척박한 광야에서 먹을 수 없었던 고기, 수박, 오이, 양파, 마늘, 부추 등을 먹으면서 자녀들을 늘려나갔습니다. 하지만 안일하고도 편안한 생활을 하던 이스라엘에게 위기가 닥쳐오게 됩니다. 그것은 요셉을 알지 못하는 왕이 일어나서 대대적으로 커지고 있는 이스라엘에 대하여 두려움을 갖기 시작한 것입니다. 왕은 언젠가 이스라엘이 자기들을 공격해 오는 적군과 힘을 합칠지도 모른다는 생각을 갖게 되었습니다.

그래서 바로 왕은 힘든 노동으로 그 민족의 확장을 막아보려고 하였습니다. 애굽인들은 그들에게 왕궁을 짓는 노역을 시키면서 심하게 학대하기 시작하였습니다. 심지어 재료도 주지 않고 일정한

분량을 하루에 마치도록 학대하였습니다. 비돔 성과 라암셋 성을 짓는 일을 시켰는데 비돔은 나일 강 동쪽에 자리 잡고 있었고 라암셋은 카이로에서 북동쪽으로 하룻길 되는 데 있었습니다.

하지만 그들은 여전히 건강하게 자녀들을 출산하였습니다. 애굽 왕은 이러한 노예정책만으로는 그들의 번성을 막을 길이 없음을 알게 되었습니다. 그래서 남자아이가 나면 즉시 죽이는 정책을 생각해 내었습니다. 곧 씨를 말리는 일이었습니다. 하지만 이러한 계획도 하나님을 두려워하는 경건한 산파들에 의해서 이루어지지 않았습니다. 그 여인들로 인하여 이스라엘을 멸절하려는 애굽의 계획도 무산되게 되었습니다.

이러한 정책들로 인하여 이스라엘 백성들은 고통을 겪을 뿐 아니라 생존에 대한 위협도 받게 되었습니다. 창대하라고 명령하셨던 하나님의 창조의 역사를 거역하는 일들이 애굽에서 일어나고 있었던 것입니다. 그들은 인간의 귀중한 기본적인 자유를 빼앗겼을 뿐만 아니라 이제는 생명^{생존권}까지도 위협을 받았습니다. 하나님이 그렇게 씨를 원하시고 번성하시기를 원하시고 있는데도 말입니다.

이스라엘에 대한 애굽의 두 가지 정책

1. 학대하고 무거운 일들을 시키면서 자유를 제한^{노예화정책}
2. 남아들을 죽이는 일^{말살정책}

즉 그들에게서 생명과 자유를 빼앗는 일이었습니다. 그러나 하나님의 방법은 그들의 방법과는 정반대였습니다.

하나님의 방법

1. 생명을 먼저 주심^{구원}
2. 이후에 자유를 주심^{성화}

경건하고 힘없는 산파들에게 가혹한 명령이 내려졌습니다. 죽여야 하는 대상은 이제 막 세상에 나오는 힘없고 무력하고 방어할 힘이 없는 어린아이들powerless babies이었습니다. 가장 힘없는 여인들powerless women에게는 감당하기 어려운 잔인한 명령이었습니다. 생명을 위하여 일해야 하는 산파가 생명을 빼앗는 일을 담당해야 하였기 때문입니다. 그 당시 바로 왕의 위력과 실세는 대단한 것이었습니다. 그의 명령을 거역한다는 것은 곧 죽음을 의미했습니다. 바로는 곧 신이었습니다. 그래서 이 여인들은 아기를 죽이느냐 아니면 자기의 생명의 위협을 받아야 하느냐를 결정해야 하는 위기에 놓였습니다. 그 여인들까지도 생사를 결단해야 할 시간이 닥쳐온 것입니다.

그렇게 이스라엘이 끝나고 말까요? 아닙니다. 하나님은 생명과 자유의 하나님이시며 언약의 하나님이십니다. 하나님은 야곱과 이스라엘 민족에게 다시 가나안 땅으로 돌아올 것을 약속하셨습니다. 또한 하나님은 그 민족을 하늘의 별처럼, 땅의 모래알처럼 확장시켜 나갈 것이며, 그 후손을 보호하여 주실 것을 약속하셨습니다. 이 것이 아브라함과의 언약이었습니다. 아무리 사탄이 이스라엘을 학대하여 번성을 막고 씨를 말리는 일까지 한다고 하여도 하나님은 이스라엘을 강력한 손길로 보호하고 계셨습니다. 가장 힘없는 여인들 뒤에는 가장 힘 있는 존재, 하나님이 계셨던 것입니다. 그들은 바로보다 더 큰 하나님의 권위에 순종했습니다.

그러한 산파들의 결단에는 중요한 의미가 있습니다. 그들은 생명을 죽이고 살리는 권한은 하나님에게 있음을 알고 있었고 그 하나님께 신앙고백을 한 것입니다. 그들은 생명의 주인도, 역사의 주인도 모두 하나님이심을 고백하였습니다. 성경에 이 두 여인의 이름이 기록된 것도 바로 이 여인들의 고백이 역사적임을 증명하기 위함입니다.

하나님은 보잘 것 없는 여인들을 무대 위에 올려놓으셨습니다. 그러나 바로는 보잘 것 없고 힘없는 여인들 뒤에 있는 하나님의 역사를 보지 못했습니다. 바로 왕은 결국 이 보잘 것 없는 여인들에 의해 완전히 역전패를 당합니다. 바로가 이 여인에게 패한 것이 아니라 그 여인들을 사용하셔서 강한 자를 부끄럽게 하시는 하나님께 패한 것입니다.

이러한 사실을 통하여 하나님은 무엇을 말씀하고 계실까요? 하나님은 그 백성과의 언약을 기억하고 계시며 그 약속을 지키고 계심을 보여주십니다. 하나님의 미래는 바로의 계획에 의해 방해받을 수 없으며 그 어느 누구도 하나님의 길을 막을 수는 없습니다. 하나님은 역사의 주인이시고 생명의 주인이십니다. 그래서 가장 힘없는 여인들의 신앙을 사용하셔서 이스라엘을 구원하셨습니다.

하나님은 이러한 때를 위하여 두 믿음의 여인을 준비하셨고 그 여인들의 믿음을 사용하셔서 이스라엘을 구원하셨습니다. 그러므로 이스라엘을 향한 구원의 역사는 모세로부터가 아니라 이 신실한 여인들의 생사를 건 신앙의 결단에서부터 시작된다고 볼 수 있습니다. 하지만 이 경건한 여인들의 이름을 기억하는 것이 중요한 것이 아니라 언제나 언약에 성실하셔서 이러한 여인까지도 들어 사용하시는 주님의 은혜를 기억하는 것이 중요한 것임을 다시 확인하고 넘어가고자 합니다. 우리는 이러한 힘없는 여인들을 사용하여 구원의 역사를 이어가시고 약속에 성실하신 주님을 먼저 기억해야 할 것입니다.

생활 적용 〉〉〉〉〉〉〉〉〉〉〉〉〉〉〉〉〉〉〉〉〉〉〉〉〉〉〉〉〉〉〉〉〉〉〉〉〉〉〉 **구속사적 성경** 묵상여행_ 구약편

01 십브라와 부아의 결단이 구속사에 미친 영향은 어떤 것입니까?

02 언약을 성실하게 이루어가시는 하나님, 역사를 주관하시는 하나님을 만날 때 여러분들의 생활은 어떻게 변화될까요?

10-3

○　○　○

모세를 준비하시는 하나님

○　○　○

"여호와께서 그가 보려고 돌이켜 오는 것을 보신지라

하나님이 떨기나무 가운데서 그를 불러 이르시되 모세야 모세야 하시매

그가 이르되 내가 여기 있나이다"(출 3:4).

 하나님이 원하시는 두 가지는 백성들이 자유로운 삶과 생명을 누리는 것입니다. 그러나 애굽은 이러한 자유와 생명을 빼앗기 위하여 제도적으로 이스라엘을 괴롭혔습니다. 하지만 경건한 히브리 산파들은 바로의 명령보다도 더 크고 위대하시고 전능하신 하나님이 명령에 순종하였습니다. 가장 힘이 없는 여인들이었지만 그들은 바로를 뛰어넘는 생명의 근거가 되시는 하나님을 믿고 순종하였습니다.

또한 하나님은 이제 모세라는 지도자를 준비하셨습니다. 모세는 태어나자마자 죽을 수밖에 없었던 생명이었지만 하나님은 애굽의 공주를 준비시켜 모세를 키워주시고 지도자로 준비시켜 주셨습니다. 하나님은 모세를 40년 동안 궁정에 두시고 다시 40년 동안 광야의 생활을 익히게 하신 후에 호렙산에서 그를 직접 만나 주셨

습니다. 모세는 태어나는 순간부터 하나님의 장중에 있었습니다.
어디를 가나 하나님의 구원의 손길이 그를 지키고 있었습니다.

구원의 드라마의 관점에서 볼 때 애굽 왕이 남아를 죽이도록 명
령한 것도 아마 출애굽을 위한 전초작업이었는지도 모릅니다. 히브
리인들에게 남아를 죽이는 명령은 참담한 재앙과도 같았지만 하나
님은 그 사건도 구원의 대 드라마의 중요한 사건으로 사용하셨습니
다. 그 사건을 통하여 모세의 어머니가 절망적으로 모세를 강가에
버리게 되었고 애굽의 공주가 그를 발견하여 모세를 성장시켰습니
다. 그렇게 함으로 모세가 어려서부터 애굽에 대한 이해를 하게 되
고 장차 이스라엘을 출애굽시킬 도구로 준비되었던 것입니다.

하나님은 어떻게 모세를 준비하셨습니까?

① 남아들을 죽이는 애굽의 손에서 구원하심
② 궁전에 들어가서 애굽의 생활을 배우도록 하심
③ 광야에 익숙하도록 40년을 훈련시키심
④ 다시 애굽으로 들어가도록 형 아론을 붙여주심

모세가 애굽의 궁전으로부터 도망 나와서 광야로 나간 후 여러
해 후에 애굽 왕은 죽었고 이스라엘 자손은 너무 힘들어 하나님께
부르짖기 시작합니다. 하나님은 그 기도를 들으셨고 또한 아브라함
과 이삭과 야곱에게 세운 그 언약을 기억하시고 이스라엘 자손을
향한 구원의 역사를 시작하십니다.

이제 히브리 민족은 창대하게 늘어났습니다. 그러나 하나님이 원하시는 백성은 하나님을 경외하며 살아가는 예배의 백성이었습니다. 하나님은 숫자만 늘어나는 것을 원하시는 것이 아니었습니다. 애굽이 이스라엘 민족을 늘리는 태[자궁]로 사용되었지만 이제는 이 민족을 예배의 백성으로 회복시킬 필요가 있었습니다.

그래서 하나님은 광야로 피하여 살고 있는 모세를 불러 불붙은 떨기나무 가운데서 만나주십니다. 그리고 모세에게 히브리 민족을 구원할 지도자로 부르십니다. 모세는 자신이 너무 부족한 자라는 것을 거듭 말씀드리며 사양하였습니다. 모세는 말도 어눌하고 성격도 급하고 세상을 사랑하며 살고 있는 사람이었습니다. 하지만 하나님은 이렇게 부족한 모세를 불러서 대구원의 역사를 이루실 계획을 가지셨습니다. 하나님은 모세의 구구한 변명에 대하여 "내가 너의 말이 되어 주리라 너의 힘이 되어 주리라 내가 너의 지혜가 되어 주리라." 하시면서 모세를 파송합니다. 그리고 모세의 형, 아론을 모세를 위한 대변자로 세우시고 애굽으로 다시 보내십니다.

대구원의 역사를 이끌고 가실 분은 하나님이십니다. 모세는 단지 도구일 뿐입니다. 하나님이 일하셔서 모세의 지혜가 되어 주시고 말이 되어 주시고 능력이 되어 주시고 길이 되어 주셨습니다. 모세는 하나님의 말씀을 따라 백성을 출애굽시키는 도구가 되었습니다.

이제 백성을 애굽으로부터 이끌어 나와야 하는 일이 남았는데 애굽 왕의 강퍅함이 순순히 그들을 내어놓지 않았습니다. 모세와 아론은 열 가지 재앙을 통해 강퍅해져 가는 애굽 왕과 대결했는데 상황은 더욱 절망적으로 가는 것처럼 보이기도 하였습니다. 자신을 신神이라고 생각하고 있는 바로 왕 앞에서 모세와 아론은 하염없이 연약해 보였습니다.

모세와 아론은 그들이 바로 왕하고 싸우고 있다고 생각했지만 실제는 하나님이 사탄과 싸우고 계신 것이었습니다. 보이는 것은 모세와 아론이었지만 뒤에서 일하시는 분은 하나님이셨습니다. 그렇게 강퍅한 바로였지만 그는 마지막 재앙에서 손을 들고 말았습니다. 마지막에 하나님이 제시했던 카드는 장자가 죽는 재앙이었습니다. 모든 재앙에서 힘의 대결을 하였던 애굽의 마술사들도 장자재앙 앞에서는 손을 들고 말았습니다. 장자를 죽이는 재앙에서 하나님은 이스라엘을 어린 양의 피로 보호하여 주셨습니다.

하나님은 이스라엘을 구원하시기 위하여 모세, 십브라, 부아, 그리고 애굽의 공주를 준비시켜 주셨지만 그보다 더욱 중요한 것은 어린 양을 준비하셨다는 것입니다. 어린 양은 오실 그리스도의 예표로서 하나님 자신이십니다. 결국 마지막으로 준비하신 것은 하나님 자신이었습니다. 하나님이 죽으셔서 그의 피와 살로 이스라엘을 애굽으로부터 구하셨던 것입니다.

그러므로 구원의 드라마의 관점에서 성경을 읽어내려 갈 때 우리가 칭송하고 영광을 돌려야 할 분은 하나님이십니다. 하나님은 구원을 위한 모든 준비를 하시면서 친히 당신이 제물이 되어주셨고 또한 그들에게 약속한 언약을 잊지 않으시고 지켜주셨습니다. 그러므로 약속은 곧 성취라고 보면 좋습니다. 약속한 것은 어느 때고 하나님의 때에 이루어질 것이기 때문입니다. 이렇게 하나님은 이스라엘을 구원하시기 위해 철저히, 자상하게, 세밀하게, 완벽하게 준비하셨습니다. 하나님은 구원의 대 드라마를 위하여 준비하시고 진행하시고 인도하시고 마지막 승리의 깃발을 들게 하시는 주인공이셨습니다.

01 이렇게 섬세하게 모든 것을 준비하시는 하나님이 여러분의 생활에서는 어떤 의미가 있습니까?

02 여러분의 인생에서 하나님이 가장 멋있게 준비해주신 경험이 있으면 서로 나누어 보십시오.

11-1

○   ○   ○

출애굽 전야제, 유월절_{생명}

○   ○   ○

"내가 애굽 땅을 칠 때에 그 피가 너희가 사는 집에 있어서 너희를 위하여 표적이 될지라 내가 피를 볼 때에 너희를 넘어가리니 재앙이 너희에게 내려 멸하지 아니하리라 너희는 이 날을 기념하여 여호와의 절기를 삼아 영원한 규례로 대대로 지킬지니라"(출 12:13,14).

하나님이 원하시는 것은 자유와 생명이라고 이미 말씀드렸습니다. 하나님은 그의 백성이 자유와 생명을 누리기를 그토록 원하십니다. 창세기를 보면 하나님은 그들이 자유와 생명을 누리도록 생명나무의 열매를 준비하시고, 자유를 누릴 수 있도록 자유의지를 주시며 선악을 알게 하는 나무의 실과를 준비하셨습니다. 그것은 인간과 온전히 인격적인 관계를 갖기를 원하셨기 때문입니다. 꼭두각시와 같은 인간도 아니고 로봇과 같은 인간도 아닌, 인격적이고 자율적인 인간을 원하셨던 것입니다.

애굽에서 이스라엘은 이 두 가지를 다 잃어버렸습니다. 애굽은 그들을 노예로 만들어 자유를 박탈하였으므로 그들이 갖고 있는 자유란 무조건 명령에 따르는 자유밖에 없었습니다. 그 다음에 남자 아이를 죽임으로 말미암아 그들은 생명을 위협받게 되었습니다. 그러므로 애굽이란 자유와 생명을 모두 빼앗기고 귀신들의 지배를 받는 장소로 상징적으로, 영적으로 사용되고 있는 것입니다.

그러나 하나님께서 가장 중요하게 여기시는 것은 씨 그리고 생명입니다. 그렇기에 아담과 하와를 만드시고 생육하고 번성하라고 축복을 주셨고 아브라함에게도 후손을 하늘의 별처럼, 땅의 모래처럼 많이 주실 것을 약속하셨습니다. 생명의 주인은 하나님이십니다. 그러므로 씨를 죽인다는 것, 또한 씨를 버린다는 것 모두 하나님께 대적하는 일이었습니다. 유다의 아들 오난이 설정한 것도, 애굽의 왕이 남아를 죽이려고 한 것도 하나님을 대적하는 죄입니다. 그래서 그들은 모두 하나님으로부터 저주를 받았습니다. 이러한 의미에서 하나님은 생명의 위협을 받고 자유를 잃어버린 애굽에 있는 이스라엘 백성에게 특별한 관심을 가지셨습니다. 그들은 절박하게 부르짖기 시작하였고 하나님이 혹시 이스라엘을 잊어버린 것이 아닌가 의심하기도 하였습니다. 하지만 하나님은 그들을 보고 계셨고 그들의 부르짖음을 듣고 계셨습니다. 하나님은 강한 팔로 백성을 구원하고자 일을 시작하셨습니다.

이 구원의 역사를 위하여 십브라와 부아, 그리고 모세를 준비하신 하나님은 가장 중요한 것을 준비하셨습니다. 그것이 바로 어린 양, 곧 그리스도이십니다. 이 어린 양의 피와 살을 통하여 이스라엘이 유월절을 지키고 출애굽을 하게 하십니다.

모세가 바로 왕 앞에 나아가 백성을 달라고 하였을 때 바로 왕의 마음은 강퍅해지기 시작하였습니다. 바로 왕은 이들을 자유롭게 내어보낼 마음이 없었던 것입니다. 하지만 하나님은 이들을 애굽으로부터 끌고 나와서 자유의 민족, 예배의 민족으로 회복시키시려 했습니다. 단순히 숫자만 늘리는 것이 아니라 예배의 백성으로 회복시켜서 하나님이 영광 받으시기를 원하셨기 때문입니다. 하나님이 하나님이 되시기를 원하셨던 것입니다.

드디어 바로 왕과 하나님과의 싸움이 시작됩니다. 이것은 마치 바로 왕과 모세의 대결같이 보이지만 이것은 바로가 섬기는 귀신들과 하나님과의 전쟁입니다. 하나님은 열 가지 재앙을 내리셔서 바로 왕이 손을 들도록 합니다. 하나님이 사용하신 이, 파리, 개구리, 이 모든 것들이 애굽의 귀신들입니다. 하나님은 열 가지 재앙을 통하여 애굽이 섬기는 이 우상들이 아무 힘도 없는 것을 보여주시고 믿음의 대상이 될 수 없음을 만천하에 보여주셨습니다.

하나님은 마지막 재앙을 통하여 바로가 손을 들게 하십니다. 그것이 바로 장자를 죽이는 재앙입니다. 죽음의 재앙이 온 애굽을 휩쓸게 하셨습니다. 하지만 하나님의 방법은 언제나 죽음 가운데에서도 살길을 열어주시는 것입니다. 하나님은 어린 양을 준비하게 하시고 그 피를 문설주와 인방에 바르는 자들은 그 안에 누가 있든지 간에 재앙이 지나가도록 하셨습니다Passover. 이것이 바로 유월절입니다. 유월절이 있었기에 출애굽도 있었습니다. 흔히 출애굽하면 유월절을 간과하는 경우가 많이 있는데 하나님의 방법은 먼저 생명유월절-그리스도의 피을 주시고 자유출애굽-그리스도의 살를 주시는 것입니다. 유월절은 그리스도의 피로 말미암아 죽을 수밖에 없는 백성이 생명을 얻게 된 날입니다.

유월절의 배경에 깔려 있는 것은 이스라엘이 반 유목민 생활을 하던 초기에 해마다 봄에 목초지를 바꾸기 직전에 거행하던 의식인 듯합니다. 곧 광야에서 농경지로 출발하기에 앞서 보름밤에, 재난을 일으키는 '멸하는 자'를 멀리 떼어놓는 것이 중요했던 것입니다. 그러기 위해서 씨족별로 가축을 하나 잡아 죽여서 그 피를 천막 입구에 발랐습니다. 피의 생명력으로써 재난의 세력들을 떼어놓으려고 한 것입니다. 출애굽기 12장에 따르면 이스라엘은 이 의식을 – 이제부터는 아주 새로운 내용과 관련되어 새로운 의미를 지니게 되었습니다 – 애굽을 떠나기에 앞서 치렀고 해마다 되풀이해서 재현해야 했습니다. 이리하여 본래는 자연 절기였던 것이 하나님 백성의 구원의 역사와 관련되는 뜻을 지니게 되었습니다.

죽음의 족보로 치닫고 있던 이스라엘 백성들은 이제 생명의 족보에 들어가게 됩니다. 그렇게 할 수 있었던 것이 바로 그리스도의 피, 어린 양의 피였습니다. 피 흘림이 없은즉 사함도 없다고 하였습니다. 그리스도의 보혈의 피로 우리는 당연히 죽어야 할 사형선고로부터 자유함을 얻게 됩니다. 유월절은 이렇게 저주와 재앙이 지나간 날입니다. 그래서 생명을 얻은 날입니다. 이스라엘이 후에도 유월절을 기억하는 것은 죽을 수밖에 없었던 그들이 생명을 얻은 날이기 때문입니다.

또한 이 생명을 얻는 날에는 하나님의 은혜를 기억하지 않을 수 없습니다. 그들이 전적으로 생명을 얻게 된 것은 하나님의 은혜였기 때문입니다. 자신들이 한 것은 아무 것도 없습니다. 오직 어린 양의 피가 수많은 영혼들에게 생명을 준 것입니다. 유월절은 이렇게 죽을 수밖에 없었던 그들이 생명을 얻고 하나님의 은혜를 기억하는 절기입니다. 유월절이 있었기에 출애굽도 가능하였습니다. 또한 출애굽이 없는 유월절이라면 온전한 구원이 이루어지지 않았을 것입니다. 다음에는 출애굽에 대하여 생각해 보도록 하겠습니다.

01 만일 이스라엘 백성이 유월절만 있고 출애굽이 없었다면 어떻게 되었을까요?

02 여러분은 생명과 자유를 누리고 있는지요? 아니면 아직도 자유를 향한 길이 멀다고 느끼시는 지요?

11-2

○ ○ ○

출애굽^{자유}

○ ○ ○

"사백 삼십 년이 끝나는 그 날에 여호와의 군대가 다 애굽 땅에서 나왔은즉

이 밤은 그들을 애굽 땅에서 인도하여 내심을 인하여 여호와 앞에 지킬 것이니

이는 여호와의 밤이라 이스라엘 자손이 다 대대로 지킬 것이니라"(출 12:41,42).

구원의 역사는 오직 그리스도의 피를 통하여 일어 납니다. 죽음으로부터 이스라엘이 보호를 받은 것도 어린 양의 피, 곧 그리스도의 피의 능력입니다.

"율법을 따라 거의 모든 물건이 피로써 정결하게 되나니 피 흘림이 없은 즉 사함이 없느니라"(히 9:22).

그러나 재앙이 지나갔다고 하여 안심할 일이 아닙니다. 급히 애굽을 빠져 나와야 하기 때문입니다. 애굽에 그대로 남아있으면 생명과 자유를 보장받지 못합니다. 그대로 남아있으면 여전히 노예의 생활을 벗어나지 못할 뿐만 아니라 생명도 보장받지 못합니다. 또한 하나님께 예배드릴 수도 없습니다. 어린 양의 고기를 구워먹고 힘을 얻어 이제 애굽을 빠져나와야 합니다. 애굽으로부터의 탈출

작전이 곧 출애굽*exodus*입니다.

유월절은 전적으로 하나님의 은혜의 사건이었지만 우리가 행동으로 옮기지 않는 한 출애굽은 우리의 것이 될 수 없습니다. 출애굽을 하기 위하여 모험이 필요합니다. 결단이 필요합니다. 유월절에는 피를 문설주와 인방에 바르기만 하면 구원을 받았지만 모든 위험을 무릅쓰고 애굽으로부터 나가지 않는 한 구원을 이룰 수가 없었습니다. 이러한 투쟁과 모험을 우하여 하나님께서는 어린 양의 고기를 준비하여 주셨습니다. 어린 양의 고기는 탈출의 힘을 제공합니다. 우리가 영적으로 먹은 것이 없다면 탈출할 힘이 없습니다. 어린 양의 고기는 사탄의 속박과 권세로부터 자유할 수 있는 영적인 힘을 제공해 줍니다. 어린 양의 고기는 곧 그리스도의 살이며, 말씀을 의미합니다. 이렇게 어린 양의 고기가 있음을 찬양하십시오. 먹고 힘을 얻어 담대하게 출애굽할 수 있도록 도우시는 하나님을 찬양하십시오.

그러므로 유월절은 출애굽이 없는 한 온전할 수가 없습니다. 또한 출애굽은 유월절이 없는 한 이루어지지 않습니다. 그러므로 유월절과 출애굽은 온전한 애굽 탈출의 양면 요소가 됩니다. 유월절만 강조해도 안 되고 출애굽만 강조해도 안 됩니다. 그래서 주님은 마지막 성찬을 나누시면서 떡과 포도주의 의미를 상기시키셨습니다. 이것은 새 언약의 징표로서 그리스도의 피와 살을 의미합니다.

그리스도의 피를 기억할 때마다 우리는 죽음으로부터, 재앙으로부터 생명을 주신 그리스도를 기억합니다. 그리스도의 살을 기억할 때마다 노예로부터 구출하여 출애굽하게 하신 그리스도를 기억합니다. 성만찬의 잔은 어린 양의 피를 의미하고, 성만찬의 떡은 어린 양의 고기를 의미합니다. 피와 살이 함께 역사할 때 진정한 생명과 자유를 얻게 됩니다. 성만찬은 바로 유월절과 출애굽을 상징하며 기억하게 하는 예식입니다. 그리스도께서 어떻게 우리를 죽음으로부터 구원하여 생명을 주셨으며, 어떻게 우리를 노예로부터 탈출하게 하여 자유를 주셨는가를 기억하는 예식입니다.

출애굽한다는 영적인 의미는 이제 더 이상 애굽의 음식도 먹지 않고 애굽의 생활방식도 따르지 않으며 애굽의 다스림도 받지 않고 애굽의 종교생활에서도 떠난다는 것을 의미합니다. 그렇다면 우리에게 있어서 진정한 출애굽의 의미는 무엇입니까? 그것은 주인을 바꾼다는 의미입니다. 이제 애굽 왕의 지배를 받는 것이 아니라 마음껏 하나님께 예배드리고 하나님이 원하시는 언약의 백성이 되어 어디에서나 하나님의 다스림을 받는다는 것을 의미합니다.

다시 말한다면 사탄의 세력과 권세로부터 자유하여 이제부터는 하나님의 다스림과 인도를 받는다는 것을 뜻합니다. 이러한 자유의 삶이 우리의 삶에서 일어나지 않는 한 우리들은 하나님의 진정한 백성이 될 수 없습니다. 그렇게 하려면 더러운 생각으로부터 출애굽해야 하고 더러운 탐욕으로부터도 출애굽해야 합니다. 진정한 출애굽은 우리의 모든 영역에서 사탄의 좋아하는 일을 중지하고 하나님이 기뻐하시는 일을 하는, 구체적으로 변화된 삶을 의미합니다.

유월절과 출애굽의 역사는 분명히 하나님의 은총의 역사이지만 자신이 지팡이를 들고 고기를 먹고 애굽을 나오지 않는 한 결코 자기의 것이 될 수가 없습니다. 하나님은 이렇게 이스라엘이 죽음과 노예의 생활을 하고 있었을 때에 이스라엘을 위한 언약을 기억하시고 생명과 자유를 주시는 일을 하신 것입니다.

출애굽 이후에도 하나님은 이스라엘을 여러 번 진정한 예배의 백성이 되기 위한 훈련으로 인도하십니다. 그 처음 단계가 광야입니다. 광야는 아무 것도 없는 곳입니다. 아무 것도 없는 곳에서 오직 하나님만을 바라보고 하나님의 명령에 순종하며 살 수 있는지 훈련받습니다. 그리고 그 광야 다음에 풍요한 가나안 땅으로 인도하십니다. 가나안 땅은 모든 것이 있는 곳입니다. 풍요한 곳에서는 하나님을 떠날 수가 있습니다. 과연 이곳에서도 하나님만을 바라볼 수 있을까요? 하나님만을 사랑할 수 있을까요? 마지막으로 바벨론으로 인도하십니다. 바벨론은 하나님을 모르는 곳입니다. 우상들이 충만한 곳입니다. 이러한 곳에서도 하나님의 백성으로 하나님의 법에 순종하며 살아갈 수 있을까요?

요약하면 이곳에서 이들은 이렇게 질문하게 됩니다.

"아무 것도 없는 광야에서도 하나님을 섬길 수 있는가? 하나님을 하나님으로 순종하고 섬길 수 있는가?"

"모든 것이 다 있고 풍요한 가나안 땅에서도 하나님을 섬길 수 있는가? 하나님을 하나님으로 순종하고 섬길 수 있는가?"

"우상숭배로 가득한 이방 지역인 바벨론에서도 하나님을 하나님으로 섬길 수 있는가?

이러한 과정을 통하여 하나님이 원하시는 것은 진정한 출애굽입니다. 마음과 몸도 모두 출애굽하는 것입니다. 출애굽은 생명과 더불어 자유를 얻는 과정입니다. 그래서 온전한 예배의 백성으로 회복하는 것입니다. 광야학교와 가나안 학교와 바벨론 학교를 통과하여 시온으로 돌아와서 예루살렘 성전을 중심으로 사는 사람으로 회복하는 것입니다. 단순히 숫자만 늘어나는 백성을 원하시는 것이 아니라 이런 과정을 통과하여 진정으로 하나님을 찬양하고 예배하는 백성으로 회복시키는 것이 하나님의 뜻입니다. 이렇게 하나님의 백성으로 회복하는 그 과정이 바로 구약에 나오는 구원의 드라마의 파노라마입니다.

01 여러분은 더러운 생각에서 출애굽하였습니까?

02 여러분은 아직도 구원받지 못하였던 생활, 애굽의 생활을 그리워 하십니까? 그 이유는?

11-3

○　○　○

광야에서도 하나님이 되실 수 있는가?

○　○　○

"네 하나님 여호와께서 이 사십년 동안에 네게 굿야 길을 걷게 하신 것을 기억하라

이는 너를 낮추시며 너를 시험하사

네 마음이 어떠한지 그 명령을 지키는지 지키지 않는지 알려 하심이라"(신 8:2).

묵상 여행　앞에서 우리는 구원의 양면성에 대하여 생각해 보았습니다. 진정한 구원은 유월절과 출애굽이 함께 존재할 때에 온전해지는 것입니다. 그리스도의 피로 저주에 이른 우리가 생명을 얻고 그리스도의 살로 애굽으로부터 떠날 수 있는 힘을 얻게 되는 것입니다. 곧 자유를 얻게 되는 것입니다. 그러므로 생명과 자유가 없다면, 즉 자유 없는 생명, 생명 없는 자유는 아무 의미가 없는 것입니다. 우리가 생명을 얻었기 때문에 안심한다면 결코 구원의 온전한 기쁨을 누릴 수가 없습니다. 왜냐하면 자유가 없는 생명은 아무 의미가 없기 때문입니다. 아직도 노예의 생활에 머물러 있기 때문에 그 생명을 보장받을 수가 없을 것입니다. 또한 자유인이 되었다고 해도 생명이 없다면 그 자유를 누릴 힘이 없는 것입니다. 이 두 가지 생명과 자유를 우리가 실제 삶에서 회복하기를 기도합니다.

그렇다면 하나님은 왜 이들을 광야로 끌고 나가셨을까요? 먼저 광야는 이들이 영원히 머물 곳은 아닙니다. 광야는 가나안 땅으로 들어가기 전 거쳐가는 곳입니다. 그들은 광야를 통해 이제 새로운 땅 가나안을 향해 나아가고 있습니다. 가나안 땅에 들어가기 전 광야를 거치는 가장 큰 이유는 온전한 예배자로 회복하기 위함이었습니다.

"우리가 사흘 길쯤 광야로 들어가서 우리 하나님 여호와께 제사를 드리되 우리에게 명하시는 대로 하려 하나이다"(출 8:27)

하늘의 별처럼, 바다의 모래알처럼 창대해지는 것만이 목표가 아니라 진정한 예배의 백성으로 다시 회복되는 것이 중요하였습니다. 양을 늘리셨지만 이제는 질적으로 회복해야 할 때가 왔습니다.

애굽에서의 생활은 마음껏 먹고 세속적으로 살 수 있었지만 참다운 예배를 드릴 수는 없는 삶이었습니다. 그들은 제단을 쌓고 희생 제사를 드림으로 하나님과의 만남을 갖기를 원하였습니다. 바로 왕과의 싸움에서 승리하신 하나님은 이스라엘이 홍해를 건너게 합니다. 애굽인들이 울고 통곡하며 장자를 잃어버린 슬픔 속에 빠져 있을 때, 이스라엘 민족은 애굽을 빠져 나와 홍해를 건너서 자유의 백성이 되었습니다. 모세의 누이 미리암은 그 기쁨을 아래와 같이 찬양하였습니다.

"너희는 여호와를 찬송하라 그는 높고 영화로우심이요 말과 그 탄 자를 바다에 던지셨음이로다"(출 15:21).

사실 노예의 경험이 없는 우리들은 이들의 찬양을 이해하기 어렵습니다. 노예의 처절한 경험이 없는 사람들은 이 노래에 담겨 있는 진정한 기쁨을 알지 못합니다. 죽음 직전에 구원받은 사람들이 아니면 이 찬양의 의미가 마음에 부딪쳐오지 않습니다. 노예로 고생을 하던 이스라엘 백성과 모세 그리고 미리암의 기쁨은 하늘에 닿을 것 같았습니다. 함께 노래하고 춤추고 하나님께 찬송을 드렸습니다. 출애굽한 그들의 심정은 적어도 자유를 얻은 것처럼 보였습니다.

그러나 하나님은 그들을 광야학교로 인도하시면서 더 크고 광대한 계획을 가지고 계셨습니다. 광야는 그들의 예배의 장소이며 교회였지만 또한 하나님의 백성이 되어가는 학교이기도 했습니다. 그러한 의미에서 광야는 가장 중요한 장소였습니다. 그러한 광야에서 하나님은 하나님이 되시고 싶었습니다. '나는 그들의 하나님이 되리라'고 소망하던 것이 이루어지기를 원하셨습니다. 이제 하나님이 하실 일은 이들이 참된 예배의 백성, 남은 자로서의 백성이 되도록 훈련시키는 일이었습니다. 그리고 그들의 고백 위에 하나님이 하나님이 되시기를 원하셨습니다.

그렇다면 광야에서도 과연 하나님을 하나님으로 고백할 수 있을까요? 광야는 아무 것도 없는 곳입니다. 물도 없고, 길도 없고, 잘 곳도 없고 음식도 없고 옷도 없는 곳입니다. 의사도 없고 약도 없는 곳입니다. 이것이 광야의 특징입니다.

애굽에서는 그런 대로 풍요의 생활을 누리던 이스라엘은 광야 생활이 너무 힘들고 고통스럽기까지 하였습니다. 광야에 나온 이스라엘 백성들은 자유를 얻은 기쁨에 얼마간은 즐거웠습니다. 하지만 시간이 지나자 불편한 것이 한 두 가지가 아니었습니다. 시간이 지나갈수록 백성의 입에는 불평이 터져 나오기 시작하였습니다. 이렇게 아무 것도 없는 광야라는 환경 가운데 백성들은 애굽에서 나온 것을 후회하기까지 하였습니다.

배고픈 자유인의 삶이 얼마나 고달픈 것인지 이들은 뼛속까지 느끼게 되었습니다. 그들은 차라리 배부른 노예의 삶으로 다시 환원하기를 원하였습니다. 그들은 자유의 귀중함도 예배의 귀중함도 몰랐습니다. 이러한 예배의 백성으로 회복하기 위하여 그리스도의 피와 살이 희생한 것을 피부로 느끼지 못합니다. 그들은 하나님을 구하는 것이 아니라 밥을 구하고 쉴 곳을 구하고 먼지가 없는 기름진 땅, 안락한 애굽의 집으로 다시 돌아가기를 원했습니다. 그들의 몸은 광야로 나왔지만 아직도 마음이 애굽의 고기 가마 옆에 있었던 것입니다.

이러한 상황에서 어떻게 하나님이 그들에게 하나님이 될 수가 있을까요? 아무 것도 없는 곳에서도 하나님은 그들의 하나님이 될 수가 있겠습니까? 많은 분들이 오해하는 것이 있습니다. 아무 것도 없을 때, 더 절박하게 하나님께 매달린다고 생각하는 분들이 많이 있습니다. 넉넉하고 풍요로울 때보다 어려움이 닥치면 더 하나님께 나아간다고 믿는 분들이 있습니다. 그러나 그렇지 않습니다. 아무 것도 없을 때 오히려 더 비굴하게 우상 앞에 가서 절하게 됩니다. 아무 것도 없을 때, 하나님을 떠나서 우상으로 나아가는 많은 분들이 있습니다. 어렵고 힘들 때 변절하는 사람들이 너무나 많습니다.

그러나 광야에서 하나님은 아무 것도 없는 곳에서 모든 것이 되어 주심으로 그들의 하나님이 되시고, 그들은 하나님의 백성이 되기를 원하셨습니다. 그래서 살아계신 하나님을 만나게 하시며 '하나님이 하나님이 되신 것을' 체험하도록 광야학교로 인도하셨습니다. 아무 것도 없는 곳이지만 하나님을 바라보면 모든 것이 되어주시는 곳이 바로 광야였습니다.

생활 적용 »»» **구속사적 성경** 묵상여행_ 구약편

01 여러분은 몸과 마음이 모두 출애굽하셨나요? 여러분은 아직도 광야학교에 있습니까?

02 아직도 애굽의 삶의 잔재로 남아있는 생활 습관 등이 있다면 어떤 것들일까요?

12-1

○   ○   ○

광야는 어떤 곳입니까?(1)

○   ○   ○

"거기서 백성이 목이 말라 물을 찾으매 그들이 모세에게 대하여 원망하여 이르되

당신이 어찌하여 우리를 애굽에서 인도해 내어서

우리와 우리 자녀와 우리 생축으로 목말라 죽게 하느냐"(출 17:3).

묵상 여행 그렇다면 광야에 대하여 다시 한 번 더 생각해보도록 하겠습니다. 광야는 단순히 척박하고 건조하고 사막과 같은 곳을 의미하는 것일까요? 아니면 광야는 도대체 어떤 곳입니까? 몇 가지로 나누어서 광야를 한 번 더 훑어보도록 하겠습니다.

1. 광야는 하나님의 뜻과 내 뜻이 다른 곳입니다

무엇보다도 중요한 것은 광야에서 주님이 이스라엘을 만나주시려고 하였다는 사실입니다. 광야가 실제 광야가 아니라고 하여도 주님은 훈련을 위하여 영적 광야로 내어 보내십니다. 모세도 광야를 통과하였고 여호수아도 통과하였습니다. 특히 다윗 왕도 광야를 통과하였습니다. 광야를 통과하지 않은 사울은 부패한 자아로 인하여 하나님으로부터 버림을 받았습니다. 광야를 통과하지 않은 사람

들을 주님이 사용하신 적이 없습니다. 그것도 바로 버려야 할 자아, 처리되어야 할 자아, 겉사람을 그대로 갖고 있기 때문입니다.

사도바울은 은혜를 받고 나서 아라비아로 가서 율법적 자아, 종교적 자아를 처리하였습니다. 그 곳에서 3년을 보냈습니다. 세례요한도 광야의 사람이었습니다. 광야에 외치는 자의 소리(막 1:2,3)로 사명을 감당하였습니다. 자신이 스스로의 길이 아니고 주의 길을 예비하는 자에 지나지 않음을 알았습니다. 광야의 사람 세례 요한은 이렇게 말할 수 있었습니다.

"그는 흥하여야 하겠고 나는 쇠하여야 하리라 하니라"(요 3:30).

예수님도 세례를 받으시고 40일 동안 광야로 나가셨습니다. 광야를 통과한 사람과 그렇지 않은 사람은 전혀 다릅니다. 광야를 통과하지 않는 사람의 특징은 내 뜻이 아직도 살아있다는 것입니다. 광야학교의 중요한 과정은 하나님을 만나는 것입니다. 그런데 그 곳은 자신을 만나주시는 하나님이 얼마나 우리가 생각하고 있었던 하나님과 다른가를 알게 하시는 곳입니다. 우리는 그 곳이 철저하게 하나님의 뜻과 내 뜻이 상충되는 곳임을 알게 됩니다.

내 뜻을 주장하는 것이 바로 내 영성입니다. 내 영성을 치유 받는 곳이 광야입니다. 내 재산, 내 생각, 내 뜻, 내 가족, 내 명예를 모두 내려놓는 곳이 광야입니다. 자기중심적인 생각에서 하나님을 바라보며 그 분의 통치를 받을 수 있도록 성장하고 훈련받는 곳이 광야입니다. 어떤 의미에서 광야는 혹독한 곳입니다.

2. 또한 광야는 하나님의 지혜와 내 지혜가 다른 곳입니다

"이는 내 생각이 너희의 생각과 다르며 내 길은 너희의 길과 다름이니라 여호와의 말씀이니라 이는 하늘이 땅보다 높음 같이 내 길은 너희의 길보다 높으며 내 생각은 너희의 생각보다 높음이니라"(사 55:8,9).

광야를 통과할 때에 주님이 이끌어 가시는 지혜는 인간의 지혜와 전적으로 다릅니다. 인간의 지혜로 판단할 때에는 그 방법이 합리적이고 이성적인 것도 아닙니다. 그래서 불평도 하고 따지기도 하였습니다. 그러나 하나님의 생각과 길은 인간의 생각과 철저하게 달랐습니다. 그래서 하나님은 그들에게 단지 하나님 되심을 보고만 있으라고 말씀하셨습니다.

"이르시기를 너희는 가만히 있어 내가 하나님 됨을 알지어다 내가 뭇 나라 중에서 높임을 받으리라 내가 세계 중에서 높임을 받으리라 하시도다"(시 46:10).

이스라엘은 하나님의 지혜대로 따라갈 때마다 승리하였고 그렇지 않을 때에는 비참하게 실패하였습니다. 그러므로 광야는 철저하게 하나님의 지혜를 따르지 않으면 인생에서 실패한다는 것을 교훈하고 있는 곳입니다. 철저하게 순종이 요구되는 곳이었습니다. 하나님이 하나님 되셔야 하는 곳입니다.

3. 또한 광야는 하나님의 시간 개념과 내 시간 개념이 상충되는 곳입
   니다

"구름이 성막 위에서 떠오를 때에는 이스라엘 자손이 그 모든 행진하는
길에 앞으로 나아갔고 구름이 떠오르지 않을 때에는 떠오르는 날까지 나
아가지 아니하였으며"(출 40:36,37)

광야에서는 불기둥, 구름기둥으로 이스라엘을 인도하셨습니다.
구름기둥이 움직이면 그들도 움직이고 그 기둥이 멈추는 곳에 이스
라엘도 멈추어 서서 휴식을 취하였습니다. 하나님의 시간 개념은
지금 우리가 좋다고 생각하는 시간 개념과 다릅니다. 지금이 아니
라 40년 후일지도 모릅니다.

광야에서 40년 동안 배회하게 하신 하나님의 시간 개념은 인간
이 생각할 때에 도저히 이해가 되지 않는 부분이었습니다. 3-4일
이면 가나안 땅에 들어갈 수가 있을 것 같았습니다. 그러나 주님은
가나안 땅에 들어가기 위하여 그들에게 40년이란 세월이 필요한
것을 아셨습니다. 그만큼 훈련의 기간이 필요하였던 것입니다. 사
실 무지한 인간은 하나님의 시간 개념을 이해하지 못하고 조급하게
자신의 뜻대로 일을 하는 경우가 있습니다. 그리고 자신이 스스로
준비되었음을 자만하는 경우가 많이 있습니다. 경험으로는 3-4일
갈 수 있는 길이지만 하나님은 40년이 걸릴 것을 아셨습니다. 하나
님께서는 당신의 계획대로 이스라엘 백성을 이끌어 가셨는데 그것
은 이스라엘이 얼마나 완악하신지 아셨기 때문인 것입니다.

그러므로 광야는 하나님의 시간 개념과 나의 시간 개념이 철저하게 다른 곳입니다. 그러므로 하나님은 하나님보다 먼저 간 시간은 아무 소용이 없음을 알게 하셨습니다. 성막을 건축한 후에는 언제나 법궤를 앞세우고 이동하였습니다. 항상 거리를 두고 말씀이 먼저 나아가도록 하였습니다. 그것은 그 길이 백성들이 아직 가보지 않은 길이었기 때문이라고 말씀하셨습니다. 인생도 마찬가지입니다. 우리가 가 본 길이 아닙니다. 하나님보다 앞서서 간 것이 열매를 맺는 것을 보지 못하였습니다. 그러므로 빨리 가는 것이 중요한 것이 아니라 주님을 따라 바르게 가는 것이 중요합니다.

광야는 순종하지 않으면 죽습니다. 목말라 죽고 짐승에게 물려서 죽고, 길을 잃어버려서 죽습니다. 또한 배고파 죽고, 병이 들어 죽을 수 있는 곳입니다. 하나님이 왕이 되어주시고, 하나님이 되어주셔서 인도하지 않으면 이렇게 아무도 모르게 죽을 수 있는 황량한 곳, 보호받지 못하는 곳이 광야입니다. 이 광야에서 주님은 우리가 모든 것을 내려놓고 '내 안에 어떤 것도 선한 것이 없음을' 고백하고 손을 들고 나오게 하십니다.

01 여러분도 하나님보다 먼저 가서 실패한 적이 있습니까?

02 광야의 특징 가운데 여러분에게 은혜가 되는 것은 어떤 것입니까?

12-2

○ ○ ○

광야는 어떤 곳입니까?(2)

○ ○ ○

"하나님이 이르시되 이리로 가까이 오지 말라

네가 선 곳은 거룩한 땅이니 네 발에서 신을 벗으라"(출 3:5).

묵상 여행 　광야는 어떤 곳입니까? 앞에 이어서 광야의 특징을 몇 가지 더 생각해 보도록 하겠습니다. 영적 광야에서 방황하는 우리들에게 광야의 특징을 배우는 것은 큰 위로가 된다고 믿습니다.

1. 광야는 아무 것도 없는 곳입니다-

광야로 나아가기 전 이스라엘이 살고 있던 고센 땅은 그 어디보다도 기름진 땅이었습니다. 그런데 그들이 광야로 나오고 보니까 광야는 아무 것도 없는 곳이었습니다. 길도 없습니다. 길이 있다고 하여도 한 번만이라도 바람이 불게 되면 길이 없어져 버리는 곳이 광야였습니다. 먹을 것도 없었습니다. 고센 땅에서 먹었던 풍부한 음식에 비하면 광야는 아무 것도 없는 곳이었습니다. 또한 물도 없는 곳이었습니다. 애굽은 물이 풍부한 곳이었습니다. 아브라함이

가뭄이 들었을 때에 애굽으로 내려갔던 적이 있었습니다. 나일 강의 풍부한 물이 그 주위를 기름지게 하였고 세속 문화를 창출해 내었습니다. 광야는 옷도 없는 곳이었습니다. 광야는 약도 없는 곳이었습니다. 입을 것, 먹을 것, 마실 것, 잠잘 곳이 마땅치 않은 곳이었습니다. 주거지로서, 사람이 살 곳으로서 적당치 않은 곳이었습니다. 이렇게 아무 것도 없는 곳에 주님은 이스라엘을 내보내셨습니다. 그것은 하나님만을 바라보도록 하기 위함입니다.

광야에는 아무 것도 없었지만 하나님의 은총만이 존재했습니다. 철저하게 하나님을 의지하지 않고는 생존이 불가능한 땅이었습니다. 하나님만을 바라보면 하나님은 모든 것이 되어 주셨습니다. 물이 없어요 할 때, 주님은 물을 주셨습니다. 아파요 할 때, 주님은 약이 되어 주셨습니다. 배가 고파요 할 때, 주님은 생명의 떡이 되어 주셨습니다. 추워요 할 때, 주님은 불기둥이 되어 주셨습니다. 시편기자의 고백처럼 부족함이 없는 하나님으로 광야에서 만나주셨습니다. 광야는 아무 것도 없기 때문에 하나님을 바라볼 때에만 모든 것을 누릴 수 있는 곳입니다. 그러므로 위를 바라보지 않으면 실패하는 곳입니다.

그러므로 광야는 더 이상 육체가 육체로 유지될 수 없는 곳이었습니다. 이들의 육체가 유지되기 위하여 하나님께서 물이 되어 주셨고, 옷이 되어 주셨고, 양식이 되어 주셨고, 잠잘 곳이 되어 주셨습니다. 어디에서도 자신의 소유권과 권리를 찾을 수가 없는 곳이었습니다. 하나님께서 하늘에서 양식을 보내주시지 않고 바위에서

물을 흘려 보내주시지 않으면 이들은 죽을 수밖에 없는 존재였습니다. 구름기둥, 불기둥이 그들을 광야에서 살게 하였습니다. 추울 때나 더울 때나 적당하게 그들을 보호하고 인도자가 되었던 분이 바로 구름기둥, 불기둥의 주인이신 하나님이셨습니다.

2. 광야는 자기의 것은 모두 포기하고 내려놓아야 하는 곳입니다(출 3:5)
광야는 겸손히 자신의 신발을 벗어야 하는 곳입니다. 이제는 모든 것을 주님에게 맡기고 그 분의 지시대로, 인도함대로 나아가야 하는 곳입니다. 자신의 경험도, 자신의 지혜도, 자신의 시간 개념도, 자신의 학벌도, 자신의 감정적 판단도, 자신의 과거의 업적도, 자신의 가문과 배경도, 자신의 권리도, 자신의 소유권도, 자신의 공로도, 모두 내려놓아야 합니다. 우리들이 아직도 자기 뜻대로 신고 있는 신발은 어떤 것들입니까?

헌금송으로 잘 부르는 '주께 드리네' 라는 찬송가의 가사를 영어로 읽어보게 되면 '모든 것을 항복합니다' 라는 뜻입니다. 철저하게 항복하는 것, 그것이 주님께 드리는 최고의 예물인 것입니다. 하나님의 것을 하나님에게 모두 돌려드리는 항복의 시간이 바로 예물을 드리는 시간인 것입니다. 광야는 이와 같이 완전히 항복하는 장소입니다. 두 손 두 발 다 들고 "주님이 도와주지 않으시면 아무 것도 할 수 없습니다."라고 고백하는 장소입니다.

3. 광야는 인간의 어두운 본성이 드러나는 곳입니다

"여호와께서 들으시기에 백성이 악한 말로 원망하매 여호와께서 들으시고 진노하사 여호와의 불을 그들 중에 붙여서 진영 끝을 사르게 하시며 백성이 모세에게 부르짖으므로 모세가 여호와께 기도하니 불이 꺼졌더라"(민 11:1, 2).

광야는 아무리 점잖고 교양 있는 사람이라고 하여도 그 사람의 속이 그대로 드러나는 곳입니다. 연약함은 연약함대로, 사악함은 사악함대로 그대로 드러나는 곳입니다. 이스라엘 백성들도 홍해를 건너온 뒤에는 찬양과 감사로 주님께 영광을 돌려보냈습니다. 그러나 배고프고 목마르게 되자 감사는 사라지고 불평이 드러나게 되었습니다. 노골적으로 애굽을 그리워하였습니다. 그들은 앞다투어 지도자들을 원망하였습니다. 그리고 애굽에서 먹던 음식들을 그리워하였습니다. 또 소리 높여 울기까지 하였습니다. 척박한 광야에서 견디기 어려워 숨어있던 본성들이 드러나기 시작하였습니다. 악한 성품들이 적나라하게 드러나기 시작하였습니다.

사람들은 극한상황, 절망적인 상황에 놓이게 될 때에 자기 본성이 드러납니다. 그러한 상황이 되기 전까지는 자신에 대하여 잘 모르는 경우가 많이 있습니다. 자신은 점잖고 예의바른 사람이라고 착각하고 살 수도 있습니다. 하지만 어려움에 처하게 될 때에, 극한 상황에서 당황할 때에, 우리는 본색이 드러난다고 말합니다. 위기 상황에서 더욱 깊은 인격적인 모습을 보이는 사람들도 있습니다.

많은 사람들이 미국 사람들이 더 질서도 잘 지키고 점잖은 것처럼 보인다고 말하지만 사실 미국인도 먹을 것이 없고, 목마르고 힘들면 한국인들보다 더 참을성이 없고 포악해질 가능성이 있는 사람들입니다. 지금은 차례를 조용히 기다려도 자신들에게 돌아올 것들이 있기 때문에 평온하게 기다리는 점잖음을 보여주고 있을 뿐입니다.

광야와 같은 생존이 불가능한 곳에서는 인간의 어두운 본성이 드러나는 것은 당연한 일이었습니다. 특별하고도 절박한 상황, 자신의 이익을 잃어버리게 될 때에, 자기의 생존이 위험할 때에는 인간의 깊은 본성이 드러나게 됩니다. 광야는 바로 이러한 숨겨진 본성, 자아가 적나라하게 드러나는 곳입니다. 이렇게 악한 본성이 드러나게 될 때 주님은 이러한 본성을 또 다루시면서 우리를 온전한 인격, 속사람을 따라 살아가도록 다루시며 기다려 주십니다. 광야는 그런 의미에서 훈련학교입니다.

01 여러분도 광야에서 나타나는 어두운 본성으로 인하여 자신에 대하여 실망한 적이 있습니까?

02 여러분은 광야에서 어떤 은혜의 하나님을 만나고 있는지요? 아니면 하나님께 대하여 불평하고 있는 것은 아닙니까?

12-3

○ ○ ○

광야 학교에서 배우고 훈련받은 것

○ ○ ○

"네 하나님 여호와께서 이 사십 년 동안에 너로 광야의 길을 걷게 하신 것을 기억하라

너를 낮추시며 너를 주리게 하시며 또 너도 알지 못하던 만나를 네게 먹이신 것은

사람이 떡으로만 사는 것이 아니요 여호와의 입에서 나오는

모든 말씀으로 사는 줄을 네가 알게 하려 하심이니라"(신 8:2,3).

묵상 여행   그렇다면 하나님은 이 광야에서 무엇을 배우게 하기를 원하시는 걸까요? 왜 40년 동안이나 긴 세월을 광야에서 배회하도록 하셨을까요? 그것은 백성들의 겉사람, 곧 완고한 자아를 내려놓고 온전한 인격으로 변화시켜 하나님을 순종하고 예배드리는 속사람으로 회복시키기 위함입니다. 즉 온전한 출애굽을 통한 거룩한 백성의 삶, 예배의 삶으로 인도하시기 위함입니다. 그렇게 함으로 광야에서도 하나님을 하나님으로 고백하고, 가나안이라는 풍요의 땅에 들어가서도 여전히 하나님을 하나님으로 고백하는 승리의 백성으로 성장시키기 위함이었습니다. 오늘은 이 광야 학교에서 배운 중요한 진리가 무엇이었는지 한 번 나누어 보도록 하겠습니다.

1. 광야 생활을 통하여 백성들은 하나님을 의지하지 않고는 살 수 없음을 배웠습니다. 즉 하나님을 광야에서 만나게 되었습니다

먹을 것도 없고 잘 곳도 없고 마실 것도 없고 길도 없는 곳이 광야였습니다. 그곳은 어두움과 절망, 그리고 죽음만이 기다리고 있는 곳처럼 보였습니다. 하루도 살아갈 수 없는 곳처럼 보였습니다. 그 많은 백성이 광야에서 살 수 있다는 것은 하루하루가 기적이요 은혜의 삶이었습니다. 이제 백성들에게는 하늘을 바라보지 않고는 살 수 없는 삶이 시작되었습니다. 등서남북이 막힌 것처럼 보였지만 하나님을 바라보면 모든 것이 해결되었습니다. 인간이 무력함을 느끼면 느낄수록 그곳에는 철저히 전능하신 하나님이 함께 하셨습니다. 그들은 절벽에서 하나님을 만나게 됩니다. 이제 그들에게 광야는 하나님과 대면하는 장소가 되었습니다.

모세의 어머니가 모세를 석 달 동안 키우고 나서 아들을 갈대 상자에 담아 바다에 버렸을 때에도 이와 똑같은 상황이었습니다. 모세의 어머니는 인간이 할 수 있는 모든 노력을 다하였습니다. 이제는 자신이 할 수 있는 것이 없었기에 하나님이 도와주시지 않으면 안 될 상황이 온 것을 알게 되었습니다. 모세의 어머니는 아기를 버리면서 이 아기가 죽으리라고 생각한 것이 아니라 하나님께서 돌보아 주실 것을 믿었습니다. 이렇게 인간이 한계를 느끼는 순간 하나님이 하나님이 되셔서 하나님으로 일하시기 시작하는 것입니다. 우리는 이렇게 사망의 음침한 곳, 광야에서 하나님을 만나게 됩니다.

2. 그들은 참 자유인의 가치를 배우고 온전한 출애굽의 의미를 배우
   게 되었습니다

애굽에서의 생활이 그들에게 비참하였던 것은 사실입니다. 인
격도 없고 미래도 없는 소망 없는 삶이 애굽에서의 삶이었습니다.
하지만 적어도 그 곳에서는 먹고 사는 것에 대한 염려는 없었습니
다. 그들은 애굽에서의 배부른 생활이 그리워졌습니다. 애굽에서
비록 정력과 육을 키우는 냄새나는 음식을 먹었을지언정 배고프지
는 않았기 때문에, 광야에서의 삭막하고 거칠고 배고프고 목마른
생활을 경험한 그들은 모세를 원망하고 애굽의 고기 가마 옆을 그
리워하였습니다.

하지만 이제 광야에서 그들은 아주 중요한 교훈을 배웁니다. 애
굽의 고기 가마가 해결하지 못하는 자유로운 예배자의 생활을 배웁
니다. 그 가치를 알게 됩니다. 이러한 예배자의 삶이 누리는 자유와
생명은 값으로 계산할 수 없다는 것을 깨닫게 됩니다. 빵보다 더 중
요한 것이 있음을 발견합니다. 그 빵이 제공해주지 못하는 것이 있
다는 것을 알게 됩니다. 그리고 이 세상을 살아가면서 빵으로 살아
가는 것이 아니라 하나님의 말씀으로 살아가는 것임도 깨닫습니다.

어느 성현은 '아침에 진리를 깨달으면 저녁에 죽어도 좋다' 고
하였습니다. 우리가 죽고 살 수 있는 진리, 우리 생의 모든 문제의
길이 되는 진리를 발견하게 되면 우리는 참으로 자유하게 될 것입
니다. 이러한 자유를 광야에서 체험하게 되며 그 가치를 발견하게
됩니다. 그들은 목마른 광야에서 인생의 생수에 대한 해답을 얻습

니다.

3. 그들은 지금 살고 있는 모든 것이 하나님의 은혜임을 깨닫게 됩니다

이러한 광야의 주인은 하나님이십니다. 그들을 죽게 할 수도 있고 살게 할 수도 있는 모든 권위와 능력을 하나님이 갖고 계셨습니다. 그들은 그들에게 모든 것이 되어주시는 하나님의 은혜를 만납니다. 언제나 그들에게 필요한 것을 공급해 주시는 여호와 이레의 하나님, 위험할 때에 생명을 지켜주시는 여호와 닛시의 하나님, 아플 때마다 의사가 되어주시는 여호와 라파의 하나님, 그들을 성결한 생활로 인도해주시는 여호와 마카데쉬의 하나님, 모든 것을 공급해 주시는 목자되시는 여호와 라아의 하나님, 두려움과 불안, 미래가 불분명한 그곳에서 평강을 주시는 여호와 샬롬의 하나님, 그리고 그들의 의義가 되어 주시는 여호와 치드케누의 하나님, 이러한 하나님을 광야에서 만나게 됩니다.

광야에서 이들은 지금 살아가고 있는 것도 하나님의 은혜요, 지금까지 살아온 것도 하나님의 은혜라는 것을 고백하게 됩니다. 밥보다 더 중요한 것을 발견하게 됩니다. 즉 우리에게 모든 것이 되시는 하나님을 만나게 되었으며 그 분의 은혜로 지금까지 호흡하며 살아왔다는 것을 깨닫게 됩니다.

그들은 그러한 진리를 깨달으면서 예배자로 회복하게 됩니다. 하나님을 경배하고 하나님만을 철저하게 의존하면서 살아가는 예배자로의 회복이 일어납니다. 하나님은 우리들을 그런 목적으로 창

조하셨고 어떤 환경에서도, 어떤 시간에서도 철저하게 하나님만을 인정하고 의뢰하기를 원합니다. 우리는 그러한 진리를 광야에서 깨닫게 됩니다. 그리고 하나님을 하나님으로 고백하게 됩니다. 그러므로 광야를 통과하지 않는 사람들은 하나님이 부르셔서 하나님이 원하시는 도구로 사용할 수 없습니다. 광야는 이렇게 살아있는 진리를 깨달으며 살아계신 하나님께로 나아가는 믿음을 얻는 곳이며 자신을 철저하게 내려놓는 곳이기 때문입니다.

01 여러분은 몸과 마음이 애굽으로부터 자유하셨습니까? 아니면 아직도 애굽의 법과 문화를 따르고 있는지요?

02 광야에서 얻는 배고픈 자유의 가치를 여러분들은 얼마나 체험하셨는지요?

광야에서 만난 **구원자 하나님**

"구름이 성막 위에서 떠오를 때에는 이스라엘 자손이 그 모든 행진하는 길에 앞으로 나아갔고 구름이 떠오르지 않을 때에는 떠오르는 날까지 나아가지 아니하였으며 낮에는 여호와의 구름이 성막 위에 있고 밤에는 불이 그 구름 가운데 있음을 이스라엘의 온 족속이 그 모든 행진하는 길에서 그들의 눈으로 보았더라"(출 40:36-38).

다윗은 시편 23편에서 하나님을 부족함이 없는 목자로 표현하였습니다. 그 분 한분으로 어떤 것도 부족함이 없기 때문입니다. 우리 하나님은 스스로 존재하시는 분이시므로 스스로 자족하시며 어떤 도움도 필요하지 않으신 분이십니다. 만일 그 분이 목자가 되신다면 우리의 모든 필요를 아시고 때에 따라 충만한 은혜로 함께 하실 것입니다.

광야에서도 마찬가지였습니다. 광야는 아무 것도 없는 곳이었지만 하나님만 바라보면 살 수 있는 곳이었습니다. 이러한 곳에서 이스라엘은 다음과 같은 기적을 체험하며 하나님을 하나님으로 경배하기 시작하였습니다. 구원자이신 하나님이 광야에서 하신 일들을 살펴보겠습니다.

1. 홍해로부터의 구원(출 13:1-15:21)

처음의 기적은 홍해로부터의 구원입니다. 뒤에는 애굽의 군대가 쫓아오고 앞에는 망망한 바다가 가로놓여 있었습니다. 하나님은 모세를 통하여 홍해가 갈라지는 기적을 이루셨습니다. 바다는 걸어서 지나갈 수 없는 곳입니다. 그러나 하나님에게는 바다도 거침돌이 될 수 없었습니다. 하나님의 능력이 임하자 이스라엘 사람들은 이 마른 땅을 건너서 광야로 갈 수 있었습니다. 한편 이스라엘 백성을 잡으려고 따라 왔던 애굽의 군대들은 이 바다에 모두 빠져서 수장 당했습니다. 이렇게 하나님은 인생의 막다른 골목에서 우리에게 길을 열어주시는 분이십니다. 절망적인 순간에 하나님의 도우심으로 바다가 마른 땅으로 변하는 것을 그들을 체험하였습니다. 우리의 인생도 이러한 기적들의 연속임을 부인하지 못합니다.

2. 목마름으로부터의 구원(출 15:22-26)

광야에서 가장 문제가 되는 것은 물입니다. 물은 식수뿐이 아니고 제사와 정결한 삶을 위해서도 필수불가결한 것입니다. 물이 없을 때마다 백성들은 부르짖고 불평을 하였습니다. 그래서 하나님은 때마다 바위를 쳐서 물을 공급해 주셨습니다. 마라의 쓴 물을 달게 하며 공급해 주셨습니다. 물이 얼마나 귀중한지는 사막을 여행할 때 더욱 뼈저리게 느껴집니다. 물은 생명을 보존하는 가장 기본적인 것입니다. 영적인 목마름이 있을 때에도 마찬가지로 하나님은 우리의 목을 생수로 축여주십니다. 하나님이 계시지 않는다면 우리는 한시도 살 수가 없습니다.

3. 배고픔으로부터의 구원(출 16:1-36)

그 다음으로 문제가 되는 것이 배고픔입니다. 배부르고 기름진 음식을 먹을 수 있었던 애굽이 그리워지는 것은 당연합니다. 육을 살찌우는 음식이 그리워지는 것도 당연합니다. 하지만 광야에는 이러한 양식이 없습니다. 하늘을 의지하지 않는 한 이 양식도 공급받을 수가 없습니다. 하지만 하나님은 매일 매일 그들을 먹이셨습니다. 생명의 떡으로 먹이셨습니다. 우리도 인생을 살아가면서도 매일 공급이 되는 양식으로 인하여 기적을 체험할 뿐만 아니라 영적 배고픔에도 생명의 떡으로 채워주시는 주님의 사랑을 체험하며 삽니다.

4. 전쟁으로부터의 구원(출 17:1-16)

광야는 언제나 공격을 받을 수 있는 곳입니다. 그래서 가인도 자신의 안전을 두려워하였던 곳입니다. 광야는 사람들이 무방비 상태에 놓이는 장소입니다. 이러한 곳에서 하나님은 연약한 이스라엘 백성들을 적의 공격으로부터 안전하게 지켜 주셨습니다. 백성들은 전능하신 승리의 하나님, 여호와 닛시를 체험하게 되었습니다.

5. 추위와 더위로부터의 구원불기둥과 구름기둥

광야는 춥고 더운 곳의 차이가 많은 곳입니다. 낮에는 덥다가도 밤에는 추워지는 것입니다. 그래서 이스라엘 민족들은 추위에 떨기도 하고 더위에 목말라 하기도 하였습니다. 하지만 그럴 때마다 하나님은 구름기둥으로 더위를 막으시고 불기둥으로 추위를 막아주셨습니다. 이것은 그들에게 옷이 되어주고 안식처가 되어 준 것과도 같습니다. 그들이 이 추운 광야로부터 구원을 받은 것은 그곳에 하나님의 기적의 손길이 있었기 때문입니다. 주님은 구름기둥, 불기둥으로 길을 인도하여 주셨을 뿐만 아니라 그들의 더위와 추위로부터도 생명을 지켜주셨습니다.

6. 무질서로부터의 구원_{율법과 지도자}

이 광야 생활을 통해서 하나님이 주신 것이 있다고 하면 영적인 지도자들입니다. 이들에게 만일 지도자들이 없었다고 한다면 아마 모든 사람들이 뿔뿔이 흩어져서 방황하다가 굶어 죽었을지도 모릅니다. 그런데 하나님은 모세와 아론, 여호수아와 같은 지도자들을 주셔서 백성들을 질서 있게 인도하여 주셨습니다. 또한 시내 산에서 율법을 수여하심으로써 이들을 또한 질서 가운데 공동체 생활을 하도록 인도하셨습니다. 이것은 광야를 통과하는 데 절대적으로 필요한 것이었습니다.

7. 불신앙으로부터의 구원_{변화의 기적}

가장 중요한 광야 생활의 기적은 한 사람이 변화되어 예배의 백성으로 변화되는 기적이었습니다. 가장 중요한 표적은 사람이 변화되는 것입니다. 이것은 기적이며 표적입니다. 예수님께서도 당신이 보여줄 표적은 요나의 표적밖에 없다고 말씀하셨습니다. 요나의 전도로 니느웨가 공동체적으로 회개하고 변화된 것이야말로 하나님이 살아계신 표적이라고 선포하는 것이었습니다. 이 죽음의 도시, 광야에서 그들은 주님을 찬양하는 예배자가 되는 기적을 체험하게 됩니다.

01 여러분은 어디로부터 구원을 받으셨습니까?

02 여러분이 광야를 통과하는 데 가장 중요하게 작용한 하나님의 기
적은 어떤 것이었습니까?

13-2

○ ○ ○

시내산 언약

○ ○ ○

"세계가 다 내게 속하였나니 너희가 내 말을 잘 듣고 내 언약을 지키면

너희는 모든 민족 중에서 내 소유가 되겠고 너희가 내게 대하여 제사장 나라가 되며

거룩한 백성이 되리라 너는 이 말을 이스라엘 자손에게 전할지니라"(출 19:5,6).

묵상 여행 양적으로 팽창한 이스라엘 민족을 하나님은 광야에서 참다운 백성으로 훈련시키셨습니다. 아무 것도 없는 광야에서도 하나님을 하나님으로 고백할 수 있는가를 광야에서 시험하셨는데 양적으로만이 아니라 질적으로 성숙한 백성을 얻고자 하는 것이 하나님의 소망이었습니다. 바알에게 무릎 꿇지 않는 남은 자들을 진실로 원하셨던 것입니다. 어떤 환경에서도 진심으로 예배하는 자들을 찾기를 원하셨습니다. 사생아와 같지 않고 사랑의 아버지가 훈련하듯이 주님은 광야에서 철저하게 이스라엘을 훈련하여 주셨습니다.

훈련의 장소로 백성을 인도하신 하나님은 이제 시내산에서 모세를 통해 거룩한 제사장의 백성으로서의 이스라엘과 언약을 맺고 율법을 주셨습니다. 하나님 나라의 거룩한 백성으로서 지켜야 할

법을 모세를 통하여 주신 것입니다. 이 시내산 언약은 모든 언약의 정상^{頂上}이기도 하며, 광야 생활의 절정이기도 하였습니다.

우리는 하나님의 백성이라고 구별되는 세 가지 성결의식을 배운 적이 있습니다. 재물의 성별, 시간의 성별, 몸의 성별이었습니다. 하나님은 하나님의 백성으로 사는 길을 알게 하시기 위해서 율법을 주셨습니다. 나라가 있기 위해서는 헌법이 있고 그 헌법을 지키는 것은 백성의 의무입니다.

법을 지킴으로 그 나라의 백성이 되는 것이 아니라 그 나라의 백성이기 때문에 정해진 헌법을 준수해야 하는 것입니다. 어떤 법을 지키는가에 따라 우리가 소속한 나라도 달라지게 됩니다. 법 자체는 하나님이 약속의 백성에게 주신 것으로서 귀중한 것입니다. 이 율법은 나중에 예수 그리스도에 의하여 완성을 이루게 됩니다. 율법에는 용서와 사랑이 없었는데 예수님은 이러한 율법에 사랑^{희생}^{과 용서}을 더하여 완전한 법으로 완성하셨습니다. 이 언약으로 인해 이스라엘은 하나님에 대하여는 거룩한 그의 백성이 되었으며 세상에 대하여는 제사장이 되었습니다.

이것은 교만해지라고 특별히 선택을 한 것이 아니라 제사장 나라로서 열국을 섬기도록 부름을 받은 것을 의미합니다. 이스라엘은 이러한 사명을 오해한 것 같습니다. 자기들만이 특별한 하나님의 백성으로 선택되었다는 선민의식을 가지게 되어 이 언약이 담고 있는 섬기는 자, 종으로서의 사명을 이해하지 못한 것입니다.

하나님이 이스라엘을 택하신 목적이 무엇입니까? 그것은 이스라엘에게만 구원을 주고 축복을 주겠다는 것이 아니라, 이 세상에서 거룩한 백성이 되는 축복을 주시고 그 축복을 이웃과 나누게 하기 위함이었습니다. 하나님의 소유가 된 백성, 그래서 거룩한 백성이 된 이스라엘은 그것 자체가 곧 축복이었습니다. 어떤 것이든지 하나님의 소유가 되면 거룩해집니다. 하나님은 창세기 2장에서 처음으로 시간^{안식일}을 소유하셨고 그리고 이어서 땅^{출애굽기 3장, 모세의 소명}을 소유하셨고 지금은 사람^{출애굽기 19장}을 소유하십니다. 하나님의 소유가 된 백성은 거룩한 백성이 됩니다. 하나님이 소유한 집은 거룩한 집^{성전}이 됩니다. 그러므로 택함은 특권이기도 하지만 중대한 책임을 맡게 되는 것이기도 합니다. 그 책임은 제사장나라로서의 책임을 의미합니다.

그렇다면 제사장이 하는 사역이 무엇일까요? 그것은 백성의 죄를 들고 나와 하나님께 사죄함을 받도록 돕는 것입니다. 이와 같이 이스라엘은 믿지 않는 나라에 대하여 제사장으로서 그들과 하나님과의 관계를 회복하도록 돕는 일을 맡은 것입니다. 그러나 이러한 달란트를 사용하지 않았기 때문에 이스라엘은 지금 하나님으로부터 버림받게 되었습니다. 이 언약으로 인해 선민사상이 싹트게 되었으며 잘못 이해하는 바람에 영적 교만을 가지게 되기도 하였습니다. 다른 예를 들자면, 자신만이 선택받았다는 특유의 교만이 요나와 같은 실수를 저지르게도 합니다. 니느웨와 같은 나라에는 하나님의 은총이 임할 수 없다는 성전 중심적 신학과 선민사상으로 요나는 하나님으로부터 계속적인 다룸을 받게 되는 것입니다.

성경에서 제사장으로서의 이스라엘의 사역을 가장 잘 설명하고 있는 것이 욥기입니다. 욥은 스스로 의롭게 여기는 자였습니다. 자신은 하나님 앞에서 경건하고 의로운 자로 택함을 받았다고 생각을 했습니다. 그러나 고난을 통하여 욥은 하나님을 알아가게 됩니다. 하나님을 '야다' 곧 부부의 관계로 친밀하게 알아갑니다. 하나님을 알아가게 되자 비로소 자신이 누구인지 알게 됩니다. 그리고 자신이 누구^{being}인지 알게 되자 무엇^{doing}을 해야 하는지 알게 됩니다. 곧 존재의 근거이신 하나님 앞에 서게 되자 내가 누구인지 자신을 알게 되며 자신이 무엇을 해야 하는지 알게 된다는 사실입니다. 이것이 곧 진리입니다. 내가 어디로부터 와서 무엇 때문에 하나님으로부터 부르심을 받고 누구를 위해 살아야 하는가를 아는 것처럼 중요한 것은 없기 때문입니다.

하나님을 알면서 욥은 자신이 참담한 죄인인 것을 고백합니다. 스스로 의롭다고 여겼던 욥은 비로소 회개합니다. 그리고 하나님께서 자신을 정죄하고 괴롭혔던 친구들을 위하여 기도하라고 했을 때 기꺼이 순종합니다. 그것은 자신이 무엇을 해야 하는지 자신의 신분을 발견했기 때문입니다. 자신이 거룩한 백성, 제사장의 사명을 받은 사람인 것을 알았기 때문입니다. 그가 친구를 위하여 기도했을 때 욥은 자신의 몸이 깨끗하게 치유 받는 것을 체험합니다.

시내산 언약은 이렇게 유대인들에게 있어서 가장 중요한 핵심적인 언약입니다. 왜냐하면 자신이 누구인가를 알게 하시는 언약이었기 때문입니다. 하나님 나라의 거룩한 백성이며, 제사장으로서 이 땅에서 어떤 일로 부름을 받았는지 알게 하는 언약이었기 때문입니다. 모세를 통하여 주신 이 언약은 이스라엘이 왜 이 땅에 존재하는지를 가르쳐주는 귀중한 언약이었습니다. 또한 그렇게 귀한 백성이 어떻게 살아야 하는가를 가르쳐주는 일상의 법에 대한 언약이었습니다.

생활 적용 »» **구속사적 성경** 묵상여행_ 구약편

01 모세가 자기는 구원을 받지 못하더라도 백성의 구원을 위해 기도하는 것을 볼 때 어떤 사명을 감당하고 있다고 보시는지요?

02 이스라엘 민족을 다른 민족과 다르게 구별하는 중요한 언약인 시내산의 언약의 핵심은 무엇입니까?

13-3

○ ○ ○

성막을 건축함

○ ○ ○

"내가 그들 중에 거할 성소를 그들이 나를 위하여 짓되 무릇 내가 네게 보이는 대로 장막을 짓고 기구들도 그 모양을 따라 지을지니라"(출 25:8,9).

묵상 여행 　광야 생활 가운데 최고의 절정을 이루는 것은 율법을 받은 일과 성막을 짓는 일입니다. 아무 것도 없는 광야에서 그들은 성막을 짓는 일에 재물과 시간을 헌신하였습니다. 성막을 봉헌한 것은 광야 생활의 기적이며 광야 생활의 최고 절정의 순간이었습니다.

　성막을 짓도록 명령을 받았을 대에, 어떤 사람은 자신의 은사를 바쳤습니다. 어떤 사람들은 가지고 있는 물건을 성별하여 드렸습니다. 그러나 이 모든 것들이 아무 것도 없는 광야에서 풍성하게 바쳐졌다는 사실에 우리는 관심을 쏟게 됩니다. 그들이 그렇게 헌신할 수 있었던 것은 아무 것도 없는 데서 그들이 체험한 하나님의 은혜가 너무 컸기 때문입니다. 절박한 순간마다 하나님께서 그들과 함께 하시고 인도하셨기 때문입니다. 아무 것도 없는 곳에서 만나와

메추라기와 생수를 먹여주시는 주님을 만났기 때문입니다. 이러한 은총을 체험한 그들은 성막을 지을 때 풍성하게 바칠 수 있었던 것입니다. 모두들 풍성하게 들고 왔기 때문에 더 이상 가지고 오지 말라고 할 정도였습니다(출 36:5-7). 광야는 이렇게 은혜로 살고 은혜에 감사하며 사는 곳입니다. 우리가 하나님께 바칠 수 있는 것은 가지고 있는 것이 많아서가 아니라 감사가 넘치기 때문입니다.

광야의 생활 중에서 극치를 이루는 것은 성막의 봉헌입니다. 그것은 예배생활의 회복을 의미하며 하나님이 하나님이 되셔서 그의 왕권을 회복하시고 백성을 말씀으로 다스리시기 시작하였다는 것을 의미합니다. 아무 것도 없는 곳에서 하나님을 만나고 하나님을 왕으로 섬기게 되었다는 것을 뜻합니다.

성막은 이동할 수 있는 성전입니다. 하나님은 이스라엘 백성에게 주님이 거하실 성막을 짓도록 명령하셨습니다. 이스라엘 백성들은 감사한 마음으로 가지고 있는 것들을 바쳐 광야에서 성막을 짓고 봉헌하게 되었습니다. 성막에서 하나님은 백성과 함께 거하시며 교제를 나누시기를 원하셨습니다. 성막은 우리와 함께 하시는 하나님의 현존을 의미합니다. 성막을 중심으로 12지파가 함께 생활하며 함께 이동을 하였습니다. 성막 봉헌은 그들의 생활이 예배를 중심으로 이루어지고 있음을 보여주는 중요한 사건입니다.

1. 성막은 하나님이 함께 거하신다는 증거였습니다
백성과 함께 하시는 것이 소망이신 하나님은 성막을 통하여 언제나 함께 계실 수 있었습니다. 그래서 문제가 없는 하늘 보좌에 앉아 계시는 것이 아니라 문제투성이인 삶의 현장으로 내려오셨습니다. 이 성막 안에서 하나님과 백성과의 교제가 이루어지는 것입니다. 요한계시록에서도 하나님의 가장 큰 기쁨은 백성과 함께 있는 것임을 보여주고 있습니다.

"내가 들으니 보좌에서 큰 음성이 나서 이르되 보라 하나님의 장막이 사람들과 함께 있으매 하나님이 그들과 함께 계시리니 그들은 하나님의 백성이 되고 하나님은 친히 그들과 함께 계셔서"(계 21:3)

2. 성막은 오실 예수님의 예표였습니다

예수님은 이 땅에 성육신하신 하나님이셨습니다. 이처럼 성막은 오실 예수님의 성육신을 예표하고 있습니다. 성막이신 예수님 안에는 죄씻음과 죄의 용서를 상징하는 물두멍과 번제단이 놓여 있습니다. 생명의 떡이 되신 예수님을 상징하는 떡상이 놓여 있습니다. 세상의 빛으로 오신 예수님을 상징하는 등대가 놓여 있습니다. 세상의 제물이 되신 예수님을 상징하는 제물이 놓여 있습니다. 예수님을 상징하는 금등대, 분향단, 컵궤, 성막의 울타리, 지붕, 시은좌 모든 것이 있습니다. 성막은 오실 예수 그리스도를 상징하고 있습니다.

3. 성막은 이스라엘의 예배와 희생제사의 중심이었습니다

성막 안에서 예배가 이루어지고 희생제사가 이루어졌습니다. 백성들로부터 경배와 찬송을 듣기를 원하시는 하나님께서 성막에서 백성들의 예배와 희생 제사를 받을 수 있게 되었습니다. 애굽으로부터 나와서 참 자유인으로 예배자로서의 삶이 회복되었습니다. 하나님을 하나님으로 고백하는 왕권이 회복되는 곳이기도 하였습니다. 성막은 이스라엘이 예배의 백성으로 부르심을 받았다는 것을 보여주는 곳입니다.

하나님을 예배드린다는 것은 하나님의 말씀대로 살아가며, 몸과 영혼을 다 드려, 오직 하나님만을 섬기며, 그 분께만 영광과 최고의 가치를 돌린다는 것을 의미합니다. 그러므로 성막 중심의 삶은 이스라엘이 누구에게 속하였으며, 누구를 섬기는가를 보여주었습니다. 세상 사람들과 구별되기 위하여 그들은 하나님의 법을 따라 살았으며, 하나님이 성별한 날을 지켰으며, 성막 중심의 삶을 살았던 것입니다. 이스라엘 역사는 성전을 짓는 역사이며, 이스라엘에게 있어서 성막이 없는 생활은 상상할 수도 없게 되었습니다.

4. 성막은 이스라엘의 생활의 중심이었습니다

성막을 중심으로 12지파가 나뉘어서 동서남북으로 진을 치고 살았습니다. 세 지파가 한 묶음으로 텐트를 치고 진을 쳤습니다. 그들은 성막이 움직일 때마다 함께 이동을 하였습니다. 이 성막은 하나님의 임재를 의미하였고 하나님의 말씀이 놓여있는 곳이었기 때문에 성막이 움직일 때마다 하나님을 모시고 가는 마음으로 정성을 다해 이동하였습니다.

5. 성막이 광야에 세워진다는 것은 하나님께서 광야에서도 여전히 하나님 되시기를 원하신다는 것을 뜻합니다.

또한 하나님이 그들의 왕이 되시기를 원하신다는 것을 의미합니다. 또한 숫자로만 많은 백성을 원하는 것이 아니라 진정한 예배자가 되기를 원하신다는 것을 선포하는 것입니다.

01 성막 중심으로 생활을 한다는 의미는 무엇일까요?

02 하나님의 가장 큰 기쁨이 무엇이라고 이해하셨는지요?

주님!
주님은 우리의 하나님이십니다.
순종하게 하옵소서!!

제4부
가나안 학교 묵상

주께서 주의 백성 이스라엘을 세우사 영원히 주의 백성으로 삼으셨사오니
여호와여 주께서 그들의 하나님이 되셨나이다

14-1

○   ○   ○

길갈의 **부흥회**

○   ○   ○

"또 이스라엘 자손들이 길갈에 진 쳤고 그 달 십사일 저녁에는 여리고 평지에서

유월절을 지켰고 유월절 이튿날에 그 땅 소산물을 먹되 그 날에 무교병과 볶은 곡식을

먹었더라 또 그 땅 소산물을 먹은 다음 날에 만나가 그쳤으니 이스라엘 사람들이

다시는 만나를 얻지 못하였고 그 해에 가나안 땅의 소출을 먹었더라"(수 5:10-12).

묵상 여행 40년 동안 모세에 의하여 광야에서 인도함을 받은 이스라엘은 이제 새로운 지도자에 따라 가나안 땅을 정복하러 가야 할 때가 왔습니다. 그러나 가나안 땅은 완전히 비어 있어서 이스라엘을 무조건 환영하는 땅은 아니었습니다. 이미 다른 족속들이 살고 있었던 땅이었습니다. 가나안 땅은 주어진 땅, 약속의 땅이었지만 정복해야만 얻을 수 있는 땅이었습니다. 그리고 가나안 땅은 풍요의 땅이었습니다. 아무 것도 없는 곳에서 척박한 광야 생활을 하던 이스라엘이 갑자기 풍요한 땅에 들어가서 믿음의 생활을 떠날지도 모르니까, 들어가기 전 준비하는 부흥회를 갖게 됩니다. 그들이 성별되지 않는 한, 하나님이 허락하신 기업을 얻을 수가 없기 때문입니다. 길갈에서의 부흥회는 다음 네 행위로 이루어집니다.

1. 믿음의 돌비석을 세웠습니다

하나님은 요단강을 건너기 전에 12지파 가운데서 한 사람씩 선택하여 돌 하나씩을 메고 오게 하였습니다. 그리고 요단강 가운데에서 언약궤를 멘 제사장들의 발이 멈춘 곳에 돌비석 12개를 세웠습니다. 하나님은 12지파를 이러한 일의 증인들로 삼으셨습니다. 하나님께서 어떻게 요단강을 마른 땅으로 변화시키셨는지 증인이 되게 하신 것입니다. 이들이 어떻게 요단강 가운데 열두 돌을 세울 수가 있었겠습니까? 그것은 요단강이 마른 땅이 되었기 때문입니다. 누가 그 흐르는 요단강을 막으셨습니까? 전능하신 하나님께서 이 강을 막으시고 마른 땅이 되게 하셨던 것입니다. 이 돌비석을 볼 때마다 후손들이 전능하신 하나님께서 어떻게 그들을 도우시고 인도하셨는가를 기억하게 만드신 것입니다. 길갈의 부흥회에서 중요한 것은 이와 같이 돌비석을 세우고 하나님의 전능하심과 신실하심, 그의 사랑과 은총을 기억하는 일이었습니다.

2. 광야 생활에서 할례를 받지 못한 장정들이 모두 할례를 받았습니다

광야에서 태어난 백성은 할례의식을 치르지 못했습니다. 광야에서는 정결의식과 할례의식을 행할 마음의 여유도 없었지만 환경도 조성되지 않았습니다. 그래서 하나님에게 속했음을 선언하는 성별의식 중 하나인 할례의식이 가나안 땅 정복 직전에 이루어졌습니다. 이것은 자신의 모든 인간적인 힘과 의지를 죽이고 전적으로 하나님께 의탁하는 의식이었습니다. 가나안을 정복하기 위해서는 육체의 강건한 힘이 필요할 것 같았는데 하나님은 20세 이상 장정들

에게 일제히 할례를 받게 하셨습니다. 힘을 다하여도 가나안 정복이 쉽지 않은 이 때에 하나님은 그들이 갖고 있는 마지막 힘을 제거하였습니다.

이것은 여러 가지로 의미가 있습니다. 가나안 정복은 힘으로 되는 것이 아님을 알게 하심이었습니다. 가나안 정복은 철저한 순종, 철저한 성결에서 가능하기 때문이었습니다. 자신의 육적인 힘을 다 내려놓고 오로지 하나님만을 의지하게 하기 위함이었습니다. 가나안 땅은 하나님이 허락하신 약속의 땅입니다. 그러나 그 땅은 풍요의 땅이고 이미 다른 민족이 살고 있는 땅이었습니다. 이곳에 들어가기 위하여 필요한 것은 구별됨입니다. 성결함입니다. 그리고 하나님만을 100% 의존하는 순종에 의하여 얻어지는 땅입니다. 하나님은 이러한 의식을 통하여 그들이 온전히 하나님께 속하였음을 배우게 하셨으며 하나님만을 의지하고 살 수 있도록 하셨습니다. 그들에게 이 순간은 하나님이 언약의 하나님이 되시는 순간이었습니다. 이제 그들은 더 이상 애굽의 노예가 아니라 성별된 하나님의 백성이 된 것입니다. 이렇게 할례는 그들이 누구에게 속한 자들인가를 깨닫게 하였습니다. 하나님에게 속한 자들만이 하나님이 주신 기업의 땅, 가나안으로 들어갈 수가 있었기 때문입니다.

3. 유월절을 회복하고 하나님의 은혜를 다시 기억하였습니다

그들에게 있어서 유월절은 참으로 감격적인 절기였습니다. 모든 장자가 죽음을 당한 사망의 날에 그들의 장자들이 생명을 유지할 수 있었던 날이기 때문입니다. 그 날은 생명의 날이요, 구원의

날이었습니다. 이 유월절은 그들이 자신의 공로가 아니라 어린 양의 피로 인해 구원받은 것을 기억하는 날, 즉 하나님의 은총을 기억하는 날입니다. 하지만 그들은 잠깐 감격했을 뿐 광야의 생활에서 방황하다가 유월절을 지키지 못하였습니다. 하나님은 유월절을 지키면서 하나님의 은혜를 기억하게 하셨습니다. 진정한 부흥은 하나님의 은총을 기억하는 것입니다.

4. 땅에서 난 식물, 곧 무교병과 볶은 곡식을 먹음으로 만나 먹는 것을 그쳤습니다

이제 드디어 만나가 멈추게 되었으므로 그들은 땅으로부터 나오는 씨 있는 음식, 단단한 양식을 뜨게 되었습니다. 하나님은 이제 광야의 음식을 거두셨습니다. 왜냐하면 가나안 땅을 정복하기 위하여 씨 있는 음식, 열매 있는 음식, 단단한 음식이 필요하였기 때문입니다. 광야에서 만나를 주신 것은 전적인 하나님의 은총이었습니다. 만나가 없었다면 그들은 다 죽었을 것입니다. 그러나 이제 가나안을 정복하려면 만나와 같은 음식만으로는 부족합니다. 이 양식은 수고하지 않아도 하늘에서 내려오는 음식이었습니다. 이제 가나안 정복을 하기 위하여 수고하지 않고 가만히 다른 사람들이 대신 이 일을 감당해주기를 기다릴 수는 없습니다. 그들은 씨 있는 음식, 생명 있는 음식, 수고하고 경작한 음식을 먹을 필요가 있었습니다. 곧 생명의 떡이신 말씀으로 더욱 무장해야 했던 것입니다. 진정한 부흥은 이렇게 씨 있는 음식을 먹음으로 가능합니다.

이렇게 길갈에서 부흥회를 마치그 그들은 가나안 정복을 향하여 일어나게 되었습니다. 이러한 부흥회는 여리고 성에 들어가기 전, 요단강 건너 길갈에서 이루어졌습니다. 완전히 자신이 죽고 하나님의 영광이 드러나도록 하는 것, 이러한 부흥이 가나안에 들어가기 전 필요하였던 것입니다.

01 여러분은 가나안 정복을 위하여 가장 필요한 것이 무엇인지 이해하셨습니까? 과연 무엇이 가나안 정복을 승리로 이끌어 갈까요?

02 이 네 가지 부흥 가운데 여러분에게 가장 필요한 것은 어떤 것이었습니까?

14-2

○ ○ ○

약속의 땅 가나안은 어떤 곳입니까?

○ ○ ○

"내 종 모세가 죽었으니 이제 너는 이 모든 백성과 더불어 일어나

이 요단을 건너 내가 그들 곧 이스라엘 자손에게 주는 그 땅으로 가라"(수 1:2).

묵상 여행 하나님 나라가 이루어지기 위하여 필요한 조건들이 있습니다. 나라가 있기 위해서는 왕이 필요하고, 땅이 필요하고, 헌법이 필요하고, 백성이 필요합니다. 하나님은 아브라함을 선택하시고 애굽에서 그의 후손들을 창대하게 하셨습니다. 그리고 시내산에서 이스라엘 백성에게 헌법율법을 주시고 광야 학교를 통해 성숙한 백성으로 훈련시키셨습니다. 백성과 법이 준비되었으므로 이제 영토와 왕이 필요하게 되었습니다. 이것만 준비된다면 하나님 나라가 이루어질 것입니다. 이 마지막 두 조건인 영토와 왕이 준비된 곳이 바로 가나안 땅입니다. 이스라엘에게 땅과 왕권이 주어진 곳이 가나안 땅인 것입니다.

이스라엘은 그 땅을 기업으로 받을 수 있는 시간이 눈앞에 다가왔음을 알게 되었습니다. 이제 가나안 땅에 가까이 온 이스라엘 백

성들은 요단강 동편에 서서 가나안 땅을 바라보았습니다. 애굽에서 백성을 양적으로 늘리시고 광야에서 질적으로 그들을 훈련시키신 하나님은 약속하신 가나안 땅을 그들에게 기업으로 주시고자 하셨습니다. 그러나 정작 하나님이 주시기로 한 땅은 너무나 작고 빈약한 땅이었습니다. 그리고 이미 다른 족속들이 차지하고 있는 땅이었습니다. 그러한 땅을 하나님은 '아름답고 광대한 땅'이라고 하셨습니다. 하나님이 창조의 하나님이시라면 좀 더 크고 광대한 땅을 주실 것이지 실제로는 아주 작고 초라한 땅으로 인도하고 계시는 것이 이해가 되지 않습니다.

그렇다면 실제로 이 약속의 땅의 의미는 무엇일까요? 우리가 흔히 가나안 복지라고 표현하는 이 땅은 여러 가지 영적인 의미로 해석되어 왔습니다. 또한 가나안 복지는 내세에 들어갈 천국을 의미하는 것으로 많이 풀이하여 왔습니다. 이 가나안 땅이 무엇을 의미하는지 어떤 땅인지 몇 가지로 생각해 보도록 하겠습니다.

1. 이 땅은 아브라함과 이삭과 야곱에게 약속되어진 땅이었습니다

"내가 너와 네 후손에게 네가 거류하는 이 땅 곧 가나안 온 땅을 주어 영원한 기업이 되게 하고 나는 그들의 하나님이 되리라"(창 17:8).

오래 전부터 하나님은 아브라함에게 아름답고 광대한 땅을 주시기로 약속하셨습니다. 당시 아브라함에게는 땅 한 평 없었지만 하나님은 땅을 주시기로 약속하셨던 것입니다. 그것은 자식을 낳을

수 없는 아브라함에게 하늘의 별같이 많은 후손을 약속한 것과도
같습니다. 아브라함은 이 약속을 믿었습니다. 하나님의 약속은 언
젠가는 꼭 이루어집니다. 그러므로 이 땅은 하나님이 주시기로 보
증을 선 땅이었습니다.

2. 이 땅은 주어진 것이지만 그러나 정복해야 할 땅이었습니다

"토지를 영영히 팔지 말 것은 토지는 다 내 것임이라"(레 25:23).

약속되어진 땅이긴 하여도 그 땅에는 이미 다른 민족들이 살고
있었습니다. 주어진 땅이긴 하지만 정복해야 할 땅이었습니다. 가
나안 족속, 여부스 족속, 블레셋 족속, 헷 족속, 히위 족속 등이 이
미 그 땅을 차지하고 살고 있었습니다. 이러한 땅을 하나님은 이스
라엘에게 주셨습니다. 왜냐하면 어느 민족이 살든지 간에 모든 땅
은 하나님에게 속한 것이기 때문입니다.

3. 이 땅은 모든 것이 있는 풍요의 땅입니다

"네 하나님 여호와께서 너를 아름다운 땅에 이르게 하시나니 그곳은 골
짜기든지 산지든지 시내와 분천과 샘이 흐르고 밀과 보리의 소산지요 포
도와 무화과와 석류와 감람나무와 꿀의 소산지라"(신 8:7,8).

광야는 먹을 것도, 마실 것도, 잘 곳도, 길도 없는 곳이지만 가
나안은 풍요가 넘치는 땅이었습니다. 즉 밀과 보리가 있고 풍성한

물이 흐르는 땅이었습니다. 작은 샘으로부터 큰 강에 이르기까지 가나안 땅에는 물이 풍성했으므로 누구든지 그 땅에 들어가기만 하면 풍성한 물을 공급받을 수 있었습니다. 또한 풍성한 과일이 있는 땅이었습니다. 포도나무, 무화과, 감람나무, 석류가 있는 곳이었습니다. 그래서 만족하고 풍요로운 생활을 할 수 있는 땅이었습니다. 그래서 젖과 꿀이 흐르는 땅으로 묘사되었습니다. 하지만 광야에 비하여는 풍요한 땅이었어도 가나안 땅 역시 척박한 땅이었습니다. 이렇게 묘사된 것은 예수 그리스도에 의하여 이루어질 풍성한 기업으로서의 가나안을 기대하기 때문이었던 것입니다.

4. 가장 중요한 것은 안식할 수 있는 집을 지을 수 있는 땅이라는 사실입니다

"네가 먹을 것에 모자람이 없고 네게 아무 부족함이 없는 땅이며 그 땅의 돌은 철이요 산에서는 동을 캘 것이라"(신 8:9).

이스라엘 민족은 광야에서 안식할 수가 없었습니다. 바람과 모래가 휘날리는 광야에서 이동천막을 가지고 끝없이 옮겨 다니면서 하루하루를 살았습니다. 광야의 생활은 힘들고 쉼 없는 생활이었습니다. 가나안 땅에서 그들은 비로소 집을 지을 수가 있었습니다. 철과 동이 나는 곳, 돌이 있는 곳, 그러한 가나안 땅에서 집을 짓고 산다는 것은 마음의 안정, 생활의 안정, 영적인 안식을 의미하는 것입니다.

5. 결국 이 땅은 앞으로 오실 예수 그리스도를 예표합니다

이 가나안 땅은 모든 것이 되시는 예수 그리스도를 의미하고 있습니다. 젖과 꿀이 흐르는 땅이라고 했지만 가나안 땅에 젖과 꿀이 흐르고 있었을까요? 그리고 이 땅이 영원히 그들의 땅이 되었던가요? 아닙니다. 이 땅은 종국적으로 오실 그리스도를 예표하고 있는 것입니다. 골로새서에서 사도바울은 그리스도가 우리의 믿음을 심는 터가 되신다고 말씀하셨습니다(골 2:6,7). 가나안이 모든 것을 제공해주는 것처럼 그리스도도 우리에게 모든 것이 되십니다.

6. 그러므로 이 가나안 땅은 믿음으로 들어가는 땅입니다

이 땅은 믿음의 눈으로 보고 들어가는 땅입니다. 은혜로 들어가는 땅입니다. 이 기업은 겸손한 자들만이 얻을 수 있으며 마음이 청결한 자들이 얻을 기업입니다. 가나안은 믿음으로 젖과 꿀이 흐르는 땅이 되며 믿음으로 정복하는 땅입니다.

생활 적용 »» **구속사적 성경** 묵상여행_ 구약편

01 가나안 땅이 주어진 땅임에도 불구하고 정복되어야 한다는 것은 영적으로 어떤 의미가 있는 말일까요?

02 광야에서는 없지만 가나안 땅에서 얻을 수 있는 것 가운데에서 여러분에게 가장 중요한 것은 무엇입니까?

14-3

○ ○ ○

여리고 성과 아이 성의 정복

○ ○ ○

"이에 백성은 외치고 제사장들은 나팔을 불매 백성이 나팔 소리를 들을 때에

크게 소리 질러 외치니 성벽이 무너져 내린지라 백성이 각기 앞으로 나아가

그 성에 들어가서 그 성을 취하고"(수 6:20)

모세가 죽게 된 후 하나님은 새로운 지도자를 세우셨습니다. 바로 여호수아입니다. 이제 가나안 정복이라는 큰 과제를 놓고 하나님은 새로운 지도자를 세우셨습니다. 여호수아는 모세와 함께 40년간을 광야에서 함께 한 사람입니다. 그는 언제나 모세에게 순종하였고 부지도자로서의 사명을 잘 감당하였습니다. 가나안 정탐에서도 긍정적인 평가를 하였던 여호수아는 새로운 일을 위한 지도자로 선택이 되었습니다.

가나안에 들어가기 위하여 그들은 먼저 여리고 성과 아이 성을 공격하여야 하였습니다. 약속의 땅, 젖과 꿀이 흐르는 풍요한 땅을 얻기 위해 그들은 전쟁을 치러야 했는데 그들에게 가장 무서운 적은 가나안 동편으로부터 진입해 들어가야 하는 굳게 닫힌 큰 성, 여리고였습니다. 그들은 이 성만 정복을 하고 나면 다른 성들은 쉬울

것이라고 믿었습니다. 여리고 성은 가장 견고하고 큰 성이었기 때문입니다. 이 성을 정복하는 데에도 하나님은 그들과 함께 하셨습니다. 모세는 죽었지만 그들의 대장 되시는 하나님은 언제나 그들과 함께 하셨습니다. 여호수아는 하나님이 주신 찬양과 순종이라는 전법을 통하여 그 굳게 닫힌 여리고 성을 일주일간 돌면서 하나님께서 하라는 방법대로 행했습니다. 결국 여리고 성에서 하나님의 말씀대로 순종한 이스라엘은 견고한 여리고 성을 무너뜨리고 승리하였습니다. 세상이 이해할 수 없는 전법으로 승리를 한 것입니다.

그러나 여리고 성을 무너뜨린 것이 자기의 힘이었다고 착각한 이스라엘은 잠시 교만해진 사이에 아이 성에서 크게 실패를 하게 됩니다. 그들이 아이 성을 공격할 때에는 기도도 하지 않고 교만한 마음으로 정복하려고 하였는데 그것은 아이 성이 여리고 성에 비해 아주 작고 초라한 성이었기 때문입니다. 여리고 성을 이미 정복하였으니 아이 성은 문제도 되지 않을 줄 알았습니다. 하지만 작은 아이 성에서 그들은 대 실패를 경험하게 됩니다. 미리 하나님께 지혜를 구하지 않고 교만하게 나아가다가 실패를 맛보게 된 것입니다.

아이 성의 실패를 통해 교훈 받은 것은 그들 가운데 숨겨진 죄악이 있었다는 것이었습니다. 하나님은 아이 성을 공격할 때에 그들 중에 죄를 범한 사람이 있었음을 말씀하시면서 죄의 문제가 해결되지 않는 한 승리할 수 없다고 하셨습니다.

"여호와께서 여호수아에게 이르시되 일어나라 어찌하여 이렇게 엎드렸
느냐 이스라엘이 범죄하여 내가 그들에게 명령한 나의 언약을 어겼으며
또한 그들이 온전히 바친 물건을 가져가고 도둑질하며 속이고 그것을 그
들의 물건들 가운데에 두었느니라"(수 7:10, 11).

그 죄인은 아간이라는 사람이었습니다. 그가 전리품을 숨긴 것
으로 말미암아 이스라엘은 참담하게 패배했습니다. 아간의 가족들
이 아골 골짝에서 돌에 맞아 죽고 불에 태워진 뒤, 여호수아는 회개
기도를 하며 다시 하나님으로부터 새로운 전법을 받았습니다. 그
방법은 복병을 쓰는 방법이었습니다(수 8:3-29). 이러한 경험을 통
하여 이스라엘은 중요한 것을 체험하였습니다.

1. 어떤 영적 전쟁이든지 하나님께서 싸우신다는 진리를 발견합니다

그들은 어떤 영적인 전쟁이든지 인간이 싸우는 것이 아니라 하
나님이 싸우신다는 것을 배웠습니다. 표면적으로는 인간과 인간이
싸우는 것처럼 보이지만 결국에는 사탄과 하나님과의 대결임을 알
게 됩니다. 모든 영적인 전쟁의 주인은 하나님이십니다. 그분의 지
혜와 그분의 능력이 모든 영적인 싸움을 주도해 나가십니다.

2. 어떤 영적 싸움이든지 항상 새로운 전법을 주신다는 것입니다. 큰
   전쟁에 이겼다고 해서 작은 전쟁에서도 그 방법으로 이기는 것은
   아닙니다

영적인 전쟁은 우리의 머리로 싸우는 것이 아니라 하나님의 지
혜로 싸우는 것입니다. 또한 전쟁이 일어나기 전에는 미리 무장해

야 합니다. 아주 작은 불씨 하나라도 그냥 지나칠 때에 무서운 화재를 겪게 되는 것처럼 아주 작은 문제에도 기도로 대처해야 하고 빨리 손을 쓰지 않는 한 잿더미에 올라가 앉게 됩니다. 영적인 전쟁은 크고 작은 것이 없습니다. 하나님이 함께 하시면 어떤 전쟁도 작은 것이고 하나님이 함께 하시지 않으면 어떤 전쟁도 큰 것입니다. 그러므로 항상 기도를 통해 하나님의 지혜를 받는 것이 중요합니다. 이러한 진리를 아이 성을 공격하고 난 후 이스라엘 백성이 깨달았던 것입니다.

3. 영적 전쟁에서 승리하려면 먼저 죄의 문제를 해결해야 합니다

영적인 전쟁에 들어가기 위해서 우리들은 하나님 앞에서 정결해야 합니다. 육체적인 정결함, 정신적인 정결함, 그리고 영적인 정결함을 준비해야 합니다. 사탄은 숨겨진 죄를 들고 나와 우리들을 조롱합니다. 깨끗함과 정결함을 통해서 우리는 놀라운 영적인 힘을 나타낼 수가 있습니다. 정결함을 통해서 하나님께 대한 전적인 신뢰를 나타낼 수 있습니다. 죄의 문제를 해결하지 않은 사람들은 하나님과 동행할 수 없습니다. 또한 한 사람의 작은 죄라고 하더라도 공동체 전체에게 미치는 영향은 치명적인 것입니다. 하나님은 아주 작은 죄일지라도 미워하시며 철저하게 다루시고 계십니다.

이러한 과정을 통하여 이스라엘은 가나안 정복에 나서게 됩니다. 하나님은 정복을 하러 가기 전에 12지파에게 골고루 땅을 나누어 주십니다. 레위 지파만 빼고 11지파에게 나누어주게 되었는데 요셉 대신에 요셉의 아들, 므낫세와 에브라임 후손 두 지파가 들어

가므로 12지파가 받게 됩니다. 이제 지파들이 서로 연합하여 가나
안 땅 정복을 향하여 나아갑니다. 기업으로 주신 땅이지만 이제 정
복해야 할 땅이었기 때문입니다.

01 여러분이 영적인 전쟁에서 실패하는 이유가 어디에 있다고 보십니
까?

02 여러분이 싸우기 가장 어려웠던 영적 전쟁은 어떤 것이었습니까?
왜 어려웠나요?

03 여러분이 가장 작은 것이라고 무시하다가 낭패를 본 영적 전쟁은
어떤 것이 있었나요?

15-1

○ ○ ○

세겜에서의 언약갱신제

○ ○ ○

"만일 여호와를 섬기는 것이 너희에게 좋지 않기 보이거든 너희 열조가

강 저쪽에서 섬기던 신들이든지 혹 너희의 거주하는 땅 아모리 사람의 신들이든지

너희 섬길 자를 오늘날 택하라 오직 나와 내 집은 여호와를 섬기겠노라 하니"(수 24:15)

묵상 여행 　모세에 이어서 가나안 정복이라는 새로운 과제를 부여받았던 여호수아는 가나안에 진입하여 정복과 땅의 분배를 다 마치고 이스라엘이 안주를 누리고 있을 때에 죽음을 맞이하게 됩니다. 이제 여호수아의 사역이 끝나는 것입니다. 그의 믿음과 용기는 이스라엘을 약속의 땅으로 인도하는 일을 무사히 마치게 했습니다. 모세를 준비하시고 들어서 사용하신 하나님께서 이제 여호수아를 사용하셔서서 놀라운 사역을 이루셨습니다. 여호수아가 사는 동안 모든 백성들은 하나님을 섬겼습니다(삿 2:7,8). 그러나 그가 죽은 후에는 모든 백성들이 하나님을 하나둘 떠나가기 시작하였습니다.

"그 세대의 사람도 다 그 조상들에게 돌아갔고 그 후에 일어난 다른 세

대는 여호와를 알지 못하며 여호와께서 이스라엘을 위하여 행하신 일도

알지 못하였더라"(삿 2:10).

그 이유는 그들이 하나님이 하신 크고 위대한 일을 목격하지 못하였기 때문이며 그 은혜로운 일을 항상 기념하여 자녀들에게 제대로 신앙교육을 하지 못하였기 때문입니다. 그들의 마음은 땅의 신, 풍요의 신, 바알과 아스다롯에게 옮겨 갔습니다. 이런 것을 예상한 여호수아는 백성들을 세겜에 모아 놓고 고별설교를 하면서 이스라엘 민족이 하나님만을 섬길 것을 강조합니다. 여호수아에게 있어서 가장 큰 걱정은 과연 이 백성이 예배의 백성으로 남게 될 것인가에 대한 것이었습니다. 그래서 세겜에서 모인 모든 백성들에게 이러한 다짐을 받고 언약을 다시 갱신하는 예식을 가졌던 것입니다. 그의 마지막 바람은 앞으로 백성들이 이 말씀을 굳게 붙잡고 나아가 주는 것이었습니다. 먼저 지도자에게 설교를 했는데 그 핵심내용(수 23:1-16)은 하나님만이 그들을 위해 싸워주시는 분이시며 그 앞에서 다른 우상을 섬기면 저주받게 되며, 언약을 지키는 자는 땅을 차지하지만 그렇지 않으면 이 아름다운 땅에서 멸절을 당할 것이라는 내용이었습니다. 또한 지도자들과 백성을 세겜에 모으고 마지막 설교를 하게 됩니다. 그 설교의 내용은 이스라엘의 모든 역사를 회고하면서 하나님의 은혜를 상기시키며 모든 역사의 주관자가 하나님이심을 강조하는 것이었습니다.

세겜에서의 가장 중요한 사건은 이스라엘 백성을 언약갱신으로 초대한 것이었습니다. 여호수아는 먼저 "나와 내 집은 하나님만을 섬기노라."고 선포하면서 이스라엘 백성도 자신들이 섬길 하나님을 택할 것을 설교합니다. 백성들은 하나님만을 섬기겠다고 고백했으며 성소 옆 상수리나무 아래 돌을 세워 증거로 삼았습니다. 이것은 이스라엘의 자기 정체성을 다시 한 번 더 확인하는 작업이었습니다. 제사장나라로 부름을 받은 이스라엘이 풍요의 신, 땅의 신, 바알에게 마음을 두지 않고, 아모리의 신에게도 절하지 않고 오직 언약을 따라 살아가는 백성이 되도록 여호수아는 다시 확인하고 당부하고 고백하게 한 것입니다.

하지만 이스라엘 백성들은 그 이후로 심각한 배교 상태로 들어가게 되었습니다. 사사라는 지도자들이 있었지만 그들을 말씀으로 다시 세우고 돌아오게 하기에는 이 세상이 주는 기쁨과 땅이 주는 풍요가 너무 컸습니다. 언약을 기억하는 사람들도 없었으며 언약의 하나님이 하신 큰 일도 기억하는 사람들이 없었습니다. 이 세대, 즉 하나님의 크고 광대하심을 체험한 세대는 다 선조의 나라로 돌아갔으며 이 땅에서 태어난 젊은 세대들은 하나님을 알지 못하였습니다. 그들에게는 오히려 눈에 보이는 것들만이 강력한 힘을 발휘하였습니다. 믿음이 없는 세대들이 찰나적이고 현실적인 우상을 더 좋아하는 것이 당연하였습니다. 그러한 신세대들에게 정열적으로 다가온 우상이 있었는데 그것이 바로 땅의 풍요를 가져다주는 바알 신이었습니다.

이후로 이스라엘은 풍요의 땅에서 자신의 하나님을 잊어버리게 됩니다. 애굽에서 구원해주시고 광야에서도 구원의 하나님이 되셨던 역사의 하나님, 언약의 하나님을 잃어버리게 되었습니다. 지금까지 살아온 것이 누구의 도움이었는가를 잊어버렸습니다. 그들이 누리고 있는 풍요가 어디로부터 왔는지 알지 못했습니다. 풍요의 신 앞에 그들은 무력하게 무릎을 꿇었습니다.

이스라엘의 역사는 비단 과거에만 속한 것은 아닙니다. 우리나라도 어려움과 박해 가운데에서는 승리했지만 풍요가 찾아오자 하나님을 배교하는 일이 일어나게 되었던 것입니다. 일본의 압제와 6 · 25 동란 같은 것을 경험하지 못한 신세대들은 사상적으로 종교적으로 하나님을 떠나고 있습니다. 그러므로 세겜에서의 언약갱신제는 오늘날에도 매 순간 예배를 통하여 고백되어져야 하는 것입니다. 우리가 매주 드리고 있는 예배에서 다시 한 번 더 언약을 기억하며, 우리를 애굽에서 구원해내시고 가나안의 풍요를 누리게 하시는 하나님께 대한 마음을 다시 한 번 더 확인하고 갱신해야 하는 것입니다. 마치 여호수아의 앞에서 백성이 고백했던 말씀과 같이 갱신해야 합니다.

"백성이 여호수아에게 말하되 아니니이다 우리가 여호와를 섬기겠나이다 하는지라"(수 24:21).

이 언약갱신제에서 중요한 사실은 과거에 어떤 신을 섬겼든지 관계없이 지금 이 시간부터 여호와 하나님만을 믿겠다고 선택하면 언약의 백성으로 들어가게 된다는 사실입니다. 강 저편에서 섬기던 신들을 버리고 이제 여호와 하나님만을 섬기면 모두가 다 하나님의 백성이 된다고 선포합니다. 언약의 백성은 혈연의 관계도 아닙니다. 오직 하나님을 믿는 믿음을 고백하고 그 분에게 헌신하는 자들은 언약으로 들어갑니다. 이러한 초청을 세겜에서 했을 때에 모든 백성들은 한 목소리로 고백하였던 것입니다.

저는 이 예식을 항상 교회에서 부흥회 할 때 행합니다. 매주일이 언약갱신이기는 하지만 특별히 이 예식을 행하면서 조상이 섬기던 신으로부터 완전하게 단절하고 하나님의 언약으로 들어오도록 초청합니다. 새 신자들도 받아들입니다. 또한 오랫동안 믿음의 생활을 하면서도 결단하지 못하는 사람들도 다시 결단합니다. 그리고 뜨겁지도 않고 차지도 않게 믿었던 사람들도 다시 결단합니다. 언약갱신제는 지금도 우리에게 필요한 예식입니다. 여호와 하나님만을 섬기며 조상들이 섬기던 신, 그리고 강 저편에서 섬기던 우상숭배와 과감하게 단절하여 그 우상들과 맺었던 조상들의 계약서를 찢어버리고 하나님의 백성이 되었음을 선포하는 귀한 예식입니다.

생활 적용 〉〉 **구속사적 성경** 묵상여행_ 구약편

01 우리는 매주일 언약을 다시 한 번 더 생각하며 갱신하고 있습니까?

02 우리에게 있어서 언약 갱신을 하였던 세겜은 어디였습니까?

03 여러분은 언약의 내용이 무엇이라고 이해하셨는지요?

15-2

○ ○ ○

가나안에서도 하나님이 되실 수 있는가?

○ ○ ○

"네 하나님 여호와께서 너를 아름다운 땅에 이르게 하시나니 그곳은 골짜기에든지

산지든지 시내와 분천과 샘이 흐르고 밀과 보리의 소산지요 포도와 무화과와

석류와 감람들의 나무와 꿀의 소산지라 너의 먹는 것에 모자람이 없고 네게 아무

부족함이 없는 땅이며 그 땅의 돌은 철이요 산에서는 동을 캘 것이라"(신 8:7-9).

묵상 여행 여호수아의 마지막 고별설교는 우리들에게도 참으로 중요한 것입니다. 그 고별설교는 매주일 예배에서 다시 선포되어야 합니다. 이러한 언약갱신제는 매일 매일의 생활에서 일어나야 합니다. 말씀을 읽으면서, 예배를 드리면서 우리들은 하나님에게로 다시 돌아가겠노라는 약속을 갱신해야 합니다. 놀랍고 크신 하나님이 선포되고 우리로 하여금 다시 언약의 백성으로 돌아가도록 하는 설교 말씀이 매주일 선포되어야 합니다. 세겜에서 애타는 마음으로 부르짖는 여호수아의 음성이 현대에 사는 우리에게도 들려와야 합니다.

우리 한국도 전쟁과 가난의 시대를 함께 통과하셨던 하나님을 기억합니다. 일본의 압제와 6 · 25와 같은 전쟁 중에도 우리와 함께 계신 하나님, 3 · 8선을 넘어오면서 죽음의 총알들을 비껴가게

하신 하나님, 생명을 보존할 수 있게 하셨던 하나님을 우리는 기억합니다. 셋방살이를 하면서 어려울 때에 부르짖던 우리들에게 풍요와 축복을 주신 하나님도 기억합니다. 하지만 그러한 하나님을 우리들은 풍요 앞에서 헌신짝처럼 버리고 말았습니다.

풍요는 우리에게 필요한 것이긴 하지만 풍요를 누릴 마음의 준비가 되지 않으면 위험한 것이기도 합니다. 풍요를 다스릴 수 없는 존재에게 풍요가 주어진다면 그것은 축복이 아니라 저주가 될 것입니다. 풍요 이전에 그 풍요를 다스리고 누릴 수 있는 인격과 생각이 준비되어야 합니다. 말씀의 하나님을 만나서 말씀의 사람이 되는 것이 중요합니다. 미국도 풍요 앞에서 젊은이들과 기독교인들을 잃어버렸습니다. 그러므로 풍요가 그리스도 말씀 안에서 주어진 풍요가 아닐 때에는 더욱더 위험한 것입니다. 한국교회도 풍요 앞에 무릎을 꿇은 것 같습니다. 젊은이들은 잘 먹고 잘 사는 가치관에 지배를 받고 있습니다. 초등학교 어린이들에게도 풍요가 주는 잘못된 가치관이 범람하고 있습니다. 그러므로 우리는 물질적 풍요를 다스릴 수 있는 권능을 하나님으로부터 받아야 합니다.

풍요가 위험하다고 해서 우리들이 영원히 무작정 광야에만 머물 수는 없습니다. 우리는 하나님이 주시기로 약속한 기업을 받아야 하기 때문입니다. 가나안 땅에 들어가면 풍요가 주는 시험이 우리를 기다리고 있겠지만 이러한 유혹이 무서워 가나안을 피해갈 수는 없습니다. 이러한 시험을 통과하지 않고는 참다운 하나님의 백성, 남은 자로서의 훈련을 받을 수가 없습니다. 이러한 시험을 통과하지 않고는 우리가 얼마나 진실하게 하나님을 사랑하는지 알 수 없기 때문입니다. 하나님은 광야에서 백성들의 마음을 시험하신 것처럼 가나안에서도 우리의 마음이 어디에 있는지 알고 싶어 하십니다. 질투하시는 하나님은 어떠한 상황에서도 백성들의 마음이 하나님에게로 향하기를 원하십니다. 이렇게 가나안 땅은 이스라엘의 마음이 어디에 있는지를 시험받는 장소였습니다.

우리들은 광야에서 받은 시험에 대해 생각해 볼 수 있습니다. 광야는 모든 것이 결여된 곳이었습니다. 아무 것도 없는 절망적인 상태에서 하나님만을 섬기고 하나님만을 하나님으로 고백할 수 있는가를 질문받았던 곳이었습니다. 그러나 이제 가나안에서는 "이렇게 모든 것이 있는 곳에서도 하나님을 한 마음으로 섬기고 경배할 수 있는가?"를 질문받습니다. 또한 "이렇게 모든 것이 풍성한 곳에서도 하나님을 사랑하고 은혜에 감사하며 살 수 있는가?" "이러한 물질 왕국에서도 하나님을 주인으로 고백할 수 있는가?"를 질문받습니다. 하나님은 "이러한 풍요 가운데에서도 나만을 사랑하느냐?"라고 질문하십니다. 없는 곳에서 하나님을 의지하고 섬기는 것은 쉽습니다. 그러나 부자가 되어서 또한 높은 자리에 올라가서도 계속적으로 하나님을 경배하고 섬길 수 있는지는 미지수입니다. 이럴 때에도 겸손하게 하나님을 섬기고 사랑할 수 있는 사람들만이 진정으로 하나님을 사랑하는 사람들입니다.

우리들은 두 주인을 섬길 수 없습니다(마 6:24). 우리들은 너무나 없어도 죄를 범하게 되고 너무나 많아도 죄를 범하게 됩니다. 광야를 통과한 이스라엘에게 하나님은 또 한 번 하나님의 참 백성을 만들기 위한 질문을 하십니다. 그리고 하나님이 하나님이 되시기 위해 그들을 가나안 학교, 풍요의 학교에서 다시 한 번 더 도전받게 하십니다. 풍요 가운데에서도 하나님만을 섬기는 남은 자들을 얻으시기를 원하시기 때문입니다. 우리가 모든 것을 가지고 있을 때에도 하나님을 찬양하고 감사하기를 원하고 계십니다. 없을 때 하나님께 부르짖고 도움을 청하는 것도 중요하지만 하나님은 풍요한 가운데에서도 여전히 영광을 받으시기를 원하고 주인이 되시기를 원하십니다. 이 땅에서도 예배의 대상이 되시기를 원하십니다.

하지만 많은 사람들이 가나안 복지에 이르는 것을 신앙의 마지막 단계로 생각하는 것 같습니다. 그러나 가나안 정착이 신앙의 마지막이라고 한다면 구약의 역사는 여기에서 끝나야 할 것입니다. 가나안 정착이 마지막 목표라고 한다면 우리의 신앙의 목표가 풍요가 되는 것입니다. 우리의 신앙의 정착은 풍요에 있는 것이 아닙니다. 우리가 예배자, 남은 자가 될 때 비로소 신앙의 목적에 도달하는 것입니다. 오히려 가나안 시대는 배교하는 이스라엘 역사의 또 다른 시작일 뿐이었습니다. 가나안은 통과하는 땅이었습니다. 이 가나안에서도 하나님은 남은 자들을 찾으시고 훈련시키셨습니다. 풍요를 통과하고도 하나님께 영광 돌릴 수 있는 사람들만이 하나님을 하나님으로 고백하는 남은 자들인 것입니다. 그 남은 자들을 준비시키는 곳이 바로 가나안 땅이었으며 하나님은 이러한 남은 자들을 풍요의 땅, 가나안에서 찾고 계셨습니다.

01 우리도 가나안 땅에서 하나님만을 경배하고 그 분만을 사랑할 수 있는지요?

02 여러분은 가나안 땅의 풍요를 누릴 존재의 그릇이 준비되어 있습니까?

03 여러분의 진정한 신앙의 목표는 무엇입니까? 부요해지는 것입니까? 건강해지는 것입니까? 안전하고 편하게 사는 것입니까? 천국에 가는 것입니까?

15-3

○ ○ ○

각자의 소견대로

○ ○ ○

"그 때에 이스라엘에 왕이 없으므로

사람이 각기 자기의 소견에 옳은 대로 행하였더라"(삿 21:25).

묵상 여행   모세, 여호수아, 갈렙의 시대는 지나고 가나안 땅에서 이스라엘 민족의 번영과 안식이 시작되었습니다. 큰 영적 승리의 시대가 지나고 왕이 없으므로 각각 자기 소견대로 살아가는 시대가 도래하였습니다. 자기중심적, 인본주의적 시대가 시작됩니다. 역사는 다시 암흑기에 빠진 것 같았고 이스라엘의 실패와 패배의 삶이 눈에 두드러지게 나타나기 시작했습니다. 하나님을 떠난 이스라엘의 삶이 시작된 것입니다. 이 350년간의 역사의 암흑기는 무엇을 의미합니까?

여호수아가 죽고 나서 하나님은 때때로 사사들을 세워서 백성들을 다스릴 영적 지도자의 역할과 재판관의 역할을 감당하게 하셨습니다. 사사는 히브리어로 쇼페팀shophetim(삿 2:16)인데 이들은 여호수아가 죽고 나서 사울이 왕이 될 때까지 약 300-350년 동안 이스라엘의 지도자로 수고하였습니다. 그러나 이 기간은 실제의 사사들이 활동한 시기보다는 더 길었을 것으로 봅니다. 여호수아가 죽은 해와 사울이 왕으로 등극할 때의 정확한 시기를 우리가 알수 없기 때문입니다. 사사들은 전쟁 시에는 군사 지도자로서 고통과 압제에 있는 백성을 구원하는 역할을 담당했으며 평화 시에는 백성들을 다스리고 사리를 판단해 주는 재판관이나 행정관 역할을 했습니다.

여호수아가 지도자로 있는 동안에는 백성들이 하나님을 믿고 예배를 드리는 생활을 하였습니다.

"백성이 여호수아가 사는 날 동안과 여호수아 뒤에 생존한 장로들 곧 여호와께서 이스라엘을 위하여 행하신 모든 큰 일을 본 자들이 사는 날 동안에 여호와를 섬겼더라"(삿 2:7).

여호수아가 죽고 난 후 이스라엘 민족은 일부의 땅만 정복하고 나서 안일한 신앙생활에 빠져 들어갔습니다. 하나님께서는 계속해서 땅을 정복하도록 명령하셨지만 유다와 시므온 지파의 초기 승리 이후에는 패전을 계속하면서 땅을 온전히 정복하지 않았습니다. 결국 그들은 그곳에서 살고 있는 주민과 타협을 하고 완전한 정복을 포기하게 되었던 것입니다. 유다 지파는 골짜기의 주민들을 쫓아낼 수가 없었으며 베냐민 지파도 여부스 사람들을 정복할 수가 없었습니다.

"베냐민 자손은 예루살렘에 거주하는 여부스 족속을 쫓아내지 못하였으
므로 여부스 족속이 베냐민 자손과 함께 오늘까지 예루살렘에 거주하니
라"(삿 1:21).

그들은 이방 족속들을 노예로 삼고 그들로부터 조공을 받겠다
고 생각했습니다. 그것이 나중에 자신들에게 올무가 될 것이라고는
생각하지 못하였습니다. 그들은 이미 얻은 작은 땅에 만족하면서
땅의 정복에는 무관심하고 냉담한 생활을 하게 되었습니다. 곧 안
정과 축복에서 오는 영적 태만의 상태에 빠져 들어간 것입니다. 그
러나 그나마 정복한 땅에서도 그 땅이 주는 진정한 풍요와 안정을
누리지는 못했습니다. 땅을 정복하고 다스리는 것이 하나님의 명령
이었지만 오히려 땅의 지배를 받고 땅의 소산의 노예, 물질문명의
종이 되어 버렸던 것입니다.

그러므로 이스라엘에게 있어서 사사시대처럼 암울한 시대는 없
었습니다. 이 시대에는 마치 애굽에서 400년을 보낸 것처럼 다시
하나님이 이스라엘을 떠난 것처럼 보였습니다. 그러나 하나님이 그
들을 떠난 것이 아니라 이스라엘이 하나님을 떠난 것이었습니다.
이스라엘은 율법을 상고하지 않았으며 하나님의 말씀을 떠나 살고
있었습니다. 자녀들에게 하나님의 말씀도 가르치지 않았던 것입니
다. 그들의 자녀들은 하나님의 말씀을 모르고 하나님을 떠나 살고
있었습니다. 그래서 하나님은 사사들을 세우셔서 그들로 하여금 백
성들의 영적인 문제를 지도하도록 하였으나 이스라엘은 여전히 사
사들의 말을 듣지 않고 자기 마음대로 살았습니다.

이 당시에 활동한 사사들의 이름은 다음과 같습니다. 옷니엘, 에훗, 삼갈, 드보라, 기드온, 돌라, 야일, 입다, 입산, 엘론, 압돈, 삼손입니다. 우리들에게 가장 잘 알려져 있는 6대 사사들은 옷니엘, 에훗, 드보라, 기드온, 입다 그리고 삼손입니다.

이 가운데 여성 사사로서 활동한 사람은 드보라입니다. 그 당시에 어떻게 여성이 지도자가 되었는지는 알 수 없으나 하나님은 랍비돗의 아내 드보라를 일으켜 세우시고 가나안 족속에게 20년 동안 압제를 당하고 있는 이스라엘을 구원하였습니다. 드보라의 활약으로 이스라엘은 40년 동안 평화를 누릴 수가 있었습니다.

기드온도 우리에게 너무나 잘 알려져 있는 사사입니다. 기드온이 미디안의 속박으로부터 이스라엘을 구원하기 위하여 전쟁을 할 때 하나님은 그들이 준비한 32,000명의 정병 중에서 300명만을 골라서 메뚜기떼보다 더 많은 미디안 군대와 싸우게 하셨습니다. 이것도 하나님이 하나님이 되시기 위함이었습니다. 하지만 수시로 외부의 침입을 받은 이스라엘은 신앙의 무기력증과 함께 정치적, 경제적, 영적 실패를 경험하게 됩니다. 생명이 없고 형식만 남아있는 예배를 드리며 땅이 주는 풍요에 안주해 버린 이스라엘은 왕이 없으므로 각자 소견대로 살고 있었습니다.

이렇게 점점 안주해 나가면서 하나님의 은혜와 하나님이 행하신 크고 광대한 일들을 잊어버립니다(삿 2:10). 멀리는 애굽의 종된 삶으로부터의 구원, 가깝게는 광야의 기적들과 가나안 정복에서 하나님께서 함께 하셨던 것을 잃어버리게 됩니다. 또한 자녀들을 낳으면서 이러한 하나님의 은혜와 역사를 교육시키지 못한 이스라엘은 예배의 백성으로부터 바알을 섬기는 우상숭배자의 나라가 되어 갑니다.

이스라엘의 역사 중 가장 절망적이고 어두운 시대가 바로 사사시대입니다. 위대한 지도자들은 떠나가고 하나님마저 그들을 떠난 것이 아닌가 하는 의심이 들 정도의 기간이었습니다. 그러나 우리가 사사기에서 꼭 기억하고 지나가야 할 것은 결코 하나님은 이스라엘을 언약으로부터 잊어버리신 적이 없으시다는 것입니다. 이 기간 동안의 모든 역사도 하나님이 인도하셨으며 그 모든 역사의 주인이 하나님이셨다는 것을 기억해야 합니다. 하나님은 암울하고 어둡고 절망적인 그 때에도 모든 역사를 주관하고 계시는 분이십니다. 사사기를 통해서 우리는 더욱 분명히 하나님께서 역사에 깊이 개입하고 계시며 그 역사를 주관하고 이끄시는 분, 역사의 주인이신 것을 깨닫게 됩니다.

생활 적용

01 여러분의 인생에 있어서 사사시대처럼 깜깜했던 때는 어느 때입니까? 어떻게 그 시기를 극복하고 승리하셨나요?

02 어떻게 하나님이 사사기에도 역사의 주인이 되실 수 있었을까요?

16-1

○ ○ ○

한나의 기도

○ ○ ○

"이 아이를 위하여 내가 기도하였더니 내가 구하여 기도한 바를 여호와께서

허락하신지라 그러므로 나도 그를 여호와께 드리되 그의 평생을 여호와께 드리나이다

하고 그 아이는 거기서 여호와께 경배하니라"(삼상 1:27,28).

묵상 여행 　사사기 시대는 참으로 암울한 시기였습니다. 모든 역사가 깊은 어두움 속에서 헤매고 있는 것 같은 절망적인 시기였습니다. 위대한 지도자들은 모두 떠나고 백성들을 이끌어 갈 사람이 아무도 없는 것 같았습니다. 하나님이 그들을 잊어버리신 것인지 아니면 떠나신 것인지 모두가 회의에 빠지게 되었습니다. 하지만 하나님은 지도자들도 없는 암울한 배교시대에도 그들을 떠나지 않으셨습니다. 그분은 한 경건한 가정에 눈길을 멈추셨으며 경건한 엘가나의 가정을 기도로 무장시키셨습니다. 이러한 암흑기에도 신앙의 가정을 준비시키시고 그 가정의 기도를 사용하시는 하나님을 찬양합니다. 사망의 음침한 골짜기를 걷는 순간에도 하나님이 함께 하시며 인도하심을 찬양합니다.

　사사기의 암울한 시간 속에서도 여전히 하나님은 언약을 잊지

않으셨고 그의 백성을 인도하시고 계셨습니다. 그리고 당신의 백성과 약속하신 그 모든 언약을 기억하고 계셨으며 그 약속을 성취하시기 위하여 한 가정을 준비해주셨습니다. 바로 사무엘의 아버지 엘가나와 어머니 한나의 가정이었습니다. 엘가나는 레위인으로서 그핫 자손이었는데(대상 6:16-39) 그들은 영적으로 암울한 시대에도 기도하기를 그치지 아니하였고 하나님께 제사를 드리며 하나님 중심의 생활을 하고 있었던 사람들입니다.

엘가나의 아내 한나는 아기를 낳지 못하는 여자였으므로 그녀는 성전에 와서 간절한 기도를 하였습니다. 많은 자녀를 낳은 엘가나의 또 다른 아내 브닌나는 아기를 못 낳는 한나를 멸시하고 괴롭혔습니다. 이러한 브닌나에 의해 조롱과 멸시를 받았던 한나는 더욱 열심히 하나님께 자신의 문제를 들고 와서 기도하였습니다. 아들을 주시면 나실인으로 하나님 앞에 바칠 것을 서원하였던 것입니다. 그러한 기도에 응답하신 하나님은 사무엘을 한나에게 허락하셨습니다. 한나는 마치 마리아와 같이 하나님을 찬양하고 감사하였습니다.

"내 마음이 여호와로 말미암아 즐거워하며 내 뿔이 여호와로 말미암아 높아졌으며 내 입이 내 원수들을 향하여 크게 열렸으니 이는 내가 주의 구원을 말미암아 기뻐함이니이다"(삼상 2:1).

그 시대적 상황에서 여자에게 아들이 없다는 것은 미래가 없는 것과 같이 절망적인 것이었습니다. 한나는 자녀가 하나도 없는 무자한 여자였습니다. 아마도 태가 닫힌 여자였을지도 모릅니다. 그러나 아기를 못 낳은 여인들을 통해 하나님은 이스라엘을 창대하도록 인도하셨습니다. 이러한 여인들을 통하여 하늘의 별같이 땅의 모래와 같이 창대한 백성을 만드셨습니다. 한나를 통해 하나님은 놀라우신 생명의 역사, 창조의 역사를 이루셨습니다. 한나를 통해 하나님이 무에서 유를 창조하시는 하나님이심을 증거하였습니다.

한나는 이러한 하나님을 통하여 구원을 얻게 되었습니다. 한나의 노래를 보면 그녀가 이웃들의 멸시와 조롱으로부터 자유하게 되었음을 알게 됩니다. 앞날의 절망이나 현재의 근심으로부터도 자유하게 되었습니다. 그래서 원수들 앞에서도 크게 입을 열어 말할 수 있게 되었던 것입니다. 한나에게 하나님은 창조의 하나님, 구원의 하나님, 거룩한 하나님이 되셨습니다. 어떤 이상도 보이지 않고 어떤 영적인 부흥도 일어나지 않았던 이 시기에 하나님은 한 여인의 아픈 기도를 들으시고 생명의 역사를 열어 주셨습니다. 그 분은 한나에게 영원한 반석, 창조의 하나님이 되셨습니다.

하나님은 한나에게 아들을 주셨을 뿐 아니라 그 아들을 암울하고 패역한 세대를 이끌어 갈 지도자로 키우게 하셨습니다. 이 사건을 보면서 우리는 기도하는 한나에게 관심을 갖기보다는 역사의 주인이신 하나님에게 관심을 가져야 합니다. 대부분 우리들은 한나의 기도하는 모습에 감동을 받고 자극을 받습니다만 더욱 중요한 것은 한나를 기도하게 하시는 하나님의 놀라운 역사입니다. 어떤 상황이나 시대에도 하나님은 이렇게 항상 역사를 인도하시며 역사를 주관하시는 분이시라는 사실을 우리는 깨달아야 합니다. 신실하신 하나님께서는 언제나 이스라엘에게 빛이 되시고 소망이 되어 주셨습니다. 사람들은 하나님이 언약을 잊어버리신 것이 아닐까 생각했을지 모르지만 하나님은 경건한 레위인의 가정을 통해 그 언약을 기억하게 하시며 그 분이 창조주 하나님 되심을 고백 받습니다. 하나님은 이스라엘의 미래를 약속하는 하나님이십니다. 그 미래를 책임져 주시는 분이십니다. 이스라엘을 회복하시기 원하시는 하나님의 사랑이 한나를 통해 나타났습니다. 한나의 태를 열어 주시면서 하나님은 이스라엘을 향한 성실한 약속을 지켜 나가시고 계십니다.

보통 이 사건을 모본적으로 해석한다면 우리가 이 사건에서 강조하고 관심을 갖게 되는 것은 한나의 기도입니다. 많은 설교에서 우리는 한나의 절박한 기도 술취한 것처럼 열심히 드리는 기도의 모형의 예로 한나의 기도를 사용하는 것을 봅니다. 그렇게 해석이 된다면 이 사건의 초점은 바로 한나라는 여인입니다. 한나라는 여인의 믿음, 열심 있는 기도에 초점을 두게 됩니다. 그렇다면 결국 이 해석은 인간적이며, 모벅적인 해석으로 전락하게 되는 것입니다. 그러나 이것을 구원의 드라마로 읽어내려 갈 때에는 언약의 성실한 하나님께서 한 여인의 기도를 사용하셔서 이스라엘에게 새로운 지도자를 주시고 약속하신 역사를 이끌어 가신다는 사실에 강조점을 두어야 할 것입니다. 그것이 바로 성경을 구원의 드라마로 읽는 길입니다. 또한 태가 닫힌 작은 여성들을 역사의 주인공으로 삼으셔서 창조의 역사를, 구원의 드라마를 인도하시는 하나님에게 관심을 모아야 하는 것입니다. 하나님은 어떤 시기에도 이스라엘과 함께 하셨으며 언약을 신실하게 지켜나가셨습니다. 사무엘을 보내시면서 하나님은 이스라엘을 다시 예배의 백성으로 회복하실 준비를 하셨습니다.

01 여러분들도 한나처럼 절박하게 기도로 주님 앞에 나아간 적이 있었나요? 그렇다면 요즘도 그런 기도를 하고 계신가요?

02 아기를 못 낳는 여인들을 통하여 역사를 이끌어 가시는 하나님의 의도는 무엇일까요?

03 한나의 기도를 읽어 내려가면서 가장 중요한 핵심적 메시지는 무엇이라고 보십니까?

16-2

○ ○ ○

우리에게 **보이는** 왕을 주소서

○ ○ ○

"이스라엘 모든 장로가 모여 라마에 있는 사무엘에게 나아가서 그에게 이르되

보소서 당신은 늙고 당신의 아들들은 당신의 행위를 따르지 아니하니 모든 나라와 같이

우리에게 왕을 세워 우리를 다스리게 하소서 한지라"(삼상 8:4,5).

묵상 여행 한나를 통하여 성전에 바쳐진 사무엘은 엘리 제사장의 가족과 함께 자라났습니다. 그가 성전에서 잠을 자며 훈련을 받을 때에 하나님은 그를 세 번이나 부르셨는데 네 번째에야 비로소 하나님의 음성인 줄을 알고 순종하였던 사무엘입니다. 그는 성장하여 사사, 제사장, 선지자로서 일하게 됩니다. 하나님은 다시 신정체제를 회복시키고 꺼져 가는 이스라엘의 영적인 상태를 다시 살리기를 원하셔서 사무엘에게 이러한 중요한 사명을 감당하게 하신 것입니다. 그러나 백성들은 하나님의 명령을 따르기보다 보이는 왕에게 관심을 가지기 시작하였습니다.

수시로 외부의 침입을 받는 이스라엘은 쳐들어오는 이웃 나라와 거민들에게 대처할 힘이 없었습니다. 그들은 전쟁이 날 때마다 언약궤를 매고 나갔습니다. 하지만 그들은 계속 실패할 뿐이었습니

다. 사실은 언약궤가 신비로운 힘을 가진 것이 아니라 하나님께 능력이 있는 것입니다. 하나님 없는 전쟁에서 그들은 실패할 수밖에 없었습니다. 하나님 없는 예배에서 그들은 능력을 상실할 수밖에 없었습니다. 형식만 남은 신앙생활은 그들을 더욱 무력하게 만들었습니다.

백성들은 전쟁에서 실패하는 이유가 전쟁에 나가서 용감하게 싸워줄 왕이 없기 때문이라고 생각하였습니다. 그래서 백성들은 사무엘에게 보이는 왕을 달라고 요청합니다. 그들은 이제 더 이상 보이지 않는 하나님의 다스림을 받기를 원하지 않습니다. 그들은 블레셋의 왕처럼 친히 전쟁터에서 자신들을 위하여 싸워줄 용감하고 전투적인 왕을 원합니다. 그들은 이미 강한 팔로 광야에서 그들을 생존하게 하셨던 하나님의 능력을 잃어버렸습니다. 그리고 가나안 정복에서 승리하신 하나님을 잊어버렸습니다. 그들의 관심은 보이지 않는 것으로부터 보이는 것으로 이동합니다. 백성들의 눈이 멀기 시작하였기 때문에 점점 더 보이는 세속 세계에 관심을 갖게 되었습니다. 보이는 왕을 요청한다는 것은 구체적으로 하나님을 버리겠다는 마음의 표시였습니다.

이것은 하나님의 신정정치에 대한 도전이었습니다. 하나님을 거부하고 하나님의 다스림을 받지 않겠다는 것입니다. 그것은 하나님을 섬기는 것보다 보이는 인간을 하나님으로 섬기겠다는 도전장인 것입니다. 하나님은 배교하는 인간의 중심을 보시고 계셨습니다. 왕을 달라고 하는 이야기에는 하나님을 더 이상 하나님으로 섬기지 않겠으며 다른 하나님으로 마음을 돌리겠다는 의도가 포함되어 있었던 것입니다. 지금까지 어려울 때나 추울 때나 그들이 가난할 때에도, 부할 때에도, 한결같이 함께 하셨던 하나님의 은혜도 기억하고 싶지 않다는 뜻입니다.

"여호와께서 사무엘에게 이르시되 백성이 내게 한 말을 다 들으라 그들이 너를 버림이 아니요 나를 버려 자기들의 왕이 되지 못하게 함이니라" (삼상 8:7).

하나님은 사무엘에게 백성들이 왕정제도가 가져오는 폐단을 알도록 전하라고 말씀해주셨습니다. 사무엘은 백성에게 앞으로 얼마나 세상적인 왕으로 인하여 고통을 받게 될지 설명을 하지만 백성들은 막무가내였습니다. 왕을 뽑으면 그가 무거운 세금을 징수할 것이며 아들들은 군대로 나아가야 할 것이고 딸들은 궁정을 위하여 일하여야 할 것입니다. 왕을 섬기기 위하여 가장 좋은 음식과 금은보화가 바쳐져야 할 것이며, 왕의 욕심을 위하여 많은 사람들이 희생당하여야 할 것입니다. 이러한 폐단들을 상세히 설명하였지만 백성들의 마음은 이미 보이는 왕에게 빠져 있었습니다. 그들의 굳은 마음은 하나님께로 돌아오지 않았습니다. 하나님은 이러한 백성들의 마음을 보시고 왕의 제도를 허락하십니다.

백성들에게 좋은 제도는 아니지만 그들이 원하는 것을 허락하시는 하나님에게서 우리는 또 한 번 인간의 배교를 넘어서는 하나님의 깊은 사랑과 은총을 보게 됩니다. 사실 이 사건은 아담의 사건

이후 또 하나의 가슴 아픈 사건입니다. 이 사건으로 인해 하나님은 이스라엘을 향한 사랑에 많은 상처를 받게 됩니다. 하나님이 원하시는 것은 영원부터 영원까지 오직 이 백성과 함께 거하시며 교제하시고 그들을 다스리는 왕이 되시는 것이었습니다. 그래서 어둠 속에서는 불기둥으로, 더위 속에서는 구름기둥으로, 아무 것도 없는 곳에서는 생수와 만나로 함께 하셨던 것입니다. 백성이 풍요하게 살기를 원하시는 하나님은 가나안 땅도 정복할 수 있도록 싸워주셨던 것입니다. 하나님으로부터 받지 않은 것이 없을 정도로 백성들은 놀라운 축복을 누려 왔습니다. 그러나 축복을 받고 이제 와서는 "당신 같은 하나님은 필요없다."고 외면하고 있는 것입니다. 그들은 보이는 왕이 자신들의 모든 문제를 해결해주고, 자신들을 위하여 힘차게 싸워줄 것을 믿고 있었습니다.

그렇다면 하나님은 왜 그들에게 이런 폐단이 있는 인본주의적 왕의 제도를 허락하시는 것일까요? 그것은 인격적인 하나님께서 백성들이 왕의 제도가 얼마나 나쁜 것인지 직접 경험하게 하시기 위함이었습니다. 그것은 하나님이 강요로 백성들을 인도하시는 분이 아니라 인격적인 분이시기 때문에 그들이 경험하고 스스로 선택할 수 있는 기회를 주신 것입니다. 그리고 하나님 한 분만을 소중하게 생각하고 돌아올 수 있기를 기다리십니다.

이것은 누가복음 15장과 연결하여 이해할 수 있습니다. 탕자의 비유에서도 이와 비슷한 사건이 일어납니다. 탕자는 많은 유산을 가지고 가서 탕진하고 나서야 비로소 아버지가 얼마나 소중한가를 깨닫습니다. 아버지는 자신의 재산을 탕진하면서까지 아들이 아들 되어 돌아오기를 기다렸던 것입니다. 아들이 스스로 깨닫고 집으로 돌아올 때까지 사랑으로 기다렸던 것입니다. 아들이 결국에 깨달은 것은 이 세상에서 가장 중요한 것이 돈도 아니요, 사업체도 아니요, 여자도 아니요, 아버지의 사랑이라는 사실이었습니다. 아버지가 단순히 돈을 주고 자신의 뒤를 후원하는 자가 아니라 사랑의 관계를 가질 자로서 가장 소중한 분임을 까닫습니다. 그는 방탕한 생활로 재산을 다 소진하며 귀한 교훈을 받습니다. 아버지와의 사랑의 관계, 인격적인 관계가 가장 큰 재산이며 보물이며 보화이며 놓칠 수 없는 것임을 깨닫습니다.

이러한 사건을 통하여 이스라엘은 왕의 제도를 체험하게 되고 그 안에서 수많은 폐단과 왕의 횡포를 체험하게 됩니다. 그리고 진정한 왕의 다스림을 소망합니다. 사랑과 공의로 다스릴 수 있는 왕을 소망합니다. 그러한 소망이 바로 메시아 대망 사상으로 연결되는 것입니다.

생활 적용 〉〉〉 **구속사적 성경** 묵상여행_ 구약편

01 여러분에게 보이는 왕은 실제적으로 어떤 것들입니까?

02 여러분은 하나님을 인격적으로 만났습니까? 아니면 하나님이 가지고 있는 선물에 더 관심이 있는지요?

16-3

○ ○ ○

중보적 왕정정치의 시작

○ ○ ○

"그 밤에 여호와의 말씀이 나단에게 임하여 이르시되 가서

내 종 다윗에게 말하기를 여호와께서 이와 같이 말씀하시되 네가 나를 위하여

내가 살 집을 건축하겠느냐"(삼하 7:4,5).

묵상 여행 이제 이스라엘의 앞날은 어떻게 될까요? 이웃의 강한 족속들에 의해 시달리던 이스라엘은 왕정정치를 하나님께 요구하게 됩니다. 하나님은 마음이 아프셨습니다. 그분은 신본정치를 원하시며 직접 그들의 왕이 되시기를 원하셨던 것입니다. 그래서 광야를 통과할 때도 함께 하셨고 전쟁을 치를 때에도 직접 싸우시기도 하셨습니다. 하나님은 왕을 요구하는 백성들의 요구가 하나님을 떠나는 행위임을 알았습니다.

하나님은 백성들이 왕정정치의 폐단으로 인해 하나님의 통치를 그리워하며, 사랑과 공의로 다스릴 참된 왕을 기다리도록 하기 위하여 왕정정치를 허락하셨습니다. 이러한 왕정정치를 통하여 메시아 대망의 사상이 백성들 가운데 생기도록 인도하셨습니다. 왕정정치에 시달린 백성들이 참 하나님의 통치 아래로 돌아오도록 기회를

주시고자 하셨습니다. 드디어 하나님은 사무엘을 통하여 사울을 왕으로 기름 부으시고 중보적 왕정정치를 시작하십니다. 중보적 왕정정치는 모든 정치를 온전히 왕에게만 맡기지 아니하시고 선지자를 세워서 하나님의 말씀으로 다스릴 수 있도록 돕는 왕정정치입니다.

하나님은 가장 작은 지파인 베냐민 사람인 사울에게 눈을 두셨습니다. 그는 40세 되었을 때에 왕이 되었습니다. 사울은 처음에는 하나님을 경외하는 겸손한 사람이었습니다. 그러나 치리하기 시작한 지 2년 되던 해에 그는 하나님의 명령에 순종하지 않고 제사장이 해야 할 일을 자신이 대신하는 잘못을 범하였습니다.

하나님은 사울을 왕으로 세우신 것을 후회하시며(삼상 15:11) 다윗을 왕으로 세워 이스라엘을 이끌어 가도록 하셨습니다. 결국 사울은 하나님의 명령을 어기고 자신의 뜻대로 정치를 하다가 자살로 인생을 마치게 됩니다. 다윗은 이새의 아들 가운데 가장 어린 자였습니다. 그는 양치는 목동이었는데 하나님은 사무엘을 베들레헴 이새의 집으로 인도하셨습니다. 이새는 건장하고 씩씩하게 생긴 여덟 아들을 두었는데 막내가 바로 다윗이었습니다. 하나님은 중심을 보시고 다윗을 왕으로 기름 부으셨습니다.

사무엘을 통하여 다윗에게 기름을 부은 사건은 구속사적으로 매우 중요한 사건입니다. 사울이 아직 왕으로 있을 때에 하나님은 강권적으로 다윗을 왕으로 기름 부으셨습니다. 이 사건을 통해서 우리는 외면적으로는 사울이 왕이지만 실제적으로 이스라엘을 다스리는 분은 하나님이심을 알게 됩니다. 역사의 주인은 하나님이시며 어떤 세상의 권위도 하나님이 인정하시지 않으면 아무 의미가 없는 것임을 깨닫게 됩니다. 그러므로 세상의 지도자들 가운데에는 하나님이 사용하시는 지도자들과 이미 하나님이 떠나서 버려두시는 지도자들이 있음을 알게 됩니다.

하나님은 세우신 왕들이 제대로 정치를 하도록 왕의 주위에 선지자를 세워주셨습니다. 그러므로 이제 사사 시대는 끝나고 선지자와 왕의 시대가 열리게 되었습니다. 이런 의미에서 사무엘은 최후의 사사이면서 최초의 선지자라고 볼 수 있습니다. 사울 왕이 치리하는 동안에 사무엘은 언제나 곁에서 하나님의 음성을 들려주었습니다. 하나님이 무엇을 원하시며 하나님이 어떤 것에 대하여 실망하셨는지 알려주었습니다. 그래서 하나님의 말씀에 합당한 정치를 하도록 도왔습니다.

또한 다윗에게는 나단 선지자가 곁에 있었습니다. 밧세바와의 동침이 있었을 때에도 하나님은 나단 선지자를 보내어 잘못된 것을 지적하게 하셨습니다. 왕정정치임에도 불구하고 하나님이 선지자를 통해서 개입하시는 정치가 바로 중보적 왕정정치입니다.

그러므로 하나님이 보내신 선지자의 말을 경청하는 지도자들은 바른 정치를 하였고 그렇지 않은 왕들은 인간적 욕심대로 정치를 하여 결과적으로 하나님이 떠나시게 하는 우를 범하였습니다. 그러나 하나님은 하나님이 보낸 선지자의 메시지를 듣고 즉각적으로 회개하였을 때에는 용서하여 주시고 함께 하는 축복을 주셨습니다.

이렇게 왕의 정치를 할 때에 잘못된 것을 경고하고 수시로 하나님의 뜻을 분별하여 메시지를 전하는 자가 선지자이며, 이러한 정치를 중보적 왕정정치라고 말합니다. 하나님과 왕 사이에서 선지자들이 하나님의 말씀을 전함으로 정치가 세속적으로 나아갈 때에 견제를 받는 정치가 바로 중보적 왕정정치인 것입니다. 이것이 이스라엘이 왕정정치를 함에도 불구하고 다른 이웃 나라와의 다른 점이 있었습니다. 다른 이웃 나라들은 왕이 정치를 하지만 그 뒤에 하나님이 계시지 않습니다. 그러나 이스라엘은 다른 나라들처럼 왕이 다스리면서도 근본적으로는 하나님이 역사의 주권을 가지시고 인도하는 정치였습니다.

그러므로 왕도 정치를 잘해야 하지만 선지자도 바르게 하나님의 말씀을 전해야 합니다. 이제 이스라엘은 세 가지 제도를 갖게 됩니다.

1. 백성들의 죄의 문지를 하나님 앞에 들고나가는 제사장들
2. 하나님의 메시지를 가지고 와서 백성에게 전하는 선지자
3. 정치를 하는 왕

이 세 가지 제도는 예수 그리스도에 와서 완성이 됩니다. 예수님은 다스리는 왕의 사역도 완성하시고 제사장과 선지자의 사역도 완성하십니다. 결국 중보적 왕정정치는 앞으로 오실 예수 그리스도가 다스릴 정치를 예표하고 있었습니다. 또한 이러한 사역들은 현

재 목사들에 의해 이어지고 있습니다. 제사장으로서의 사명, 선지자로서의 사명 이것이 두 가지가 목사들에게 있어서 중요한 사명이 됩니다.

저는 중보적 왕정정치를 하도록 허락하시는 하나님으로부터 인간의 배교를 넘어서는 사랑과 은총을 체험하게 됩니다. 은혜를 받은 것을 감사하지 못하고 보이는 왕을 달라고 외치는 백성들에게서 현재 우리들의 모습을 보기도 합니다. 그러나 감사한 것은 이러한 왕정정치를 통하여 백성들이 많은 것을 배우고 교훈 받았다는 사실입니다. 백성들은 인간적인 왕들이 자신이 기대하였던 사랑과 공의의 정치를 할 수 없다는 것을 실제로 체험하게 되면서 메시아를 기다리게 되었습니다. 그러므로 이러한 과정을 통해서 백성들의 배교가 있다고 하여도 하나님은 결코 그들을 떠나지도 않으시고 버리지도 않으신다는 것을 보게 됩니다. 다시 한 번 이러한 역사 가운데 흐르는 구원의 손길을 보게 되며 하나님의 사랑을 만나게 됩니다.

>>> 구속사적 성경 묵상여행_ 구약편

01 사울로부터 하나님과 사무엘이 떠나는 이유는 어디에 있을까요?

02 중보적 왕정정치를 통하여 나타나는 하나님의 사랑은 과연 어떤 것일까요?

17-1

○ ○ ○

다윗과 요나단의 우정

○ ○ ○

"다윗이 사울에게 말하기를 마치매 요나단의 마음이 다윗의 마음과 하나가 되어 요나단이 그를 자기 생명같이 사랑하니라"(삼상 18:1).

성경에 나오는 가장 아름다운 우정이 있다고 한다면 다윗과 요나단의 이야기입니다. 남녀의 사랑보다도 더 승하고 어떤 우정도 따라가지 못할 정도로 다정했던 두 사람의 이야기, 다윗과 요나단의 이야기를 읽을 때마다 감동을 받습니다. 그렇다면 성경에서 이 두 사람을 통하여 주시고자 하는 메지시는 단순히 우정에 대한 것일까요?

쫓기는 과정 가운데에서도 요나단과 다윗의 우정은 더욱 아름답게 피어났습니다. 그들이 서로 사랑하기를 생명을 나눈 것과 같다고 하였습니다. 사울 왕이 다윗을 죽이기 위해 온 정신을 다 쏟고 있을 때에도 요나단은 다윗을 사랑으로 지켜줍니다. 또한 다윗은 사울을 죽일 수 있는 기회가 있었지만 결코 그를 죽이지 않았습니다. 이것은 모든 생명이 하나님의 것임을 고백하는 다윗의 신앙고백에서 나오는 것이었습니다. 사울이 아무리 다윗을 해치려고 하여도 다윗의 생명이 하나님에게 속한 것처럼 사울의 생명도 하나님에게 속하였음을 다윗은 믿고 있었습니다. 또한 하나님이 세우신 기름 부은 종에게 해를 끼치고 싶지 않았습니다. 여기에서 다윗이 하나님을 얼마나 사랑하고 경외하는가를 보게 됩니다.

다윗은 이러한 암울하고도 괴로운 시기에도 하나님을 찬양하는 아름다운 시편들을 부르면서 하나님을 떠나지 않았습니다. 어려운 시기나 풍족한 시기나 사망의 음침한 골짜기를 다닐 때에도 그는 언제나 주님 한 분으로 만족할 수 있었습니다(시 23:1). 이러한 시편들에는 다윗의 고뇌와 고독이 들어 있습니다. 그러면서도 언제나 동행하시는 하나님의 아름다운 손길을 찬양하고 있습니다. 그의 기쁨은 외부적인 환경에 있지 않고 하나님이 함께 하시는 내적인 신앙고백에서 우러나오는 것이었습니다. 하나님은 이러한 다윗을 사랑하셨습니다.

"여호와여 어느 때까지니이까 나를 영영히 잊으시나이까 주의 얼굴을 나에게서 어느 때까지 숨기시겠나이까 나는 오직 주의 사랑을 의지하였사오니 나의 마음은 주의 구원을 기뻐하리이다"(시 13:1, 5).

요나단과 다윗의 이야기는 우리들이 우정을 말할 때에 가장 많이 인용되고 있는 스토리입니다. 남자 친구간의 사랑, 우정이 우리들의 마음을 감동하게 합니다. 또한 사울 왕의 끈질긴 추적에서 다윗을 돕는 요나단의 우정을 볼 때 마음이 시리도록 감동을 받습니다. 또한 사울 왕과 요나단이 죽고 나서 요나단의 아들 므비보셋을 찾아서 자신의 밥상에서 함께 밥을 먹는 다윗 왕의 마음 속에는 영원히 사라지지 않는 요나단의 사랑과 우정이 남아있었던 것입니다. 그렇다면 요나단과 다윗의 이야기를 이러한 우정의 맥락에서만 읽어야 할까요?

단순히 이 사건을 우정의 관점에서 해석한다면 그것은 모범적으로 성경을 읽는 것에 지나지 않습니다. 사실 요나단과 다윗과 같은 우정의 예화를 찾으려고 한다면 굳이 그 두 사람이 아니라고 하여도 세상에는 너무나 많은 우정에 관한 스토리들이 많이 있습니다. 그러므로 이 사건은 우리가 구속사적으로 읽을 때에 요나단과 다윗의 우정을 넘어선 하나님의 섭리를 발견하게 됩니다.

구속사적으로 성경을 읽어 내려간다고 할 때 다윗과 요나단의 스토리는 우정 이상의 것을 암시하고 있습니다. 그 당시 질투에 가득 차 있던 사울은 몇 천 명의 군대를 이끌고 단지 다윗 하나를 없애기 위하여 쫓아다니고 있었습니다. 하나님은 다윗의 생명을 보전하기를 원하셨고 다윗의 후손 가은데에서 그리스도가 오시는 길이 예비되기를 원하셨습니다. 하지만 사울의 기세로 볼 때 다윗의 생명은 안전하지가 않았습니다.

여호와 이레의 하나님께서 요나단과 다윗의 우정을 사용하여 다윗의 생명을 보존하고 보호하여 주십니다. 요나단은 요나단대로 하나님 앞에서 중요한 존재이지만 요나단의 인생이 다윗과 예수 그리스도의 오시는 길을 위하여 특별하게 사용되고 있는 것입니다. 하나님은 다윗과 무조건적인 약속을 하시는데 그것은 바로 왕권에 관한 것이었습니다.

> "이새의 줄기에서 한 싹이 나며 그 뿌리에서 한 가지가 나서 결실할 것이요"(사 11:1).

> "그 날에 이새의 뿌리에서 한 싹이 나서 만민의 기치로 설 것이요 열방이 그에게로 돌아오리니 그가 거한 곳이 영화로우리라"(사 11:10).

하나님은 이새의 줄기에서 메시아의 도래를 준비하셨고 이새의 아들 가운데서 다윗을 선택하였습니다. 그리고 그 왕권의 영원함을 언약하셨습니다. 이렇게 그리스도가 오실 계보인 다윗의 생명을 보호하는 도구로 요나단을 세워주신 것입니다. 우리는 이러한 우정 가운데 그들의 손을 붙잡아 주시는 하나님의 사랑을 보게 됩니다. 이것은 막힌 담을 허시고 화해자가 되신 그리스도의 사랑을 보는 것 같습니다. 다윗의 왕 계보를 통하여 그리스도가 나올 것이기 때문에 하나님은 요나단의 다윗에 대한 우정을 통해서 다윗의 생명을 지켜주셨습니다. 사탄을 이기시고 승리하실 그리스도의 계보가 다윗 계보입니다. 하나님은 이렇게 역사를 간접적으로 인도하시고 계십니다. 우리는 요나단과 다윗의 우정 뒤에 있는 하나님의 섭리를 읽을 수 있어야 합니다.

그러므로 다윗과 요나단의 이야기를 읽으면서 우리는 단순히 두 사람의 우정만을 생각하는 것이 아니라 그 뒤에서 구속사의 큰 강물을 이끌어 가시는 하나님께 관심을 두어야 합니다. 생육하고 번성하고 충만하라고 명령하신 주님께서 다윗의 생명을 존중히 여겨주시고 지켜주시기 위하여 요나단의 인생의 도구가 된 것입니다. 하나님은 약속의 하나님이십니다. 이는 하늘의 별처럼, 바다의 모래알처럼 이스라엘을 창대케 하시겠다고 약속하신 하나님의 말씀이 잊혀지고 있지 않을 뿐만 아니라 성취된다는 것을 보여주시기 위함이기도 합니다.

그렇다고 해서 요나단의 인생이 단지 다윗의 생명을 지켜주기 위한 도구로서만 가치만 있는 것은 아닙니다. 요나단은 요나단대로 하나님 앞에서 중요한 인생을 살았습니다. 그러나 다윗과 함께 하는 순간에는 하나님이 이끄시는 구속의 역사의 의의 병기로 사용되어진 것입니다. 그렇게 됨으로 다윗의 가문에서 예수 그리스도가 나오시는 생명의 역사가 이어질 수가 있었습니다.

생활 적용　　구속사적 성경 묵상여행_ 구약편

01 여러분의 인생에서 가장 큰 의미를 주는 친구는 누구입니까? 그리고 그 이유는 무엇입니까?

02 주 안에서의 친구와 세상에 속한 친구들의 차이는 무엇이라고 보시는지요?

17-2

○ ○ ○

다윗과 맺으신 **영원한 언약**

○ ○ ○

"네 집과 네 나라가 내 앞에서 영원히 보전되고

네 위가 영원히 견고하리라 하셨다 하라 나단이 이 모든 말씀들과

이 모든 계시대로 다윗에게 말하니라"(삼하 7:16,17).

하나님은 하나님이 되시기 위하여 온 세상을 창조하셨습니다. 그리고 하나님 나라를 세우기 위하여 이스라엘을 선택하셨고 아브라함과 언약을 맺으셨습니다. 나라가 존재하기 위하여 기본적으로 필요한 것이 네 가지입니다. 첫째 땅이 필요합니다. 둘째 사람이 필요합니다. 셋째 법이 필요합니다. 넷째 다스리는 자, 왕이 필요합니다.

첫 번째 아브라함과의 언약에서 하나님은 아브라함에게 땅과 후손에 대한 약속을 하셨습니다. 나라가 세워지기 위하여 필요한 국토와 국민을 허락하신 것입니다. 그리고 모세와는 시내산 언약을 맺으시면서 나라에게 꼭 필요한 법^{헌법}을 주셨습니다. 그렇다면 나라가 온전히 세워지기 위하여 마지막으로 필요한 것은 무엇입니까? 그것이 바로 다스리는 자, 왕입니다. 하나님은 이스라엘이 달라고

부르짖는 왕을 허락하시고 사울과 다윗 왕에게 기름을 부어주셨습니다. 그런데 이번에는 다윗 왕과 연약을 맺으십니다. 그것은 무조건적인 언약으로서 왕권에 대한 약속입니다. 영원히 그 왕권이 흔들리지 않는다는 약속입니다. 이러한 약속은 다윗 왕과 밧세바의 불륜의 사건이 있은 후에 이루어집니다. 하나님은 나단 선지자를 통하여 다윗의 왕권이 영원히 흔들티지 않을 것을 약속해 주셨습니다. 다윗 왕은 감격하여 하나님 앞어 이렇게 기도합니다.

"다윗 왕이 여호와 앞에 들어가 앉아서 이르되 주 여호와여 나는 누구이오며 내 집은 무엇이기에 나를 여기까지 이르게 하셨나이까 주께서 주의 백성 이스라엘을 세우사 영원히 주의 백성으로 삼으셨사오니 여호와여 주께서 그들의 하나님이 되셨나이다"(삼하 7:18, 24).

곧 주님은 우리의 하나님이 되신다는 고백입니다. 단순히 구원자가 아니고 다스리는 자, 하나님이 하나님이 되신다는 고백을 합니다. 다윗 왕과의 언약은 하나님이 나라를 세우기 위한 마지막 약속이었습니다. 그런데 이 네 가지 약속을 가만히 살펴보게 되면 궁극적으로는 이 네 가지 언약의 내용이 예수 그리스도임을 알게 됩니다. 땅도 그리스도, 씨도 그리스도, 법도 그리스도, 왕권도 그리스도에 대한 것임을 알게 됩니다. 구약의 이러한 언약은 결국 신약에 가서 예수 그리스도에 의하여 완성을 보게 됩니다. 구약에서의 언약은 영원한 것이 되지 못하였습니다. 하지만 그리스도를 통하여 영원한 약속으로 연결됩니다.

저는 다윗의 이 고백을 읽는 순간 또 다른 의미의 중생의 체험을 하였습니다. 그리고 "이제부터 저를 다스려 주시옵소서. 그리고 그 다스림에 순종하는 제가 되도록 도와주시옵소서."라고 기도하였습니다. 오랫동안 신앙생활을 하면서도 그 분의 다스림을 받기보다는 그의 도움만을 구하며 살아온 것을 깨달았습니다. 하나님을 필요로 할 때 공급해 주며 어려울 때는 수호신처럼 지켜 주시는 하나님으로만 고백하였습니다. 솔직히 하나님이 저의 하나님이 되심의 의미를 잘 몰랐던 것입니다. 하나님이 가장 듣기 원하시는 "저희 하나님이 되셨나이다." 라는 고백이 저의 입을 통해 한 번도 고백되어지지 않았음을 회개하였습니다. 고백을 하지 않았을 뿐 아니라 그 고백대로 살지도 못한 것을 회개하였습니다.

그렇다면 나의 삶에서 하나님이 하나님 되신다는 의미는 무엇입니까? 그것은 그의 다스림을 받는 것을 뜻합니다. 저는 회개하며 한 달 동안 성서연구교재를 집필했습니다. 그 책이 바로 『나는 그들의 하나님이 되리라』라는 책이었습니다. 그리고 이 묵상여행이 바로 그 내용입니다. 하나님이 하나님이 되시고자 이루어가시는 구속의 드라마를 열어주셔서 교재로 만든 것입니다.

하나님은 다윗을 택하여 그들의 하나님이 되어 주시고 그의 왕권을 통하여 예수 그리스도가 오는 길을 예비하셨습니다. 다윗의 가문을 통하여 "씨"를 하늘의 별처럼, 땅의 모래처럼 창대하게 하신다는 약속을 완성하셨던 것입니다. 물론 다윗을 통하여 이러한 후손이 창대하게 된다는 의미가 아니라 다윗의 계보에서 오실 예수 그리스도를 통하여 이러한 후손을 완성하신다는 뜻입니다. 예수 그리스도를 통하여 믿는 자들의 후손이 이 땅을 덮을 것입니다. 그의 십자가 사건을 통하여, 그의 보혈의 피로 인하여 중생하는 자들이 이 땅을 덮을 것입니다.

다윗은 훌륭한 왕이고 하나님의 사랑을 받았지만 한편 많은 죄와 실수를 범한 사람이었습니다. 그는 하나님 앞에서 간음죄를 범하기도 하였습니다(삼하 11:1-12:25). 그는 부하의 아내 밧세바를 범하고 임신을 하게 했습니다. 그리고 그 사실을 숨기기 위하여 우리아를 가장 위험한 전쟁터로 보내어 죽게 만드는 죄를 범했습니다. 하나님을 섬기고 하나님을 경외하는 다윗도 음욕을 다스리지 못하고 무서운 간음죄를 범하게 된 것이었습니다.

이럴 때를 위하여 세우신 나단 선지자를 하나님은 다윗에게 보내십니다. 그리고 그의 죄를 고발합니다. 다윗은 하나님을 두려워하고 모든 능력과 권위가 하나님으로부터 온다고 믿었기 때문에 나단 선지자가 지적한 대로 자신의 죄를 겸손히 시인하며 하나님 앞에 무릎을 꿇었습니다. 이렇게 회가를 할 줄 아는 사람이었기 때문에 하나님은 그를 용서하시고 계속 사랑해 주셨습니다.

이러한 다윗과 하나님은 무조건적인 언약을 맺게 됩니다. 그러므로 다윗과의 언약을 보더라도 다윗의 행위나 공로가 뛰어나서 선택을 받은 것이 아니라 하나님의 전적인 은총으로 다윗이 택함을 받고 왕권을 이어가는 것임을 알게 됩니다. 그 은총이 영원한 왕권

예수 그리스도가 오는 길을 예비한 것입니다.

하나님을 하나님으로 모시고 다윗의 하나님이 되도록 순종하며 회개한 다윗을 하나님은 위대한 가문의 머리로 삼아주셨습니다. 하지만 이 왕권이 영원한 것은 아니었습니다. 예수 그리스도에 의하여 완전하고도 영원한 왕권으로 완성되었습니다.

01 여러분에게 있어서 하나님은 단순히 구원자이십니까? 다스리는 분이십니까?

02 다윗의 훌륭한 점은 무엇이라고 보시는지요? 이점에 있어서 사울 왕과 다른 것은 무엇이라고 보시는지요?

17-3

○ ○ ○

솔로몬과 성전건축

○ ○ ○

"이제 여호와께서 말씀하신 대로 이루시도다 내가 여호와께서 말씀하신 대로 내 아버지 다윗을 이어서 일어나 이스라엘의 왕위에 앉고 이스라엘 하나님 여호와의 이름을 위하여 성전을 건축하고 내가 또 그 곳에 우리 열조를 애굽 땅에서 인도하여 내실 때에 그들과 세우신 바 여호와의 언약 넣은 궤를 위하여 한 처소를 설치하였노라"(왕상 8:20,21).

묵상 여행 유대인이라면 하나님의 성전을 짓는다는 것이 얼마나 영광스러운 일인지 잘 알고 있습니다. 하나님의 임재 장소의 상징인 성전을 중심으로 그들의 삶은 이루어졌습니다. 하나님의 사랑과 은혜를 입은 다윗은 하나님께 대하여 무엇인가를 해 드려야 한다고 생각했고 하나님께서 거하시는 성전을 짓기를 그토록 소원하였습니다. 하지만 다윗은 전쟁터에서 너무나 피를 많이 흘리어 평화의 상징인 성전 건축을 허락받지 못합니다. 하나님은 성전에서 화해의 역사가 이루어져야 하기 때문에 너무 피를 많이 흘린 전쟁의 왕, 다윗에게 이 일을 맡기시지 않았습니다. 그래서 다윗 대신 솔로몬이 성전을 건축하도록 허락하십니다. 이것은 이동하기 위한 성전이 아니라 가나안 땅에 붙박힌 성전이었습니다.

다윗의 아들 솔로몬은 어떤 사람이었습니까? 솔로몬은 밧세바를 통해서 얻은 아들입니다. 솔로몬은 모든 부와 가문과 명예와 지식을 가진 사람이었습니다. 솔로몬은 젊어서 아가서를 기록하였고 중년기에는 잠언을 기록하였고 늙어서는 전도서를 기록하였다고 합니다. 그는 하나님께 지혜를 구하여 모든 사람이 그에 대한 경외감을 갖게 하기도 하였습니다. 그는 이스라엘의 번영을 이룩하였으며 온 세계에 그의 이름이 전해졌습니다.

그러한 솔로몬은 하나님의 성전을 봉헌하는 놀라운 영광을 누리게 되었습니다. 아버지 다윗 왕이 할 수 없었던 놀라운 사역을 하나님은 솔로몬을 통하여 이루셨던 것입니다. 다윗은 성전을 짓기 위한 모든 건축자재들을 준비하였고(대상 22:5, 14-16) 솔로몬은 드디어 성전을 건축합니다. 최상품의 재료를 사용하여 만 7년 6개월 만에 성전을 준공하였습니다. 그가 이 성전을 짓기 위하여 사용한 역군들이 183,300명이나 된다고 하니 그가 얼마나 심혈을 기울여 건축하였는지 실감납니다.

솔로몬이 이 성전 건축을 마칠 때에 하나님은 다윗과 맺은 언약을 다시 그와 맺으셨습니다. 하나님은 솔로몬이 하나님의 법도를 따르고 법도대로 살면 그의 이스라엘 왕위를 영원히 견고하게 하시겠지만 그 율례를 떠나서 생활하게 되면 무서운 길을 걷게 될 것이라고 경고하셨습니다. 이러한 경고에도 불구하고 솔로몬은 하나님의 법도를 떠나서 살게 됩니다.

"내가 이스라엘을 내가 그들에게 준 땅에서 끊어버릴 것이요 내 이름을 위하여 내가 거룩하게 구별한 이 전이라도 내 앞에서 던져 버리리니 이스라엘은 모든 민족 가운데서 속담거리와 이야기거리가 될 것이며"(왕상 9:7)

전쟁을 치르고 나면 패전국에서 그 나라의 공주를 승전국의 왕에게 결혼형식으로 바치는 경우가 많았는데 그럴 때마다 공주들이 자기들이 섬기던 우상들을 갖고 와서 이스라엘은 심각한 우상숭배의 나라가 되었습니다. 솔로몬 왕은 후궁이 칠백인이요, 첩이 삼백인이었습니다(왕상 11:3).

"솔로몬이 나이 많을 때에 그의 여인들이 그 마음을 돌려 다른 신들을 따르게 하였으므로 왕의 마음이 그의 아버지 다윗의 마음과 같지 아니하여 그 하나님 여호와 앞에 온전치 못하였으니, 모압의 가증한 그모스를 위하여 예루살렘 앞 산에 산당을 지었고 또 암몬 자손의 가증한 몰록을 위하여 그와 같이 하였으며 그가 또 이방 여인들을 위하여 다 그와 같이 한지라 그들이 자기의 신들에게 분향하며 제사하였더라"(왕상 11:4, 7-8).

이스라엘을 위하여 성전을 건축한 솔로몬이 이렇게 하나님을 떠나서 타락한 우상숭배의 생활을 하게 되자 그 나라에는 하나님의 보호하심이 떠나게 되었습니다. 하나님은 약속하신 대로 언약의 길을 떠난 솔로몬에게 몇 번이고 경종을 주시지만 순종하지 않은 솔로몬에게 왕권을 다른 이에게 넘겨주리라고 말씀하십니다. 하나님은 솔로몬을 통하여 성전 건축과 같은 대 사역을 통하여 영광을 받으시는 것이 아니라 믿음의 생활, 언약의 생활을 통해 영광을 받으시길 원하십니다. 솔로몬이 큰 일^{성전건축}을 하였지만 심령에 성전을 건축하지 못하였습니다. 하나님이 원하시는 것은 심령에 신령한 전, 성결한 성전이 세워지는 것이었습니다. 언약에 합당한 생활을 하는 것이었습니다. 솔로몬이 언약을 떠나 생활을 할 때에는 하나님도 솔로몬으로부터 떠나실 수밖에 없으셨습니다.

거룩하고 성결한 생활은 어떻게 가능합니까? 거룩한 생활은 깨끗하게 사는 것을 의미하는 것이 아닙니다. 죄를 떠나서 사는 것을 의미하지 않습니다. 거룩하고 성결한 생활은 언약으로 돌아오는 생활을 의미하며 하나님의 말씀을 따라 사는 삶을 의미합니다. 더 정확하게 표현한다면 거룩한 생활은 하나님에게 소유당한 생활입니다. 하나님이 소유하시는 것은 모두가 거룩해졌습니다. 하나님이 소유하시면 그 땅이 성지가 되고, 직업이 성직이 되고, 집이 성전이 되고, 물건이 성물이 됩니다. 하나님이 원하시는 것은 우리가 얼마나 큰 일을 하였는가에 있는 것이 아니라 얼마나 철저하게 하나님에게 소유당하는 자가 되는가에 있습니다. 그러한 면에서 솔로몬에게 임하였던 지혜의 기름부음이 솔로몬을 떠나게 되었습니다. 기름부음이 떠나면 모든 영광도, 영화도 떠나게 되어 있습니다. 기름부음이 떠나면 물권, 인권, 영권 모두가 떠나는 것입니다. 솔로몬은 아버지 다윗이 살던 삶에서 떠나서 우상숭배의 생활을 하며 부패하고 타락하게 됩니다.

솔로몬은 정치적 대적들을 갖게 되었고 백성들의 영적 생활은 타락하였으며 이스라엘은 휘청거리기 시작하였습니다. 아울러 성전 건축을 위한 가중한 노역과 함께 계속 부과되는 가중한 세금으로 인하여 백성들의 원성은 높아만 가고 있었습니다. 한편으로 솔로몬의 신복 느밧의 아들 여로보암이 왕을 대적하고 나라를 세웠는데 그것이 북이스라엘이 되었고 남쪽은 솔로몬의 아들 르호보암에 의해 대를 이어 가게 되었습니다. 북이스라엘은 남유다에 속한 베냐민 지파와 유다 지파, 레위 지파를 제외한 10지파가 모여서 세운 나라였습니다.

01 여러분은 어떤 부분에서 주님에게 소유당하지 못하였는지요?

02 여러분은 사역보다도 더 중요한 언약에 충성된 삶을 살고 있는지요? 정말로 하나님의 말씀에 순종하고 그대로 따르는 삶을 살고 있는지요?

18-1

○　○　○

이스라엘의 남·북 분열

○　○　○

"솔로몬이 예루살렘에서 온 이스라엘을 다스린 지 사십 년이라 솔로몬이 그의 조상들과 함께 자매 그 부친 다윗의 성에 장사되고 그의 아들 르호보암어 대신하여 왕이 되니라 르호보암이 세겜으로 갔으니 이는 온 이스라엘이 그를 왕으로 삼고자 하여 세겜에 이르렀음이더라"(대하 9:30-10:1).

언약을 떠난 이스라엘의 운명은 파국으로 달리기 시작하였습니다. 하나님의 영광이 떠나고 우상들이 이스라엘을 지배하기 시작했던 것입니다. 가나안 땅에서 하나님을 배교하며 우상을 가슴에 품기 시작한 이스라엘은 풍요의 축복을 누리지 못하고 하나님을 떠나는 저주를 향해 달려가기 시작하였습니다. 풍요를 누릴 존재, 예배의 존재가 되지 못하고 오히려 예배자의 신분을 떠나 우상숭배자가 되었고 이스라엘을 다스리는 왕들까지도 주의 언약에서 떠나 있었습니다.

그토록 사모하던 가나안 땅의 진입이 오히려 이들에게 하나님을 떠나는 배교의 기회가 되었습니다. 그래서 여호수아는 이스라엘이 풍요의 땅에서도 여전히 하나님만을 섬기도록 세겜에서 언약갱신제를 한 것입니다. 또한 길갈에서도 그토록 철저한 부흥회를 하면서 풍요를 풍요로 누릴 수 있는 존재를 먼저 준비하였던 것입니다. 그럼에도 불구하고 땅의 신에게 절을 하면서 신앙이 혼합되고 결국에는 보이는 왕에게로 시선을 옮기게 되었던 것입니다.

통일 이스라엘 왕조의 분열의 조짐은 이미 솔로몬 통치 후기에 서서히 드러나기 시작했습니다. 솔로몬은 거대한 건축 사업을 추진하기 위하여 백성들로부터 막대한 세금을 징수하고 그들을 강제노역에 동원함으로써 백성들의 불만을 샀습니다. 더욱이 종교적으로도 타락의 일로에 빠져 산당을 건립하고 우상을 섬김으로써 하나님의 은총과 멀어지기 시작했습니다. 그럼에도 불구하고 하나님의 언약대로 그의 생전에는 왕국분열이 일어나지 않았습니다.

그러나 이제 솔로몬의 사후 르호보암이 왕위를 계승하자 지금까지 누적되어 왔던 백성들의 불만이 표면화되어 갑니다. 그 와중에 여로보암을 중심으로 반란이 일어났는데 르호보암은 어리석게도 민의를 올바르게 수렴하지 못하고 오히려 획일적인 강경책을 고수함으로 왕국 분열의 비극을 초래합니다. 이로 말미암아 120년 동안 지속되어 온 통일 왕국은 막을 내리고 유다와 이스라엘의 남·북조 시대가 열리게 되었습니다. 열 지파가 북이스라엘을 세우고 솔로몬의 혈통을 이은 두 지파가 남유다를 세우면서 이스라엘은 분열왕국의 시대를 맞이하였습니다. 그 때를 기원전 931년경으로 보고 있습니다.

이렇게 이스라엘은 남유다와 북이스라엘로 갈라지고 맙니다.

하지만 정치는 예전보다 더 악한 상황이 되었습니다. 르호보암은 솔로몬보다 더 학정이 심했기 때문입니다. 그는 아버지 솔로몬보다 더 세금을 부과하고 무섭게 백성을 다루기 시작하였습니다. 하나님의 음성을 듣지 않는 왕은 백성의 민심도 어디에 있는지 몰랐습니다.

"어린 사람들의 자문을 따라 그들에게 말하여 이르되 내 아버지는 너희의 멍에를 무겁게 하였으나 나는 너희의 멍에를 더욱 무겁게 할지라 내 아버지는 채찍으로 너희를 징계하였으나 나는 전갈 채찍으로 너희를 징치하리라 하니라"(왕상 12:14).

이렇게 학정하는 것을 본 사람들은 남유다에 소망이 없다고 생각하여 여로보암을 세워 북이스라엘을 시작하게 되었습니다.

"온 이스라엘이 자기들의 말을 왕이 듣지 아니함을 보고 왕에게 대답하여 이르되 우리가 다윗과 무슨 관계가 있느냐 이새의 아들에게서 받을 유산이 없도다 이스라엘아 너희의 장막으로 돌아가라 다윗이여 이제 너는 제 집이나 돌아보라 하고 이스라엘이 그 장막으로 돌아가니라"(왕상 12:16).

다윗의 계보를 배교하였다는 것은 그들이 여호와 하나님을 떠났다는 것을 의미하며 더 이상 언약에 충실하지 않게 되었다는 것을 의미합니다. 북이스라엘 사람들은 우선 지역적으로 예루살렘과 거리가 멀어서 희생 제사나 예배를 드릴 수가 없었습니다. 레위 지

파와 같은 제사장 지파도 없었고 말씀도 없었습니다. 여로보암은
백성들의 마음이 남쪽으로 향하는 것을 막기 위하여 베델과 단에
금송아지를 세워놓고 하나님이라고 섬기게 하였습니다.

"이에 계획하고 두 금송아지를 만들고 무리에게 말하기를 너희가 다시
는 예루살렘에 올라갈 것이 없도다 이스라엘아 이는 너희를 애굽 땅에서
인도하여 올린 너희 신이니라 하고 하나는 벧엘에 두고 하나는 단에 둔
지라"(왕상 12:28, 29).

이렇게 금송아지를 만들어 놓고 하나님이라고 그 앞에서 절을
하게 만들었던 것입니다. 그리고 제사장 지파도 없으니까 왕이 임
명하는 임명제 제사장 제도가 생겼습니다.

"저가 또 산당들을 짓고 레위 자손 아닌 보통 백성으로 제사장을 삼고
여덟째 달 곧 그 달 열다섯째 날로 절기를 정하여 유다의 절기와 비슷하
게 하고 제단에 올라가되 벧엘에서 그와 같이 행하여 그가 만든 송아지
에게 제사를 드렸으며 그가 지은 산당의 제사장을 벧엘에서 세웠더라"
(왕상 12:31, 32).

인본주의적 나라가 세워졌습니다. 신정정치를 원하셨던 하나님
으로부터 떠나서 이들은 스스로 제단을 정하고 스스로 제사장을 세
워서 금송아지 앞에서 백성들로 하여금 절을 하게 만들었습니다.
이러한 일들이 북이스라엘의 영적인 부패를 가져오는 결정적인 이
유가 되었습니다.

남유다에 남은 베냐민과 유다 지파, 그리고 레위 지파는 솔로몬의 아들 르호보암과 함께 나라를 이끌어 갔습니다. 다행히 유다 지파에서 나온 왕을 섬기게 되었고 모세 율법, 예루살렘 성전, 그리고 제사장 지파인 레위 지파가 그들과 함께 남유다에 남았습니다. 그런 여건으로 인해서 남유다의 백성들은 신앙생활을 그런대로 유지할 수 있었습니다. 이런 맥락에서 남유다와 북이스라엘을 살펴보게 되면 남유다에는 그래도 선한 왕들이 일어나 다스렸지만 북이스라엘의 역사는 언약을 떠난 우상숭배를 하는 패역한 왕들의 계보로 점철됩니다. 왕도 타락하고 종교지도자들도 타락합니다. 하나님은 이러한 이스라엘에게 기회를 주기 위하여 선지자들을 보내서 하나님의 뜻을 전하게 합니다. 하나님이 원하시는 것은 언약의 백성, 예배의 백성으로 돌아오라는 메시지입니다. 하지만 그들은 듣지 않았습니다. 계속적으로 하나님께 돌아올 수 있는 기회, 회개할 수 있는 기회를 주었음에도 불구하고 그들은 여전히 우상만을 찾았습니다.

01 여러분은 어려울 때와 풍요할 때 어느 때 배교할 기회가 크다고 보시는지요?

02 이스라엘을 영적 부패로 몰고 간 중요한 요인은 과연 무엇이라고 보십니까?

18-2

○ ○ ○

선지자 아모스와 호세아

○ ○ ○

"너희는 여호와를 찾으라 그리하면 살리라 그렇지 않으면 그가 불 같이

요셉의 집에 임하여 멸하시리니 벧엘에서 그 불들을 끌 자가 없으리라"(암 5:6).

묵상 여행　이렇게 영적으로 브패한 이스라엘이지만 결코 하나님은 언약의 백성들을 버리기를 원하지 않으셨습니다. 하나님은 이스라엘이 심판을 받기 전에 다시 한 번 더 기회를 주십니다. 남유다와 북이스라엘에 선지자들을 보내셔서 하나님의 뜻을 전하십니다.

아모스, 호세아, 예레미야, 이사야 등 선지자들은 언약을 떠나서 생활하는 왕과 종교지도자들, 그리고 백성에게 하나님께로 돌아오라는 메시지와 함께 하나님께로 돌아오지 않을 경우에 받을 엄중한 심판에 대하여 경고의 메시지를 선포합니다.

선지자들은 선지자로서의 교육을 받은 것은 아니지만 하나님의 부르심을 받아 활동하는 사람들과 정식으로 선지자 학교를 다닌 후

선지자의 사역을 하는 사람들로 나누어 볼 수 있습니다. 또한 구술 선지자와 문서선지자로 나누어질 수 있고, 축복을 전파하는 선지자와 화를 전하는 선지자들로도 구분할 수 있습니다. 그리고 시대적으로 선지자들을 구분할 수도 있고 왕성하게 활동한 지역을 중심으로 선지자들을 분류할 수도 있습니다. 또한 성경에 나오는 예언서들을 대예언서와 소예언서로 구분하는데 이것은 그 예언의 위대함을 두고 나눈 것이 아니고 예언한 분량[■]에 의해 결정된 것입니다.

포로 전에 활동한 선지자들의 명단과 그들의 주요 메시지는 다음과 같습니다.

✸ 요엘[835-796: 남유다]은 하나님의 심판과 주의 날의 구원에 근거하여 남유다에 대한 전국적인 회개를 요구하고 있습니다. 유다의 부패로 인한 피할 수 없는 임박한 심판을 경고하면서도 회복을 위해 회개를 요구하고 있는 것입니다.

"너희는 옷을 찢지 말고 마음을 찢고 너의 하나님 여호와께로 돌아올지어다"(욜 2:13).

✸ 요나[784-722년: 니느웨]는 하나님의 사랑이 이스라엘이나 예루살렘 성전에 국한된 것이 아니고 온 우주를 향하신 것임을 강조하고 있습니다. 요나의 복음 전파 거부에도 불구하고 하나님은 가장 사악한 나라 니느웨 성을 구원하시는 우주적인 사랑을 보여주셨습니다.

�＊ 아모스764-755년: 북이스라엘는 남유다 사람이었지만 북이스라엘을 향하여 말씀을 선포했습니다. 그는 하나님의 공의를 부르짖으면서 정치와 경제, 그리고 종교의 부패를 경고했습니다.

"오직 정의를 물 같이, 공의를 마르지 않는 강 같이 흐르게 할지어다" (암 5:24).

선지자 아모스는 유다 베들레헴에서 약 8km 떨어진 조그만 마을 드고아 출신이었습니다(암 1:1). 그는 양을 치며 뽕나무를 배양하던 사람이었는데 하나님의 부르심을 받고 선지자의 길을 걷게 되었습니다. 그는 북이스라엘과 그 주위의 이방국가들에게 죄와 멸망을 선포하면서 이스라엘이 범하고 있는 우상숭배의 죄악에 대하여 폭로하였습니다.

그 당시 종교지도자들이나 정치 지도자들은 풍요와 안락에 빠져 '평안하다, 평안하다' 라고 외치는 거짓 선지자들 때문에 위기의식을 느끼지 못하고 살았습니다. 그들이 얼마나 탐욕스럽고 부패하였는가는 그들이 쓰던 상아침대나 상아세공품들을 통해서 알 수 있었습니다. 아모스는 이러한 때에 하나님의 공의가 이루어지는 나라를 기대하면서 하나님의 심판이 임할 것을 선포하였습니다.

✲ 호세아755-714년: 북이스라엘는 아모수가 하나님의 공의를 선포한 것과는 달리 하나님의 사랑에 대하여 선포합니다. 하나님은 호세아와 고멜의 부부관계를 통하여 이스라엘과 하나님의 관계를 예언자적

메시지로 설명합니다. 이스라엘은 고멜과 같이 하나님을 버리고 멀리 떠나서 음부가 되어 버렸지만 하나님은 여전히 사랑하시며^{헤세드,} ^{steadfast love} 기다리고 계시다는 메시지입니다. 하나님은 고멜의 행위를 기억하시는 것이 아니라 고멜과 맺은 언약^{결혼관계}만을 기억하신다는 메시지입니다. 곧 그 언약은 예수 그리스도이십니다. 호세아는 자신의 결혼생활의 실제 아픔을 통하여 생생한 메시지를 남깁니다.

"오라 우리가 여호와께로 돌아가자 여호와께서 우리를 찢으셨으나 도로 낫게 하실 것이요 우리를 치셨으나 싸매어 주실 것임이라"(호 6:1).

✻ 미가^{740-698년: 남유다}는 이스라엘에 대한 심판과 회복을 선포하면서 메시야의 도래에 대해 예언했습니다.

✻ 나훔^{648-620년: 니느웨}은 앗수르의 수도 니느웨의 파멸을 예언하였습니다.

✻ 하박국^{625-610년: 남유다}은 고난당하는 자들에 대해 하나님께 질문하고 그에 관해 응답받은 사실과 칭의를 예언하였습니다.

✻ 스바냐^{634-625년: 남유다}는 자만한 유다인들에게 회개를 촉구하며 하나님의 구원을 예언하였습니다. 이러한 스바냐의 예언이 요시아 왕의 개혁에 영향을 주었습니다.

이들의 내용을 요약해보면 이스라엘은 하루 속히 하나님의 언약의 삶으로 돌아가야 한다는 것이었습니다. 하나님이 주신 율례와 말씀대로 순종하고 살도록 다시 하나님께로 돌아오라는 것입니다. 하나님께로 돌아오는 길이야말로 그들이 사는 길이었습니다.

그 당시 선지자들 눈에 비친 이스라엘의 죄악상은 어마어마한 것이었습니다. 북이스라엘의 왕은 모두 19명이었지만 하나님의 길을 따르는 왕은 거의 없었습니다. 남유다는 모두 20명의 왕이 통치하였는데 그 중에서 8명은 의로운 왕이었습니다. 히스기야와 요시아 왕은 남유다에서 개혁을 시도한 왕들이었습니다. 요시아 왕 때 대제사장 힐기야가 성전을 정리하다가 발견한 율법책은 백성들로 하여금 다시 한 번 더 언약의 삶으로 나아가게 하는 큰 개혁을 가져왔습니다. 하지만 그 개혁도 오래 가지 못했습니다. 하나님은 말씀과 언약으로 돌아오도록 경고하는 선지자들의 말을 듣지 않는 이스라엘을 패망의 길에 이르도록 내버려두십니다. 하나님은 일단 기회를 주었지만 듣지 않는 이스라엘과 유다를 우상의 나라 앗수르와 바벨론의 노예가 되게 하시며 우상의 나라로 그들을 포로로 보내십니다.

생활 적용 〉〉〉 **구속사적 성경** 묵상여행_ 구약편

01 선지자들을 보내서 경고의 메시지를 주시는 하나님을 통해 우리는 어떤 하나님을 만나게 됩니까?

02 우리들도 현재 급박하게 선포되는 심판의 메시지에 귀를 기울이지 않는 이유는 어디에 있을까요?

18-3

○ ○ ○

선지자 이사야와 예레미야

○ ○ ○

"그런 즉 너는 이 백성을 위하여 기도하지 말라 그들을 위하여 부르짖어 구하지 말라 내게 간구하지 말라 내가 네게서 듣지 아니하리라"(렘 7:16).

 하나님은 백성을 포기하실 수 없었습니다. 언약으로 돌아오도록 선지자들을 계속 보내주십니다. 귀 있는 자는 들을 것이며 복을 받을 것입니다. 하지만 그렇게 선포되고 있는 모든 말씀들이 패역하고 이마가 뻔뻔한 백성들에게 거부당하여 길거리에 떨어졌습니다.

유다는 세 가지 직분에 의하여 움직이고 있었습니다. 그것이 왕과 제사장과 선지자였습니다. 미가서에 보면 모든 지도자들이 얼마나 타락하였는지를 볼 수가 있습니다.

"너희가 선을 미워하고 악을 기뻐하며 내 백성의 가죽을 벗기고 그 뼈에서 살을 뜯어 그들의 살을 먹으며 그 가죽을 벗기며 그 뼈를 꺾어 다지기를 냄비와 솥 가운데에 담을 고기처럼 하는도다"(미 3:2,3).

이것은 단지 정치가뿐만이 아니라 모든 지도자들에게 마찬가지로 일어났습니다.

"그들의 우두머리들은 뇌물을 위하여 재판하며 그들의 제사장은 삯을 위하여 교훈하며 그들의 선지자는 돈을 위하여 점을 치면서도 여호와를 의뢰하여 이르기를 여호와께서 우리 중에 계시지 아니하냐 재앙이 우리에게 임하지 아니하리라 하는도다"(미 3:11).

하나님은 백성에게 과감하게 말씀을 전하도록 선지자를 두었지만 그 선지자들 역시 돈을 위하여 점이나 치며 평안하다, 재앙이 임하지 않을 것이라고 돈과 야합하고 있었습니다. 이럴 때에 신실한 하나님의 선지자들은 백성들에게 회개하고 주님에게 돌아오라고 선포하고 있으며 지금의 징조를 보고 고통을 받기 전에 어서 돌아오라, 돌아오라고 외치고 있습니다.

✽ 이사야^{745-680년: 남유다}는 놀라운 주님의 임재를 체험함으로 그 거룩함에 쓰러졌던 선지자로 우리의 기억에 남아 있습니다. 주님의 보좌를 환상으로 보게 되고 그 앞에서 '거룩, 거룩, 거룩' 하며 쓰러졌던 이사야는 제단에서 집은 숯을 입에다 닿게 하여 모든 죄 사함을 받은 경험으로 유명합니다.

이사야는 예레미야와는 달리 귀족 출신이었습니다. 그는 위대한 시인이었으며, 정치가, 웅변가, 그리고 선지자였습니다. 그는 50여 년간 남유다와 북이스라엘에 대하여 예언하였습니다. 이사야는 예언의 전반부에서는 야곱의 집에 내릴 하나님의 심판과 진노에 대해서 말씀하고 있지만 유다를 멸망시키려는 것이 아니라 회복하려는 것이 하나님의 뜻이라는 것이 그의 중심 주제였습니다. 그리고 이러한 회복이 오실 고난의 종, 메시아에 의해 이루어질 것임을 선포하고 있습니다. 앞으로 누릴 영광스러운 왕국의 삶을 예언하고 있습니다. 이사야는 바벨론에 대한 많은 예언을 받고 그것을 선포합니다. 그 날에 모든 백성들이 애곡할 것이며 하나님의 진노를 받을 것이라고 선포합니다.

> "너희는 애곡할지어다 여호와의 날이 가까웠으니 전능자에게서 멸망이 임할 것이로다"(사 13:6).

그러나 이사야는 소망을 전합니다. 그 소망이 바로 그리스도이십니다. 이 분으로 인하여 놀라운 구원의 역사가 일어날 것이며 흩어지고 포로가 된 백성들이 회복된다는 말씀을 전합니다. 그러나 그 분은 고난의 종으로 오실 것이며 그 분이 "우리의 질고를 지고 우리의 슬픔을 당하였거늘 그가 채찍에 맞음으로 우리는 나음을 얻었도다"(사 53:4,5)라고 고백하고 있습니다.

이사야 61장에서는 오실 예수 그리스도의 사역, 곧 기름부음의 사역에 대하여 소상하게 예언하고 있습니다. 예수 그리스도께서 오시면 성령과 능력을 기름 붓듯 받으시고 가난한 자에게 아름다운 소식을 전하게 하며[말씀사역], 마음이 상한 자를 고치며[치유사역], 포로된 자에게 자유[축사사역]를 선포하게 된다고 예언하고 있습니다. 하나님께서

타락한 이스라엘을 심판하시기도 하지만 끝내는 하나님께서 이 백
성을 다시 회복하여 빛을 발하는 백성이 될, 구원의 메시지를 전하
고 있습니다.

"그 날에 그의 무거운 짐이 네 어깨에서 떠나고 그의 멍에가 네 목에서
벗어지되 기름진 까닭에 멍에가 부러지리라"(사 10:27).

✱ 예레미야626-580년: 남유다 역시 이스라엘에 대한 깊은 슬픔을 가지
고 메시지를 전합니다. 예레미야는 눈물의 선지자로 우리에게 잘
알려져 있습니다. 이스라엘 백성이 바벨론에게 침공당하기 직전과
망한 후에 눈물로 그 백성이 하나님께로 돌아오도록 호소한 선지자
였습니다. 그는 박해, 핍박, 야유 속에서도 그들에 대한 임박한 심
판을 경고하며 이스라엘을 향한 하나님의 애타는 심정을 전하였습
니다.

"너희가 도둑질하며 살인하며 간음하며 거짓 맹세하며 바알에게 분향하
며 너희가 알지 못하는 다른 신들을 따르면서 내 이름으로 일컬음을 받
는 이 집에 들어와서 내 앞에 서서 말하기를 우리가 구원을 얻었나이다
하느냐 이는 이 모든 가증한 일을 행하려 함이로다"(렘 7:9,10).

그 유명한 성전 앞에서의 설교인 7장에서 예레미야는 극도로 부
패한 종교적인 실상을 고발합니다. 그는 믿는다고 하면서 온갖 패
역한 일을 다 하고 성전에 들어와서 여전히 신실한 사람처럼 종교
인으로 살아가는 사람들을 신랄하게 비판하고 있습니다. 그러한 자

들에게 하나님의 심판이 임할 것이라는 것을 거침없이 전합니다.

그는 나라를 위하여 울면서 예언한 눈물의 예언자입니다. 우둔
하여 세상을 바라보고 바알과 짝하여 사는 백성들과 지도자들은 완
전히 하나님으로부터 멀리 떠나가 있었습니다. 예레미야는 그러한
나라를 향하여 끊임없이 울며 말씀을 전하였습니다. 그것은 언약의
하나님께로 돌아오라는 것이었습니다.

하나님은 결코 유다가 망하지 않도록 징조도 주시고, 선지자도
보내주시면서 구원을 주기 위한 말씀을 미리 주십니다. 하지만 백
성들은 장님이 되고 귀머거리가 되었으며 벙어리가 되었습니다.

01 이사야를 통하여 여러분은 어떤 하나님을 만나고 있는지요?

02 예레미야가 지금 이 시대에 온다면 어떻게 예언을 하였을 것 같은
지요?

제5부
바벨론 학교 묵상

주께서 주의 백성 이스라엘을 세우사 영원히 주의 백성으로 삼으셨사오니
여호와여 주께서 그들의 하나님이 되셨나이다

19-1

○　○　○

멸망하는 이스라엘

○　○　○

"시드기야 제구년 열째 달 십일에 바벨론의 왕 느부갓네살이 그의 모든 군대를 거느리고 예루살렘을 치러 올라와서 그 성에 대하여 진을 치고 주위에 토성을 쌓으매 그 성이 시드기야 왕 제십일년까지 포위되었더라"(왕하 25:1,2).

묵상 여행　가나안 땅 풍요한 땅에 들어간 이스라엘은 바알에게 마음을 빼앗겨서 보이는 왕을 세웠고 하나님의 언약으로부터 멀리 떠나갑니다. 하나님을 멀리한 이스라엘은 결국에 분열왕국의 아픔을 겪게 되고 이어서 이웃 강대국에게 나라를 빼앗기고 포로로 끌려가는 고통을 겪게 됩니다. 선지자들이 외치는 소리를 듣지 않고 바알의 품에 안겨 있었던 북이스라엘은 앗수르에게 멸망을 당하고[721년 B.C] 남유다는 바벨론에 의하여 마지막을 맞게 됩니다[586년 B.C]

우상, 우상, 하루 종일 우상으로 마음이 꽉 차있는 이스라엘을 하나님은 우상이 가득 찬 바벨론의 포로로 보냅니다. 그렇게 우상이 좋다면 우상의 나라에 가서 마음껏 우상을 섬기고 살라는 뜻도 있습니다. 그렇게 소원하는 우상과 매일 더불어 살아보라는 뜻입니다. 마치 보이는 왕을 달라고 했을 때 왕의 제도를 허락하시면서 보이는 왕의 제도로부터 오는 폐단을 겪어보게 하시는 인격적인 하나님께서 이번에도 이스라엘을 우상숭배지로 보내면서 직접 체험하게 합니다. 이스라엘은 하나님이 없는 곳, 하나님이 누구인지 모르는 곳, 그래서 모든 이들이 우상과 더불어 사는 곳에 가서 마음껏 체험해 보아야 할 필요가 있는 백성들이었습니다. 하나님은 과감하게 이들을 포로생활의 현장으로 끌고 가십니다.

하박국 선지자는 이러한 이스라엘의 멸망을 바라보는 우리들에게 신선한 두 가지 질문을 던지고 있습니다.

1. 하박국 선지자는 이렇게 죄악에 빠져 있는 유다를 심판하시지 않는 하나님의 공의를 의심하며 원망했습니다. 그러나 하나님은 그들을 심판하시겠다고 말씀하셨습니다.

2. 그런데 그 심판의 도구로 바벨론을 사용하신다는 것이었습니다. 어떻게 더 악한 자들을 들어 유다를 심판하시느냐는 것이 하박국의 두 번째 질문이었습니다. 하나님은 바벨론을 심판의 도구로 사용한 후에 그들도 심판하여 버리시겠다고 말씀하셨습니다. 하박국은 하나님께서 그의 구원을 이루어 나가시면서 바벨론도 사용하심을 알았습니다. 그들은 단지 '믿음을 가지고' 살게 되면 종국적으로 '구원'을 받게 된다는 것입니다.

"이 묵시는 정한 때가 있나니 그 종말이 속히 이르겠고 결코 거짓되지 아니하리라 비록 더딜지라도 기다리라 지체되지 않고 반드시 응하리라 보라 그의 마음은 교만하며 그 속에서 정직하지 못하나 의인은 그의 믿음으로 말미암아 살리라"(합 2:3, 4).

결국 포로생활은 하나님의 심판의 결과였습니다. 그들이 하나님을 떠나 살면서 하나님의 진노를 얻게 되었고 언약을 떠나 살던 이들을 하나님께서는 바벨론이라는 몽둥이를 들어서 심판을 하게 되셨던 것입니다. 하나님은 바벨론이라는 나라가 의로운 나라기 때문에 이스라엘을 치도록 한 것이 아니라 잠시 멸망을 시키는 도구로 사용할 뿐이었습니다.

바벨론 포로로 끌려가는 백성들의 모습은 비참했습니다. 바벨론은 비천한 자들은 남겨두고(왕하 25:12) 왕족들과 그리고 쓸 만한 지도자들을 데리고 갔습니다. 그 가운데에는 다니엘과 에스겔도 있었습니다.

"그들이 시드기야의 아들들을 그의 눈앞에서 죽이고 시드기야의 두 눈을 빼고 놋 사슬로 그를 결박하여 바벨론으로 끌고 갔더라"(왕하 25:7).

"여호와의 성전과 왕궁을 불사르고 예루살렘의 모든 집을 귀인의 집까지 불살랐으며" 성전에서 모든 기물들도 다 가지고 갔습니다(왕하 25:13, 15). 선지자들이 예언한 대로 여호와의 날이 임하여 예루살렘은 잿더미 위에 올라갔으며 백성들은 포로로, 아니면 다른 지역으로 도망가거나 그 지역에 남아 포도원지기가 되었습니다.

이스라엘을 정복한 앗수리아는 바벨론과 다른 포로정책인 혼합 정책을 정략적으로 사용하였습니다. 이것은 이스라엘 백성과 앗수르인을 정략적으로 결혼시켜서 이스라엘의 정체성을 흐리게 하는 정책이었습니다. 앗수르인과 결혼한 이스라엘은 다시는 이스라엘로 돌아갈 수도 없고 앗수리아에 대하여 공격할 수도 없게 되는 것입니다. 이러한 혼합정책으로 태어난 사람들이 사마리아인들입니다. 결국 앗수리아는 이스라엘의 힘을 분산시키고 결집하지 못하도록 혼합정책을 썼던 것입니다.

이와는 반대로 남유다를 정복한 바벨론은 집합정책을 썼습니다. 일정한 장소에 포로들을 모아놓고 바벨론을 향해 공격을 한다든지, 포로들의 봉기가 일어날 때에는 한 장소에서 쉽게 포로들을 정복한다는 정책이었습니다. 그러나 이러한 정책을 쓰면서 바벨론은 포로들의 공동체가 있는 장소에서는 어느 정도의 자유를 허락하면서 이스라엘 역사를 배우는 것을 허락하였습니다. 그러므로 바벨론에 가 있는 포로들은 이스라엘의 역사와 신앙적 전통을 계속해서 배울 수가 있었습니다. 이렇게 이스라엘이 모여서 역사와 전통을 배우는 장소가 바로 회당이었습니다. 신약성경의 복음서에 빈번하게 나오는 회당이라는 말이 구약에 나오지 않는 것은 바벨론 포로 때 회당이 생겨났기 때문입니다.

우리는 이스라엘이 망하는 것을 보면서 하나님의 말씀을 따라 산다는 것이 얼마나 중요한지 알게 됩니다. 하나님이 말씀은 살았고 영원하여 말씀하신 그대로 현실로 나타납니다. 지금 현대인들도 이 역사의 준엄한 교훈을 그대로 받아야 할 때라고 봅니다. 세대는 그 때보다 더 악하며 곧 하나님께서 예수 그리스도를 통하여 역사의 심판을 하실 때가 가까웠다는 것을 봅니다. 말씀으로 돌아오지 않으면 황무한 예루살렘 성이 겪는 것보다 더 참담한 마지막 날의 불심판을 받게 될 것입니다.

또한 그러한 시대에 핍박을 받아가면서도 하나님의 말씀을 용기있게 전한 선지자들이 이 시대에도 필요하다는 것을 절감합니다. 시대에 필요한 하나님의 음성을 전할 자들이 없다면 우리도 이스라엘의 멸망과 같은 패배자가 될 날이 오지 않으리라는 법이 없습니다.

생활 적용 〉〉 **구속사적 성경** 묵상여행_ 구약편

01 여러분은 선지자가 말할 때에 들을 귀가 있을 것 같습니까? 이 시대에 전해지는 하나님의 음성이 듣기 싫을 때는 없었는지요?

02 이스라엘 멸망이 여러분들 생활에 어떻게 적용이 될 수 있을까요?

19-2

○ ○ ○

바벨론에서도 하나님이 되실 수 있는가?

○ ○ ○

"내가 이제 조서를 내리노라 내 나라 관할 아래에 있는 사람들은 다 다니엘의 하나님 앞에서 떨며 두려워할지니 그는 살아 계시는 하나님이시요 영원히 변하지 않으실 이시며 그의 나라는 멸망하지 아니할 것이요 그의 권세는 무궁할 것이며"(단 6:28)

묵상 여행 광야 학교에서 그들에게 주어진 질문은 과연 아무 것도 없는 척박한 광야에서도 하나님을 하나님으로 고백할 수 있는가 하는 것이었습니다. 아무 것도 없으면 하나님께로 나아올 것 같지만 실상 아무 것도 없는 곳에서 비겁하게 우상에게 더 무릎을 꿇을 수 있는 기회가 많을 수도 있습니다. 그렇다면 가나안과 같이 모든 것이 있는 곳에서는 하나님을 하나님으로 고백하고 섬기고 예배드릴 수 있을까요? 하지만 오히려 모든 것이 있는 곳, 풍요의 장소에서 많은 사람들이 하나님을 버리고 우상의 품으로 넘어가게 됩니다.

포로생활은 자유가 없습니다. 자유가 없는 곳에서는 생명도 보장받을 수가 없습니다. 또한 우상숭배지에서는 예배드릴 수가 없습니다. 예배의 자유를 잃어버리는 것은 숨을 쉬지 못하는 것과도 같은 것입니다. 이제 바벨론에서 이들은 이러한 참담한 현실을 만나게 됩니다. 그리고 우상숭배지에서는 계속 우상숭배를 강요당합니다. 그리고 그들의 칙령에 따르지 않을 때는 생명의 위협을 받을 수도 있습니다. 여기에서도 하나님을 하나님으로 고백하며 하나님을 증거하며 살 수가 있을까요?

포로들 가운데 일부는 하나님을 향한 마음을 잃지 않고 시온을 그리워하면서 신앙생활을 하는 사람들이 있었습니다. 하지만 이제 그들은 하나님 없는 문화, 바벨론에서 어떻게 살아야 할 것인지 도전을 받게 됩니다. 바벨론 사람으로 살아가면서 우상숭배자가 될 것인가? 시온의 백성으로, 예배자로 살아갈 것인가? 그들은 두 갈림길에서 갈등을 느끼게 됩니다. 이곳에서 그들은 하나님이 없는 문화 가운데서도 하나님을 하나님으로 고백할 수 있는가를 질문받게 됩니다. 그들은 우상투성이인 나라에서 질문을 받습니다. 이곳에서 왕에게 절을 하지 않으면 죽을 수도 있는데 여전히 이곳에서도 하나님을 하나님으로 섬길 수 있는가에 대한 결단을 요구받습니다.

바벨론에서 일부는 바벨론화 하였지만 일부는 여전히 바벨론에서도 하나님을 섬기며 믿음을 지키는 다니엘과 같은 모습을 보였습니다. 이들과 함께 포로로 끌려간 다니엘과 에스겔은 포로시대에 활동한 선지자들이었습니다. 이들은 바벨론에 있으면서도 하나님을 떠나지 않고 그발 강가에 모여 예배의 생활을 계속합니다.

그곳에서도 여전히 생명을 내어놓고 믿음을 지키는 남은 자들이 있었던 것입니다. 바벨론은 이러한 곳에서도 하나님을 사랑할 수 있는지를 시험받은 장소였습니다. 그곳에서도 살아있는 하나님을 증거할 수 있는지 시험받는 좋은 기회의 장소였습니다. 하나님은 어떠한 곳에서도 백성들을 다스리기를 원하시며 다스림을 받는 자들의 하나님이 되시기를 원하십니다. 바벨론에서도 하나님이 이스라엘의 하나님으로 경배된다면 하나님은 어디에서도 하나님으로 경배 받으실 수 있기 때문입니다. 하나님께서는 바벨론을 이러한 교육의 도구로 삼아주셨습니다.

또한 바벨론 포로의 생활은 이방인들에게 하나님이 누구신지 알릴 수 있는 선교의 기회도 되었습니다. 하나님을 모르고 우상투성이인 곳에서도 하나님의 다스림이 가능하며 하나님의 나라가 가능하다는 것을 보여줄 수 있는 좋은 선교의 장소였습니다. 다니엘은 이러한 삶을 보여 준 사람으로, 그가 어디에 살든 그의 삶의 주인은 하나님이셨습니다. 바벨론 왕은 다니엘이 하나님 말씀을 순종하고 우상에 머리 숙이지 아니하는 것, 그리고 사자들의 입을 막으신 하나님을 보고 온 백성에게 그 분이 살아계신 하나님인 것을 선포하기도 하였습니다.

포로로 끌려간 에스겔은 그발 강가에서 시온을 그리워하며 울기도 하였고 하나님이 보여주시는 놀라운 환상들을 보기도 하였습니다. 에스겔의 주제는 나를 그 하나님 여호와인 줄을 알리라는 것입니다. 그 뜻은 어디에서든지 하나님의 이름이 거룩하게 드러나면 그곳이 바로 하나님이 하나님 되시고, 더럽혀진 하나님의 이름이

거룩하게 회복되는 하나님의 나라가 이루어지는 곳이며 하나님의
선교가 이루어지는 곳이라는 뜻입니다(겔 36:20-23).

포로로 끌려간 백성들로 인하여 이미 하나님의 이름은 땅에 떨
어졌습니다. 또한 그곳에서도 여전히 우상숭배를 하는 자들로 인하
여 하나님의 이름이 더럽혀졌습니다. 주님은 이 이름을 아끼셨고
이 이름을 다시 회복하시기를 원하셨습니다. 그렇게 그 분의 거룩
한 이름이 회복되기 위하여 바벨론에서도 여전히 하나님을 섬기고
하나님의 말씀을 따르며 살아야 하는 것입니다. 그러나 그러기에는
용기가 필요하고 순교할 각오가 있어야 하였습니다.

하나님은 바벨론에서도 이방 왕에게 절하지 않고 바알에게 무
릎 꿇지 않는 7,000의 남은 자들에게 관심을 가집니다. 바벨론 학
교는 이러한 남은 자들을 준비하는 학교인지도 모릅니다. 어디에
서나 하나님을 찬양하고 경배하며 그 말씀대로 살아가는 경건한
예배자, 삶에서 믿음을 실천하는 예배자들에게 관심을 가집니다.

그러므로 바벨론 학교는 그들의 신앙상태에 따라서 포로지도
될 수 있고 선교지도 될 수 있는 곳이었습니다. 하나님을 떠나버릴
수도 있고 하나님을 위해 생명을 내어놓을 수도 있는 순교의 장소
였습니다. 하나님은 이곳에서 진정한 예배자를 찾고 계셨습니다.

어떤 외국 기독교인이 한국에 와서 말하기를 한국에는 교회 안
에는 교인들이 많은데 교회 밖에서는 교인들이 없다고 지적하였습

니다. 이 지적은 우리에게 뼈아픈 지적이 되는 것입니다. 교회 안에서는 성령 충만, 은혜 충만을 외치던서 찬양을 하는 열심 그리스도인들도 세상에 나와 살아갈 때에는 우상숭배를 하고 하나님의 사람으로 살아가지 않기 때문입니다.

여러분의 바벨론은 어디입니까? 바로 하나님을 모르고 사는 우리 주위의 사회와 직장, 그리고 가족친지입니다. 하나님을 모르고 사는 그들 가운데에서도 우리는 하나님을 하나님으로 고백하고 신실하게 살아가는 생활을 그들에게 보여줄 수 있는지요? 그래서 증인의 삶을 살 수가 있는지요? 바벨론은 바로 그러한 것을 결단하고 실천하게 하는 학교였습니다. 하나님이 되시도록 바벨론에서도 증인의 삶을 살도록 훈련시키는 학교인 것입니다. 여러분은 바벨론에서도 여전히 하나님을 하나님으로 고백하고 몸으로, 삶으로, 생활로 하나님을 높여드릴 수 있는지요?

생활 적용 〉〉 **구속사적 성경** 묵상여행_ 구약편

01 바벨론 학교에서 여러분이 감당해야 할 사명은 무엇인가요?

02 여러분의 바벨론은 어디입니까? 그곳에서 증인이 될 용기가 있으신지요? 없다면 왜 그런지 그 이유를 알고 있습니까?

19-3

○ ○ ○

시간 속의 **지성소**

○ ○ ○

"그 사면의 합계는 만 팔천 척이라 그 날 후로는 그 성읍의 이름을 여호와삼마라 하리라"
(겔 48:35).

묵상 여행 북이스라엘보다는 더 신앙생활을 하기에 좋았던 바벨론의 포로들은 그발 강가에서 찬양하며 기도 하며 하나님과 만나는 경험을 하게 됩니다. 예루살렘 성전을 그리 워하며 바벨론에 살았던 포로자 이스라엘은 그발 강가에 모여서 찬 양을 하며 기도합니다. 우상숭배지에서 그들은 숨이 막히는 영적 좌절을 경험합니다. 이제는 모든 것이 끝났구나 생각하며 절망하고 있을 때 하나님은 그들에게 시간 가운데 찾아오십니다.

그들은 공간적인 성전이 파괴되었지만 여전히 시간 속에서 만 나주시는 하나님을 경험하게 됩니다. 그것이 바로 안식일의 개념이 며, 시간 속의 지성소의 개념입니다. 이러한 인식이 바벨론 포로생 활 때에 무르익게 되었습니다. 그래서 그들은 비록 공간적인 성전 은 없지만 시간 속에서 하나님과 만나게 되며 에스겔을 통하여 주신 성전회복과 이스라엘 백성의 회복에 대한 믿음을 가지고 언약의 백성의 삶을 이어갑니다.

이스라엘의 역사는 성전을 짓고 또 그 성전이 무너지고 다시 성전을 회복하는 역사의 연속이었습니다. 왜 그들에게 이토록 성전이 중요한 것이었을까요? 그들에게 있어서 성전은 하나님이 거하시는 장소이며 용서함 받을 수 있는 곳이었습니다. 주님이 임재하시는 곳에서 주님과 교제하며 그 분을 대면할 수 있는 곳이 바로 성전이었습니다. 그래서 거룩한 존재가 되어 성막 뜰에서 성소로 성소에서 지성소로 들어가는 믿음의 순례를 하고 있었던 것입니다. 하지만 하나님께서는 성전이 더럽혀질 때마다 성전을 무너지게 하거나 다른 이방인들에게 빼앗기는 수모를 당하게 하셨습니다.

우상숭배지에서의 생활은 남부럽지 않았습니다. 일정한 자유가 있었고 가나안에서보다 풍성한 음식, 풍요한 문화를 누릴 수가 있었습니다. 특히 바벨론에서는 자신들이 자유롭게 일터를 가질 수도 있었습니다. 그렇지만 예배자로 태어난 이스라엘 백성들에게는 모든 것이 있어도 예배가 없는 생활은 견딜 수가 없었습니다. 차라리 배고프더라도 마음껏 예배를 드리는 것이 그들의 소망이 되었습니다. 다니엘처럼 예루살렘을 향해 기도하는 사람들, 아니면 모든 것을 포기하고 우상숭배자로 배교한 사람들, 아니면 결코 예루살렘으로 다시 돌아갈 수 없다고 믿고 좌절한 사람들, 또한 아직도 자신의 죄가 무엇인지 모르고 왜 포로생활을 하는지 모르고 여전히 우상숭배에서 헤어나지 못하는 사람들, 여러 모습의 바벨론 포로의 생활은 이어졌습니다.

1. 그러나 이러한 절망적인 상황에서도 하나님은 그들에게 소망의 빛
   이 되어 주셨습니다.

이렇게 좌절하고 있는 이스라엘을 하나님은 그대로 내버려 두
지 않으시고 소망과 회복의 하나님으로 찾아오십니다. 에스겔 37
장에서는 마른 뼈들이 살아서 육체가 되고 군대가 되는 환상을 보
여주십니다. 이스라엘이 이렇게 다시 생명을 얻게 되어 회복될 것
을 보여주시는 것입니다. 또한 성전의 환상을 보여주시면서 그 성
전의 동편으로부터 흘러나오는 물이 온 만물을 살리는 환상도 보여
주십니다.

"그가 나를 데리고 성전 문에 이르시니 성전의 앞면이 동쪽을 향하였는
데 그 문지방 밑에서 물이 나와 동쪽으로 흐르다가 성전 오른쪽 제단 남
쪽으로 흘러내리더라"(겔 47:1).

에스겔은 이러한 환상을 통하여 시간 속에서 찾아오시는 하나
님을 만납니다. 그 분은 심판의 하나님이시지만 또한 회복의 하나
님이셨습니다. 영적으로 목말라하는 이스라엘에게 주님은 성전 동
쪽에서 흘러나오는 생수를 보여주십니다. 그 생수는 흘러나갈수록
더욱 큰 생명의 역사를 일으키는 것을 보여줍니다.

이 성전 동쪽에서 흐르는 물에 대하여 설교할 때에 발목의 신
앙, 허리의 신앙 등 모범적으로 해석할 때가 많았습니다. 그러나 구

속사적으로 이해할 때 성전에서 흐르는 물은 흘러나갈수록 더욱 큰 생명의 역사를 일으키고 물이 흐르는 주위의 모든 생물이 다시 살아나는 것을 보여주고 있습니다. 물고기가 살 수 없는 바다도 치유되어 물고기가 살아나기 시작하고 어부가 생기기 시작합니다. 이러한 환상은 포로로 있는 그들에게 큰 소망을 주었습니다.

2. 특히 시간 속에서 만나주시는 하나님은 이들에게 새로운 신분. 새로운 자화상을 깨닫게 해 주십니다.

주님은 끊임없이 이렇게 말씀하셨을 것입니다. 너희들은 포로가 아니라 예배자이다. 너희들은 정복당할 자가 아니고 정복하는 자이다. 너희들은 하나님의 형상대로 지음을 받고 예배하도록 만들어진 존재이다. 내가 너희들을 구원하지 못하겠느냐? 전능자의 손이 그렇게 짧으냐? 두려워 마라. 나를 만나라. 안식의 주인인 나를 만나라. 그리고 그 거룩한 교제로 들어오라. 그러면 너희는 매임과 포로 됨에서 자유하게 될 것이다. 이렇게 하나님은 그들에게 용기를 주고 새로운 자화상을 갖게 해 주셨습니다(창 1:28).

그 분은 온전히 다스리는 자로서 하나님이 되시기를 원하시는 분이셨습니다. 이러한 포로생활을 통하여 온전히 하나님을 향한 예배자로 회복되기를 원하셨습니다. 그래서 찬양하고 기도하는 그들을 찾아오십니다.

3. 공간적인 성전이 아니라 시간의 성소에서 만나주셨습니다.
공간적인 성전은 없었지만 그들이 기도하고 찬양하는 장소가 바로 예배의 장소였으며 주의 성소였습니다. 이 때 처음으로 시간 속에 지성소라는 개념이 생깁니다. 안식일의 개념이 생깁니다. 창세기 2:1-3에 보게 되면 그 날을 거룩하게 구별하시고 백성들과 만나주시는 하나님을 보게 됩니다. 이 구별된 날이 바로 시간 속의 지성소입니다. 다른 종교와 다른 것도 바로 이 시간의 개념입니다. 결국 기독교는 공간의 종교가 아니라 시간의 종교인 것입니다. 그 시간 속에서 하나님을 만나면서 영원한 시간, 영원한 안식으로 연결되는 것입니다.

공간은 시간이 끝나면 끝나버립니다. 가지고 갈 수가 없습니다. 그러나 공간이 없어져도 여전히 시간은 존재합니다. 알렉산더 대왕이 더 이상 정복할 땅이 없었지만 그의 시간이 끝났을 때, 이 공간은 더 이상 그에게 의미가 없었습니다. 그러나 시간은 영원으로 연결이 됩니다. 이러한 중요한 인식이 바벨론 포로시기에 있었는데 이러한 인식은 그들에게 예배자로의 회복에 소망을 던져주었습니다.

생활 적용 »»»»»»»»»»»» **구속사적 성경** 묵상여행_ 구약편

01 공간보다 시간이 더 중요한 이유를 여러분의 말로 표현해보십시오.

02 여러분은 이 거룩한 시간의 지성소에서 주님과 교제를 누리고 있는지요?

20-1

○ ○ ○

누가 **시온으로** 돌아갈 **것인가?**

○ ○ ○

"바사 왕 고레스 원년에 여호와께서 예레미야의 입을 통하여 하신 말씀을 이루게 하시려고 바사 왕 고레스의 마음을 감동시키시매 그가 온 나라에 공포도 하고 조서도 내려 이르되 바사 왕 고레스는 말하노니 하늘의 신 여호와께서 세상 모든 나라를 내게 주셨고 나에게 명령하사 유다 예루살렘에 성전을 건축하라 하셨나니 이스라엘의 하나님은 참 신이시라 너희 중에 무릇 그의 백성 된 자는 다 유다 여루살렘으로 올라가서 이스라엘의 하나님 여호와의 성전을 건축하라 그는 예루살렘에 계신 하나님이시라"(스 1:1-3).

묵상 여행

바벨론 포로들은 하나님을 향한 마음을 잃지 않고 시온을 그리워하면서 신앙생활을 하게 됩니다. 이제 그들은 하나님 없는 문화, 바벨론에서 어떻게 살아야 할 것인지 도전을 받게 됩니다. 바벨론 사람으로 살아갈 것인지 시온의 백성으로 살아갈 것인지에 대한 도전을 받게 됩니다. 또한 어떻게 하나님의 백성으로서 믿음을 잃지 않으면서도 바벨론의 포로로 살아가야 할지 결정해야 했습니다. 그리고 하나님의 백성이 어떻게 살아가는지 바벨론 사람들에게도 보여 줄 수 있는 귀한 증거로 삼을 수 있는 기회였습니다.

그러나 결국 바벨론도 페르시아(바사) 왕국에게 무너져 버립니다. 바사 왕국의 고레스 왕은 이스라엘 백성들이 고국에 돌아가기를 원하면 귀환하여도 좋다는 칙령을 내립니다. 그리고 돌아가서 하나님의 성전을 건축하라고 친절하게 권합니다. 유대인들에게 이 명령은 참으로 놀라운 소식이었습니다. 하지만 누가 돌아갈 수 있겠습니까? 고레스는 이스라엘 모두 예루살렘으로 돌아가도 좋다고 공포했지만 우리가 알아야 하는 사실은 그들이 모두 돌아오지 않았다는 것입니다. 바벨론에서 수십 년 동안 그 생활에 익숙해져 있었던 이스라엘 민족은 가족회의를 열어 바벨론에 안주하느냐 아니면 고국으로 돌아가야 하느냐 결단하여야 할 시간이 왔습니다.

이들이 바벨론에 머물게 된 기간은 학자에 따라 다소 해석이 다르겠지만 대개 70여 년 동안 포로생활을 했다고 파악됩니다. 이러한 세월은 짧은 세월이 아닙니다. 자녀들은 이미 자라서 결혼하여 손자들까지 보게 된 세월이기도 하며, 이제 어느 정도 바벨론 문화와 정치에 익숙하여 굳이 이스라엘로 돌아가야 할 이유가 없어질 만한 때였습니다. 그들의 자녀들에게는 오히려 바벨론이 고향이기도 하였습니다. 친구도 생겼고 바벨론식의 교육에도 익숙해진 자녀들이었습니다. 그들에게는 유다의 시온이 별로 큰 의미를 갖지 못하고 있었습니다. 그리고 바벨론에서 어느 정도의 자유로운 생활을 하였던 이스라엘에게는 고향으로의 이주가 간단한 문제는 아니었습니다.

또한 바벨론에서 포로로 생활하고 있었던 유대인들은 그들이 고향에 돌아가도 땅 한 평 없음을 알고 있습니다. 이미 기득권을 가지고 있는 자들이 자리를 차지하고 있기 때문입니다. 가난한 자들은 바벨론 왕의 명령을 따라 포도원을 치다가 몇십 년 뒤에 다시 돌아간다면 그들에게 주어질 땅은 하나도 없다는 것을 알고 있습니다. 그들이 고향에 돌아가려면 바벨론의 모든 것을 포기하고 유다에서 밑바닥에서부터 다시 시작해야 했습니다. 시온에 남아 있었던 사람들은 바벨론 포로로 끌려간 사람들이 특별히 죄를 많이 지어서 하나님의 심판을 받은 자들이라고 생각하고 있었기 때문에 적대감과 함께 기득권을 주장할 것입니다. 이스라엘에서 상류층의 생활을 하였던 이 포로들은 여러 가지로 고민을 하지 않을 수 없었을 것입니다.

안정입니까? 아니면 이동입니까? 많은 사람들이 안정을 택하고 그대로 바벨론에 머물렀습니다. 그러나 또한 많은 사람들이 다시 시온으로 돌아오기를 결정했습니다. 돌아가려고 결정을 했던 사람들의 심정은 어떤 것이었을까요? 그동안 하나님의 율례를 배우고 이스라엘 역사를 배운 백성들은 고국으로 돌아가기를 희망합니다. 바벨론에서 쌓아 두었던 모든 재물, 사업체, 안정된 삶, 모두를 버리고 고국으로 돌아가기를 원합니다. 그들이 돌아가기를 원하는 것은 예배의 백성으로 회복하기를 간절히 소원하였기 때문이었습니다. 안정이냐? 아니면 예배의 백성으로의 회복이냐? 이것을 선택하기는 그렇게 쉬운 일은 아니었습니다. 하지만 바알에게 무릎을 꿇지 않았던 신실한 남은 자들은 시온으로 귀환하기를 결단합니다.

예배자로의 회복, 언약의 삶의 회복이 돌아가는 중요한 이유였습니다. 마음껏 예배드리고 마음껏 찬양하며 하나님을 사랑하고 하나님을 바라고 만나는 삶을 살 수 있다는 것이 바벨론의 모든 것을 버리고 고국으로 돌아갈 수 있는 원동력이 되었습니다. 물질보다도 더 중요한 것이 예배의 백성으로의 회복이었습니다. 이들은 바벨론의 포로생활 가운데에도 여전히 예배자로 남은 자들이었습니다. 어떠한 상황에서도 이방신에게 무릎 꿇지 않은 남은 자들이 되었던 것입니다. 시온으로 돌아오는 그들은 이러한 감격으로 목이 터져라고 울었습니다. 고국으로 돌아간다는 사실은 곧 그들이 그토록 만나기를 원하였던 하나님의 임재를 체험하는 일이 기다리고 있음을 의미했습니다.

미국에 이민 와서 새로운 땅에 정착하고 살던 우리 가족도 한 번쯤은 한국으로 다시 돌아가 볼까 생각도 해 본 적이 있었습니다. 미국이 우리에게 어떤 불편함을 주는 것도 아니고 노후도 보장해주지만 왠지 고국으로 돌아가서 해야 할 일이 있을 것 같은 생각이 들었던 적이 있었습니다. 하지만 여러 가지 조건이 돌아갈 수가 없는 형편이었습니다. 아이들은 한국말을 잘하지 못하고 미국화 되었는데 한국에 돌아가면 적응할 수 있을지 의문이었습니다. 그런데 이 모든 편안한 미국생활을 버리고 역이민 하는 분들을 많이 만나게 되었습니다. 그들은 미국에서 실패했기 때문에 돌아가는 사람들이 아니라 미국에서 전문직으로 성공한 사람들이었습니다. 그들은 한결같이 '고국의 정이 그리워' 다시 돌아간다고 하였습니다. 그렇습니다. 미국이 줄 수 없는 것, 그것 때문에 한국으로 다시 돌아가는 것입니다. 바로 바벨론 포로들도 이러한 결정을 하게 됩니다. 결코 바벨론이 줄 수 없는 것, 예배의 생활 때문에 고국에 가는 행렬에 들어갑니다. 바벨론이 아주 풍성한 것을 제공하고 있지만 시온에

돌아가 마음껏 예배를 드리고 제사를 드리는 것만은 결코 제공해주
지 못하기 때문입니다.

바벨론의 70년은 마치 우리의 인생을 보는 것 같습니다. 하나님
은 이 바벨론이라는 세속의 세계에 우리를 선교사로 보내셨습니다.
그동안 우리들은 부분적으로 하나님을 예배하고 찬양하지만 결국
은 하나님의 천국에서 모든 것을 분명하게 볼 것입니다. 하나님은
이러한 인생 70년 동안에 우리가 어떻게 살아야 하며 어디로 가야
할 것인가를 말씀해주고 있습니다. 하나님은 우리가 살고 있는 이
곳이 영원한 곳이 아님을 말씀해주고 있습니다. 우리가 이 땅에 속
한 자들이 아니고 하나님에게 속하였음을 가르쳐 주고 있습니다.
비록 하나님이 없는 세속문화 가운데 우리가 살고 있지만 이곳에서
도 여전히 하나님의 이름을 거룩하게 드러내는 선교사의 사명을 감
당해야 하는 것입니다.

생활 적용 〉〉〉〉〉〉〉〉〉〉〉〉〉〉〉〉〉〉〉〉〉〉〉〉〉〉〉〉〉〉〉〉〉〉〉 **구속사적 성경** 묵상여행_ 구약편

01 바벨론에 남기를 결정한 사람과 돌아가기를 결정한 사람들의 결정
을 돕는 것의 기준은 무엇이었다고 보십니까?

02 여러분이라면 어떻게 결정하였겠습니까?

20-2

○ ○ ○

스룹바벨 성전건축

○ ○ ○

"너희는 산에 올라가서 나무를 가져다가 성전을 건축하라 그리하면 내가 그것으로 말미암아 기뻐하고 또 영광을 얻으리라 여호와가 말하였느니라"(학 1:8).

이스라엘로의 귀환은 3차에 걸쳐 이루어집니다. 1차로 돌아온 스룹바벨과 함께 고국에 돌아온 오만여 명의 이스라엘 백성들은 성전을 짓기를 소원합니다. 그들은 성전건축을 위해 지대를 놓으면서 감격의 통곡을 하였습니다.

"제사장들과 레위 사람들과 나이 많은 족장들은 첫 성전을 보았으므로 이제 이 성전의 기초가 놓임을 보고 대성통곡하였으나 여러 사람은 기쁨으로 크게 함성을 지르니 백성이 크게 외치는 소리가 멀리 들리므로 즐거이 부르는 소리와 통곡하는 소리를 백성들이 분간하지 못하였더라"(스 3:12,13).

하나님의 전을 다시 재건한다는 기쁨이 돌아온 백성들에게 넘쳤습니다. 그러나 성전건축은 사마리아인의 방해에 의해 중단되게 되었습니다. 그들의 방해로 귀향민들은 거의 15년이라는 세월 동안 성전을 재건하지 못했습니다. 그러는 동안 학개와 같은 선지자들은 무엇보다도 성전을 먼저 건축해야 할을 강조하곤 하였습니다.

2차로 돌아온 에스라와 그의 귀향민들은 에스라를 중심으로 거대한 심령대부흥회를 가졌습니다. 성벽이 무너진 것뿐 아니라 그들의 마음속에 있어야 할 마음의 성전도 무너진 지 오래였던 것입니다. 그들은 그동안 멀리했던 율법을 들으며 울고 회개하였습니다. 너무나 오랫동안 하나님을 멀리하그 언약을 떠나 살았던 모든 것을 회개했습니다. 말씀을 듣고 행하면서 그들의 심령성전도 다시 건축되기 시작하였습니다.

3차로 돌아온 느헤미야는 평신도 지도자로서 지도력을 발휘하여 성벽을 건축하는 데에 모든 힘을 기울였습니다. 그가 고국에 돌아와서 보니 제사장이나 백성들이 모두 언약을 떠나 사는 것을 보게 되었습니다. 그는 곧 안식일 법을 강화하였고(느 13:15-22) 이방인들과 결혼한 사람들은 그 아내들과 헤어지게 하였습니다(느 13:23-27). 그는 언약의 백성이 이방인과의 결혼하는 것은 곧 우상숭배와 마찬가지로 믿음의 순수성을 잃어버리는 것이라고 생각을 하고 철저하게 외국인과 결혼하는 것을 반대하였습니다. 이것은 국제결혼을 반대하는 것이 아니라 그들의 언약을 떠나 믿음의 순수성을 잃어버리는 것을 반대하는 것이었습니다. 성경은 국제결혼을 반대하는 어떤 이론도 제시하지 않고 있습니다. 룻은 이방여인이었지만 이스라엘의 하나님에 대한 믿음으로 인해서 예수님의 조상이 되는 기쁨을 얻었습니다(룻 1:15-18). 성경은 피의 순수성이 아니라 신앙고백의 순수성을 강조하고 있습니다.

이렇게 에스라와 느헤미야는 민족의 신앙부흥과 성전건축을 위해 혼신을 다해 일했습니다. 그들은 외부적인 성전건축과 내부적으로 실의에 빠져 있는 백성들의 마음을 부흥시키는 일을 위해 백성들에게 하나님의 말씀을 선포하고 가르쳤습니다. 하지만 주위의 방해로 인해 성전건축은 지연됩니다. 또한 성전을 짓기보다는 자기 집부터 지으려는 사람들도 많았습니다. 그래서 학개 선지자의 지적을 받기도 하였습니다. 예루살렘으로 귀환 후에 학개, 스가랴, 말라기와 같은 선지자들이 활동을 합니다. 그들의 주요 관점은 성전 건축과 이 백성이 하나님께로 돌아오도록 만드는 것입니다. 진정한 언약의 백성으로 회복시키기 위하여 하나님의 말씀을 선포한 자들입니다.

스룹바벨 성전은 자그마하게 지어졌습니다. 그러나 하나님은 이 성전건축에 대하여 기뻐하셨고 성전 안에는 하나님의 영광이 가득 찼다고 성경은 기록하고 있습니다. 오랫동안 성전을 잃고 시간 속의 지성소에서 하나님을 만났던 백성들에게는 성전건축이 큰 기쁨이었고 감격이었습니다. 하지만 이 스룹바벨 성전은 시리아의 왕 안티오커스 에피파네스에 의하여 점령을 당하게 되고 2,300주야를 제우스를 섬기는 제사로 더럽혀지게 됩니다. 그렇다면 왜 스룹바벨 성전이 더럽혀지게 되었습니까?

지금까지 이스라엘 역사는 성전이 지어지고 무너지는 역사의 반복이었습니다. 하나님은 성전을 더럽히는 자들을 멸하신다고 말씀하셨습니다. 솔로몬이 건축한 성전도 우상숭배로 인하여 더럽졌으며 하나님은 이 성전의 멸망을 예언하였습니다. 스룹바벨도 역시 예외는 아니었습니다. 스룹바벨 성전은 십일조를 드리지 아니함으로 더럽혀졌습니다. 귀환 후 그들은 십일조 생활을 제대로 하지 못하였습니다. 그들의 생활이 말할 수 없이 비참했기 때문입니다. 선지자들에 의하여 이러한 죄악이 지적되었지만 그들은 듣지 않았습니다. 하나님은 이 스룹바벨 성전도 시리아의 왕에게 넘기셨습니다. 그들은 시온으로의 귀환의 가장 중요한 목적이 되었던 성전을 또 한 번 더 잃어버리게 되었습니다. 왜 십일조를 드리지 않는 것이 그들에게 성전을 더럽히는 것과 같은 죄악이 되었을까요?

생활 적용 »» **구속사적 성경** 묵상여행_ 구약편

01 귀환 후 이들의 생활에서 가장 시급했던 것은 무엇이었을까요?

02 여러분의 심령성전은 스룹바벨과 같이 영광스러운 전입니까?

20-3

○ ○ ○

십일조와 헌물

○ ○ ○

"내가 또 알아본즉 레위 사람들이 받을 몫을 주지 아니하였으므로 그 직무를 행하는 레위 사람들과 노래하는 자들이 각각 자기 밭으로 도망하였기로, 곧 레위 사람을 불러 모아 다시 제자리에 세웠더니 이에 온 유다가 곡식과 새 포도주와 기름의 십일조를 가져다가 곳간에 들이므로"(느 13:10-12)

여러분들은 십의 일을 정확하게 구별하여 하나님께 드리고 있습니까? 어떤 분은 십일조는 구약시대에 끝났다고 말하기도 하고, 정성껏 감사헌금으로 드리면 되지 꼭 십일조를 드릴 필요는 없다고 말하는 사람들도 있습니다. 여러분들의 십일조에 대한 생각은 어떠한지요?

에스라와 느헤미야가 이끄는 영적 부흥의 역사가 있은 지 100여 년이 흐르게 되자 자연히 마음이 식어지게 되었습니다. 또한 귀환 후에 십일조생활을 성실하게 할 수가 없었습니다. 너무 어렵고 힘들었기 때문입니다. 그들은 십일조생활을 하지 못했고 성전의 창고는 나날이 비어가고 십일조에 의지하여 생활하던 제사장들도 자신의 생활 유지를 위해 농토를 사고 하나 둘씩 성전을 떠나게 되었습니다.

백성들의 영적인 삶은 말이 아니었습니다. 말라기에는 이러한 문제들에 대한 그들의 질문이 나와 있습니다. "어떻게 해야 우리의 심령이 다시 부흥할 수 있겠습니까? 어떻게 해야 우리가 하나님의 백성으로 다시 돌아갈 수 있겠습니까?" 이러한 질문에 대하여 하나님은 다음과 같이 대답하셨습니다.

"사람이 어찌 하나님의 것을 도적질하겠느냐 그러나 너희는 나의 것을 도적질하고도 말하기를 우리가 어떻게 주의 것을 도적질하였나이까 하는도다 이는 곧 십일조와 봉헌물이라"(말 3:8).

하나님께로 돌아가는 일의 가장 기본은 하나님의 것을 도적질하지 않는 것입니다. 하나님은 철야기도를 열심히 하고 심방에도 열심히 참여함으로 하나님께로 갈 수 있다고 말씀하시지 않았습니다. 회개하고 울고 통곡하여야 하나님께로 돌아갈 수 있다고 말씀하시지 않았습니다. 하나님은 구체적으로 그들에게 재물의 십분의 일을 하나님께 들고 나오라고 말씀하셨습니다. '재물이냐? 하나님이냐?'를 선택하라고 하셨습니다.

십일조 신앙에는 모든 것이 하나님의 것이며 우리의 주인은 하나님이시다 라는 고백이 담겨져 있습니다. 말라기에는 이러한 십일조의 생활이 언약으로 돌아오는 길임을 천명하고 있습니다. 그들은 십일조를 드리기에는 너무나 가난한 상태였습니다. 그러므로 십일조에 의지하고 전적으로 성전에서 일하던 레위 지파 사람들은 하나둘씩 성전을 떠나게 되었습니다. 그러니 어떻게 백성들이 영적인 생활을 할 수 있었겠습니까?

십일조를 바치면 이러한 제사장들이 성전으로 다시 돌아오게 되며 예배생활과 기도 생활이 회복될 것입니다. 하나님은 이렇게 십일조를 바침으로 말미암아 그들의 예배생활이 다시 회복되며 하나님께로 돌아올 수 있음을 설명해 주셨습니다. 십일조는 재물의 성별을 의미합니다. 십일조를 드린다는 것은 "시간도, 생명도, 재물도 모든 것이 하나님의 것이며, 그리고 저 자신도 하나님의 것이며, 하나님이 저의 주인이 되십니다."라고 신앙 고백하는 것을 의미합니다.

구약에 보면 주님의 성전에 올 때 빈손으로 나오지 말라는 말씀이 있습니다. 그것은 하나님이 우리의 재물이 필요하여서 그러시는 것이 아닙니다. 재물을 들고 나올 때마다 그 재물이 하나님의 집에 저축되기 때문입니다. 그리고 '보물이 있는 곳에 너의 마음도 있다'는 말씀처럼 우리들은 자연히 재물이 있는 곳으로 마음이 향하게 됩니다. 궁극적으로 하나님은 재물을 바치는 훈련을 통해 마음을 들고 오는 훈련을 하시는 것입니다. 재물관은 누가 우리의 주인인가를 결정하는 신앙관과 가장 가까운 관계에 있습니다. 존 웨슬리도 "주머니가 회개하지 않는 회개는 참된 것이 아니다."라고 말했습니다. 하나님을 하나님으로 고백하는 믿음의 백성들은 하나님의 것을 하나님의 것으로 성별합니다. 이러한 진정한 십일조의 생활은 하나님께로 돌아가는 구체적이고도 실제적인 길인 것입니다.

또한 십일조는 하나님의 것입니다. 하나님의 것을 하나님께 돌려드리고 자신의 것이 어떤 것인지 아는 것이 중요합니다. 탕자도 자신의 것과 아버지의 것을 구분하지 못하였고, 아담도 하나님의 것과 자신의 것을 구별하지 못하였습니다. 아담도 하나님에게 속한 선악을 알게 하는 나무의 실과를 먹으면서 에덴동산, 에덴성전을 떠나게 됩니다.

그렇다면 스룹바벨 성전이 무너져 내린 이유는 무엇입니까? 그것은 이와 같이 하나님의 것, 십일조를 도적질하였기 때문입니다. 십일조와 헌물을 하나님께 드리지 않았기 때문입니다. 그러한 불순종이 성전을 더럽히게 됩니다.

"누구든지 하나님의 성전을 더럽히면 하나님이 그 사람을 멸하시리라 하나님의 성전을 거룩하니 너희도 그러하니라"(고전 3:17).

이러한 이유로 스룹바벨 성전도 하나님의 보호하심을 떠나게 됩니다. 시리아의 안티오커스 에피파네스^{기원전 168년 예루살렘을 공격}에 의하여 성전이 점령이 되고 이제 이 성전에는 제우스를 섬기는 우상숭배가 시작됩니다. 돼지머리가 올려지고 거룩한 성전이 더럽혀짐을 당하게 됩니다.

8만 8천명의 남자와 여자가 학살당했습니다. 침략자들은 돼지를 성전 안에서 잡아 거룩한 제사장들이 그 고기를 먹도록 강요하였습니다. 성전 안 마당에 있는 방들은 매음굴이 되게 하고 할례를 주는 부모는 처형하였으며 율법과 성경사본은 찾는 대로 다 불태워 버렸습니다. 역사상 유대인들이 이토록 잔인하고 비참한 방법으로 고난과 고문을 당한 때는 없었습니다. 이것은 다니엘에 예언된 대로 2,300주야간 계속됩니다.

성전을 건축하기 위해, 또한 성전 중심의 생활을 하기 위하여 바벨론의 찬란한 문화가 제공하는 모든 유익을 버리고 돌아온 이스라엘에게는 스룹바벨 성전의 더럽혀짐은 정말 가슴 아픈 일이었습니다. 이 성전을 다시 찾기 위한 노력들이 이루어집니다. 결국에 제사장의 아들 유다 마카비Mattathias 형제에 의하여 성전은 다시 찾아지게 됩니다. 그래서 그들이 기쁜 마음으로 성전을 청소하고 하나님께 성전을 재봉헌합니다. 이 날이 곧 수전절, 곧 하누카라고 부르는 절기가 됩니다. 하누카에는 여덟 개의 촛불을 켜고 축하를 하게 되는데 이 여덟 개의 촛불은 영원을 상징하는 촛불이 됩니다.

생활 적용 》》》》》》》》》》》》》》》》》》》》》》》》》》》》》》 **구속사적 성경** 묵상여행_ 구약편

01 십일조를 드리는 것이 어떻게 언약으로 돌아오는 길입니까? 여러분은 십일조에 어떤 중요한 의미를 주겠습니까?

02 스룹바벨 성전의 죄악은 무엇입니까?

21-1

○ ○ ○

죽으면 죽으리이다 _{부림절}

○ ○ ○

"정한 기간에 이 부림일을 지키게 하였으니 0 는 유다인 모르드개와 왕후 에스더의 명령한
바와 유다인이 금식하며 부르짖은 것으로 인하여 자기와 자기 자손을 위하여 정한 바가 있
음이더라 에스더의 명령이 이 부림에 대한 일을 견고하게 하였고 그 일이 책에 기록되었더
라"(에 9:31-32).

묵상 여행 성경을 읽어 내려가면서 에스더가 왜 성경에 들어
가 있는지 의아해 할 때가 많이 있습니다. 또한 성
경에서 유일하게 하나님의 이름이 한 번도 거론되지 않은 책이기도
합니다. 그래서 단지 '죽으면 죽으리이다' 라고 고백한 에스더의 신
앙을 강조하고 설교합니다. 많은 성도들이 자신의 딸에게 에스더라
는 이름을 주기를 원합니다. 그만큼 에스더는 용감한 신앙인이었고
죽음을 두려워하지 않고 백성을 죽음으로부터 구한 용기 있는 여성
이었습니다. 그래서 에스더는 기억되는 성경인물이고 에스더서에
서 강조하고 있는 것도 이러한 측면이었습니다.

하지만 구속사적으로 성경을 읽어 내려갈 때 에스더서에서는
그보다 더 중요한 부분에 관심을 가져야 합니다. 에스더서에서 중
요하게 강조하고 있는 것은 에스더, 모르드개, 혹은 하만이 아닙니

다. 이스라엘을 지켜주시는 하나님의 언약이 중요합니다. 하나님은 이스라엘에게 후손과 땅을 주시겠다고 약속을 하셨고 이 민족이 어디에 있든지 그 백성을 지켜주시겠다고 약속하셨습니다. 씨에 대한 약속이 창세기부터 나오고 있습니다. 하늘의 별처럼 땅의 모래처럼 하나님은 그 민족을 창대케 하실 것이며 그 씨로부터 구원자가 오실 것을 약속해주셨습니다.

"그를 이끌고 밖으로 나가 이르시되 하늘을 우러러 뭇별을 셀 수 있나 보라 또 그에게 이르시되 네 자손이 이와 같으리라"(창 15:5).

그러므로 에스더서를 하나님이 하신 언약의 신실성이라는 관점에서 읽어야 합니다. 만일 그렇지 않다면 성도들은 에스더와 모르드개라는 인물의 용기와 담대함, 신앙에 대하여 본받고자 할 것입니다. 물론 성경에 나오는 인물들에 대하여 무엇인가를 배운다는 것은 귀한 일입니다. 그러나 그들이 그러한 신앙의 담대함을 가지고 일어설 수 있었던 것은 비단 개인의 능력이 커서가 아니라 그들을 인도하시는 하나님의 보호하심과 공급하심이 있었던 것이며 어떠한 상황에서도 구원의 역사를 이끌어 가시려는 하나님의 신실한 언약이 있었다는 것을 기억해야 할 것입니다.

에스더서의 배경은 페르시아 제국입니다. 본서의 이야기는 에스라 6장과 7장 사이, 즉 스룹바벨에 의해 인도된 첫 번째 귀환과 에스라에 의해 인도된 두 번째 귀환 사이에 일어난 일입니다. 스룹바벨의 귀환 당시 대부분의 유대인들은 귀환을 포기하고 이미 나름

대로의 생활기반을 형성시켜 놓은 페르시아에 계속 머무르고자 하였습니다. 본서는 바로 이러한 사람들이 처한 멸절의 위기로부터 극적으로 구원받은 것을 생생하게 보여주고 있습니다. 비록 본문에 하나님의 이름이 한 번도 나오지 않지만 본서 전반에 걸쳐 당신의 백성을 지키시고 보호하시기 위한 하나님의 손길이 있음을 깨닫게 됩니다.

이스라엘은 하만이라는 사람에 의하여 민족의 씨가 마를 위기에 놓입니다. 모르드개가 왕을 암살하려는 음모를 사전에 저지시키는 장면 등이 언급된 후 유대인 핍박을 주도한 인물이었던 하만이 등장합니다. 그는 모든 대신 가운데 최고 실권자였지만 모르드개는 그에게 절을 하지 않았습니다. 하만은 그가 유대인인 것을 알고서 전 유대인을 살해할 계획을 세우고 구체적으로 이 일을 실천에 옮기고 있었습니다. 이러한 일을 위하여 왕이 내린 조서로 인하여 온 백성이 극심한 혼란에 빠져 있을 때 모르드개는 즉시 지혜를 가지고 문제를 해결하기 위한 재빠른 행보를 시작합니다. 그는 이러한 상황에 직면하여 그 당시 왕비였던 에스더를 동원하고 기도하기 시작합니다. 하나님은 그 민족과 여전히 함께 하시고 계셨습니다.

특별히 에스더서에서는 온 백성이 함께 멸절할 수밖에 없는 위기에 놓여있었는데 이 때에 한 여성을 통하여 하나님은 구원의 역사를 이끌어가셨습니다.

"에스더가 왕 앞에 나아감으로 말미암아 왕이 조서를 내려 하만이 유다
인을 해하려던 악한 꾀를 그의 머리에 돌려보내어 하만과 그의 여러 아
들을 나무에 달게 하였으므로"(에 9:25)

엄격한 가부장제도 사회였던 이스라엘에게 있어서 여성이 이러
한 일을 주도하는 데 용기를 갖고 일어났다는 것도 놀라운 일입니
다. 하나님은 구속사를 이끌어가면서 이름 없는 여인들^{산파들같이}, 아기
를 못 낳는 여인들, 연약하고 힘없는 여인들을 과감하게 드라마의
주인공으로 등장시키셨습니다. 이 이야기는 영적으로 볼 때에 사탄
의 세력에 의하여 하나님을 믿는 성도들이 일시에 멸절할 것 같은
위기에 직면한 이야기입니다.

에스더서에서 우리는 모르드개와 에스더를 기억해야 합니다.
이들은 민족이 당한 위기 앞에서 무릎으로 승리한 사람들이며 특히
에스더는 죽음의 위험을 무릅 쓰고 왕 앞에 나아가 왕의 은총을 구
한 자입니다. 하지만 성경은 어떤 인물의 위대함을 알리기 위하여
기록된 책이 아닙니다. 그 뒤에 백성과 함께 맺은 언약에 신실한 하
나님을 만나야 합니다. 에스더와 모르드개는 이러한 하나님의 구속
의 드라마에서 도구로 사용된 의의 병기들이었습니다. 하나님은 이
러한 병기들을 사용하여 이스라엘을 지키셨고 그들은 생명을 유지
하게 되었습니다.

이스라엘은 이날을 기념하여 부림절이라고 부르고 온 백성이
다 함께 이 날을 지켰을 뿐만 아니라 자손들 대대로도 이 절기를 축

하하게 하였습니다. 이 부림절은 어떻게 하나님께서 이스라엘을 멸절의 위기에서 구원하셨는가를 기억하는 절기입니다. 어떻게 하나님께서 언약에 성실하셨는지 기억하는 날입니다. 그러므로 에스더서에서 하나님의 이름이 한 번도 거론되지 않았음에도 불구하고 우리는 에스더서의 주인공은 하나님이시며 어떠한 상황에서도 백성의 씨를 보존하고 그 씨를 통하여 구원의 대 드라마를 이루시려는 하나님의 섭리를 만날 수 있습니다. 그래서 에스더만을 강조하고 기억하게 되면 모범적으로 성경을 읽으면서 에스더라는 개인만을 위대한 사람으로 만들게 되지만 구속사적으로 읽을 때에는 그 뒤에 있는 하나님의 구속의 손길을 만나게 되며 모든 역사에서 성도들을 승리의 주인공으로 만들어 가시는 역사의 주관자이신 하나님의 섭리를 만나게 됩니다.

생활 적용 〉〉 **구속사적 성경** 묵상여행_ 구약편

01 평소에 에스더서를 통하여 여러분이 은혜 받았던 내용은 무엇이었습니까?

02 이스라엘에게 있어서 부림절의 중요성은 무엇일까요? 특별히 바사 제국에서의 상황에서 부림절은 어떤 특별한 의미를 지니고 있을지 생각해 봅시다.

21-2

○ ○ ○

유다 마카비와 수전절

○ ○ ○

"내가 들은즉 한 거룩한 이가 말하더니 다른 거룩한 이가 그 말하는 이에게 묻되 환상에 나타난 바 매일 드리는 제사와 망하게 하는 죄악에 대한 일과 성소와 백성이 내준 바 되며 짓밟힐 일이 어느 때까지 이를꼬 하니 그가 내게 이르되 이천삼백 주야까지니 그 때에 성소가 성별하게 되리라 하였느니라"(단 8:13,14).

묵상 여행 느헤미야, 에스라 사역 이후에 예수님이 오기까지의 400년은 이스라엘에게 있어서 암흑의 시기, 침묵의 시기였습니다. 그래도 이 시대를 이어주는 역사는 이스라엘을 연구하는 데 중요한 역사적 자료가 됩니다. 이 시기에 이스라엘은 스룹바벨 성전이 더럽혀지는 어려움을 겪게 됩니다.

이스라엘은 성전을 빼앗기고 고통 가운데 있었습니다. 포로 생활을 하던 바벨론에서 왜 그들이 돌아왔습니까? 예배의 백성, 언약의 백성으로 거듭나기 위함이었습니다. 그들은 70년 동안 성전을 잃고 바벨론에서 얼마나 고통을 받으며 성전을 그리워하였던가요? 그런데 이제 다시 그 성전을 빼앗기게 된 것입니다. 특히 그 성전에서는 하나님께 영광을 돌리지 못하고 제우스를 섬기는 제사가 이루어지고 있었습니다.

백성들은 성소를 빼앗겼을 뿐만 아니라 대대적인 핍박을 받았습니다. 앞에서도 언급되었었지만 8만 8천명의 남자와 여자가 학살을 당했으며 많은 수의 백성들이 시리아의 노예가 되었습니다. 시리아인들은 영적 지도자들에게 돼지고기를 먹도록 강요하였으며 믿음을 주장하는 사람들을 모두 처형하였습니다. 동굴에 숨어서 안식일을 지키던 유대인들을 그 동굴에서 모두 불태워 죽였으며, 모든 유대예식을 금하고 유대 문헌들을 모두 불태웠습니다. 성경 공부하는 자들이 발각되면 모두 처형되었고, 아이에게 할례를 주는 자가 발각되면 아이와 엄마가 함께 성 밖으로 던져 버려졌습니다.

엘리잘이라고 하는 늙은 제사장은 돼지고기를 먹도록 강요당했을 때 거부하자 갈기갈기 찢겨 불에 타 죽었습니다. 또한 신앙의 일곱 형제의 어머니는 일곱 아들이 자기 앞에서 모두 처형되는 것을 보면서도 끝까지 믿음을 지킬 것을 권고하였습니다. 일곱 아들은 다음과 같은 방법으로 어머니 앞에서 죽어갔습니다^{마카비 IV 8-13}.

1. 매를 맞고 수레바퀴에 갈기갈기 찢겨 죽었습니다.
2. 머리부터 살가죽을 벗기고 쇠못이 박힌 장갑을 낀 자들에게 발기발기 찢겨 죽었습니다.
3. 고문대에 묶여 산채로 가죽이 벗겨져 죽었습니다.
4. 혀가 잘려 죽었습니다.
5. 사지를 찢겨 죽었습니다.
6. 불태운 송곳으로 고문받고 불타 죽었습니다.
7. 거대한 프라이팬에 튀겨져 죽었습니다.

성소를 빼앗긴 이스라엘은 몇 번이고 성소를 찾기 위한 작업에 들어갑니다. 그러나 번번이 실패하면서 2,300주야간 성소에서 우상에게 제사가 이루어지고 있는 것을 지켜봐야 했습니다. 결국에 유다 마카비 형제에 의하여 그 성소를 다시 찾게 됩니다. 기원전 165년 경, 유다 마카비가 이끄는 군은 셀류쿠스 군에 승리하였고 수리아의 안티오커스 에피파네스가 예루살렘 성전을 더럽힌 것을 다시 찾아 재건, 성전 제단을 깨끗이 하여 하나님 앞에 봉헌합니다. 그 성소는 하나님을 향한 예배의 장소로 정결하게 단장됩니다. 그들은 너무나 감격하여 하나님께 성전을 봉헌합니다. 이것이 수전절^{하누카}입니다.

"예루살렘에 수전절이 이르니 때는 겨울이라 예수께서 성전 안 솔로몬 행각에서 거니시니"(요 10:22, 23)

그들은 더럽혀지고 잃어버렸던 성전을 다시 찾게 된 것입니다. 그동안 성소를 찾기 위하여 많은 사람들이 피를 흘렸고 순교하고 핍박을 당했습니다. 그래서 하누카에는 승리와 기적이라는 뜻이 들어가 있습니다. 유대인들은 해마다 이 수전절을 귀하게 지킵니다. 여덟 개의 촛불을 켜 놓고 수전절을 지킵니다. 이 축제는 축제일마다 1개씩 촛불을 더 밝혀가며 도합 촛불 8개를 밝히게 되는 의식이므로 촛불절, 혹은 광명제라고도 합니다. 유대인 전설에 의하면 마카비 반란군들이 이 성전을 탈환하였을 때 하루밖에 쓸 수 없는 기름만을 발견하였는데 그 적은 기름으로 새로운 기름이 조달될 때까지인 팔일 동안 불을 밝힐 수 있었다는 기적 이야기가 전해 내려옵니다. 그래서 하누카의 8일이 전래되어 오고 있다는 전설입니다. 여덟은 영원을 상징하며 새로운 시작을 의미합니다. 한 개인의 용기있는 행동으로 인하여 새로운 역사가 시작된 것입니다. 기독교인들이 성탄절을 지키고 있을 때에 유대인들은 12월 24일부터 31일까지 여덟 개의 촛불을 켜 놓고 성전을 정결하게 다시 찾아서 하나님에게 재봉헌 한 것을 축하하며 명절로 지키고 있습니다.

이와 같이 구약과 신약을 이어주는 이 신·구약 중간기 시대에 성전을 재봉헌하는 귀한 역사의 시대가 있었습니다. 이 사건은 성경 전체에 흐르고 있는 성전의 개념을 재강조하고 있습니다. 성전을 정결한 마음으로 봉헌해야 하는 정신과 연결되는 것입니다. 이러한 성전의 개념이 신약에 와서 예수 그리스도로 연결됩니다. 예수님은 나 자신이 곧 성전이라고 말씀하셨습니다. 그 성전을 지키고 봉헌하려는 이스라엘 백성들에게 가장 소중한 것이 결국 오실 그리스도이시며 그리스도를 통하여 이 성전의 개념은 절정을 이루고 있습니다. 이미 유대인들은 모든 상징 가운데 오실 예수 그리스도를 예언하고 있지만 믿지는 않고 있습니다.

이러한 큰 일을 감당했던 유다 마카비는 한때 오실 메시아로 오해되기도 하였습니다. 유다 마카비는 많은 추종자들이 따랐고 혹시 그가 메시아가 아닌가 계속 질문되기도 하였습니다. 하지만 마카비는 오실 메시아가 아니었습니다. 그럼에도 불구하고 그는 이스라엘의 암흑기 시대에 성전을 찾아서 봉헌한 위대한 민족 지도자로 기억되고 있습니다.

01 암흑기 시대에 성전을 다시 찾아서 봉헌한 역사적 의미는 어떤 것이라고 보시는지요?

02 여러분들의 성전이 이렇게 더럽혀지고 밟혀진다면 어떻게 행동을 하실 것 같습니까? 대적할 수 있을까요? 아니면 도망가 버릴까요?

03 성전을 더럽히면 그 사람을 멸하신다는 의미는 무엇일까요?

21-3

○ ○ ○

신·구약 중간기 시대

○ ○ ○

"그들이 가버나움에 들어가니라 예수께서 곧 안식일에 회당에 들어가 가르치시매 뭇 사람이 그의 교훈에 놀라니 이는 그가 가르치시는 것이 권위 있는 자와 같고 서기관들과 같지 아니함일러라"(막 1:21,22).

묵상여행 말라기서부터 신약성경의 마태복음 사이에는 400년간의 공백이 생깁니다. 신·구약 중간기는 400년간 어떠한 하나님의 계시도 없고 예언자의 목소리도 없는 침묵의 시대였습니다. 하지만 이것은 성경의 정경적인 관점에서 보았을 때의 이야기고 다른 면에서는 아주 조용한 시기만은 아니었습니다. 신·구약 중간기는 구약 성경의 마지막 책들과 복음서들을 연결합니다. 이 시대는 여기서 짧게 다룬 이상의 주의를 기울일 필요와 가치가 있는 시대입니다.

그렇다면 이 400년 동안 어떤 일이 일어났을까요? 신약성경을 보게 되면 구약에 없던 용어들이 사용되는 것을 보게 되는데 회당, 회당장, 바리새인, 사두개인, 서기관 등등이 구약성경에서는 한 번도 사용되지 않았던 용어들입니다. 이 용어들은 신·구약 400년

동안에 생겨난 것들입니다. 우리는 이 400년을 연구하면서 신약성
경을 더 잘 이해할 수 있으며 구약성경이 침묵하고 있는 공백의 시
대적 변화를 제대로 이해할 수 있습니다.

> "그 때에 바리새인과 서기관들이 예루살렘으로부터 예수께 나아와 이르
> 되"(마 15:1)
> "부활이 없다 하는 사두개인들이 그 날 예수께 와서 물어 이르되"(마
> 22:23)

이 시기에는 많은 외경과 묵시문학이 나타났습니다. 특별히 메
시아를 기다리는 암흑의 시기에 묵시문학의 위치는 참으로 중요하
였습니다. 이것은 절망과 어둠 가운데 있을 때에 그들을 일으켜주
는 문학이기도 하였습니다. 묵시문학은 이스라엘의 포로 이후 마카
비 시대에 발달한 것으로서 어둡고 절망적인 시대에 하나님의 의로
우신 최후의 승리를 바라보게 하면서 위로를 주었던 문학입니다.

또한 탈굼과 탈무드도 이 시대에 나타났습니다. 탈무드는 유대
인 율법학자의 구전, 해설을 모은 것입니다. 약 8세기 기간기원전 300년-
기원후 500년에 걸쳐 구두로 전달 발전시켜 온 유대인의 종교적, 도덕적,
시민적 생활 전반에 관한 구전율법의 집대성이기도 합니다. 또한
탈굼은 구약성서의 아람어 역을 가리키는 명칭인데 처음에는 구술
이었다가 나중에는 성문으로 되었습니다. 이것은 성서의 본문비평
에 중요한 역할을 하고 있습니다.

또한 마카비 왕조가 80년간 지배하기도 하였습니다. 기원전 166년부터 37년까지 팔레스틴을 지배한 제사장 가계로 하스몬 가가 있었습니다. 앞에서도 설명했지만 이 가계의 후손인 마카비가 기원전 165년 경 셀류쿠스 군에 승리하였고 수리아의 안티오커스 에비파네스가 예루살렘 성전을 더럽힌 것을 다시 찾아 재건, 성전 재단을 깨끗이 하여 하나님 앞에 봉헌합니다.

또한 신약성경을 읽어보게 되면 구약에 없던 단어들이 나오는데 그것이 바로 회당^{Synagogue}입니다. 이 회당제도는 바벨론 포로들 사이에서 이스라엘 역사를 공부하며 모이던 장소였는데 이 중간기 시대에 매우 활발하게 활동을 하게 됩니다.

또한 이 때에 유대교가 형성되면서 바리새인이나 사두개인, 엣세네파^{금욕주의자}가 활동을 하게 됩니다. 바리새인은 구별된 자라는 뜻으로 마카비 전쟁 이후로 가장 강력한 종교적인 당파인데, 이들은 이스라엘이 물려받은 율법 및 선조들의 전통을 존중하고 일상생활의 사소한 데에 이르기까지 이 율법을 정확하게 지키려는 열정을 품고서 메시야에 대한 약속들의 성취를 인간 편에서 확보하려고 분투했습니다.

바리새인들은 사두개인들과는 달리 하나님의 약속을 신뢰하여 죽은 자들의 부활을 믿었습니다. 바리새인들의 움직임이 처음에는 평신도 운동이었지만, 오래지 않아 이들은 서기관 계층과 긴밀히 연결되었습니다. 이들의 위험성은 율법적인 데에 있었는데, 이 때문에 이들은 자기들이 옳다는 자부심을 지니고 냉혹한 엄격성을 띠었으므로 예수께서는 그들의 경건성을 사정없이 공격하실 수밖에 없었습니다. 바리새인들이 처음에는 백성의 지도권을 두고 사두개인들과 다투었지만, 주전 70년에 예루살렘이 멸망한 뒤로는 유대교 사상을 주도하고 결정하게 되었습니다.

사두개인은 유력한 제사장 가문들과 세속 귀족 대표자들이 속한 종교적인 당파로서 이 이름은 솔로몬이 예루살렘 성전의 우두머리 제사장으로 삼은 사독(삼하 8:17; 왕상 2:35)에게서 비롯된 듯합니다. 사두개인들은 모세 오경의 율법에 문자적으로 포함된 것을 넘어서는 가르침은 모두 거부했습니다. 그리하여 이를테면 죽은 자들의 부활이나 천사의 존재를 믿지 않았습니다. 이들은 공회에서 지도적인 당파여서 정치적인 책임을 주로 맡았습니다. 사두개인들은 로마 사람들과 타협하더라도 유다 백성에게 남아 있던 정치적인 자유의 마지막 몫이라도 지켜보려고 했습니다. 주후 70년 예루살렘의 파괴와 아울러 사두개인들은 유대교 역사에서 사라지는데, 그 때부터는 서기관들이 전적으로 바리새파 성향을 띠게 됩니다.

이 때에 또한 산헤드린^{공회}제도가 등장하는데 이것은 예수님 당시 유다 공동체의 최고 관청으로 그 의장은 대제사장이었습니다. 공회(마 5:22 등)는 가장 유력한 제사장들^{대제사장들}과 지도적인 서기관들과 장로들과 명망있는 평신도들의 무리들을 대표하는 71명의 남자들로 이루어졌습니다. 로마 사람들은 공회의 세속적인 전권은 제한했으나 종교적인 결정에 있어서는 그 권위를 인정했습니다. 또한 외부적인 정치세력으로는 희랍제국이 힘을 잃어가면서 로마의 세계통치가 문을 열게 되었습니다.

하나님은 메시아가 오기 전 왜 이스라엘을 400년을 더 기다리게 하셨을까요? 분명히 하나님의 역사에는 기록이 되지 않는 역사적 기간 동안에도 특별한 하나님의 섭리가 있습니다. 이 400년 동안은 분명히 메시아가 오시는 길을 위한 길 닦는 시기가 되었을 것입니다. 희랍이 세계를 통치하면서 언어를 통일하고 로마가 세계를 지배하면서 모든 길을 로마로 통하게 합니다. 이러한 정치적 변화를 통하여 하나님은 작은 마을에서 시작되는 예수 그리스도의 목회가 세계를 향하여 나아갈 수 있는 발판을 마련하고 있는지도 모릅니다. 또한 이스라엘은 어두움과 절당 가운데에서 더욱 더 절실하게 메시아를 기다리면서 하나님 안에서만 어떤 소망을 발견하려고 했는지도 모릅니다. 신·구약 중간기는 구약과 신약을 이어주는 중요한 고리역할을 하고 있으므로 이 역사를 이해하는 것은 매우 중요합니다.

01 여러분의 생각으로 400년이라는 긴 세월을 왜 하나님은 침묵하셨다고 보시는지요?

02 신·구약 중간기를 이해하는 것은 어떤 중요성이 있을까요?

나는 그들의 하나님이 되리라

초판 1쇄 발행 2009. 11. 10

지은이 윤남옥
발행인 방주석
발행처 도서출판 소망

주소 서울특별시 서대문구 충정로 2가 157 사조빌딩 213호
전화 392-4232
팩스 392-4231

출판등록 1977년 5월 11일(제 11-17호)

ISBN 978-89-7510-057-4   03230

■ 책 값은 뒤표지에 있습니다.